ERKENNTNISSE AUS REGRESSIONEN IN VORLEBEN UND DAS SPIRITUELLE LEBEN ZWISCHEN LEBEN

DIE SEELE HEILEN

ANDY TOMLINSON

Publiziert durch *From the Heart Press*
Website: www.fromtheheartpress.com

Erste Veröffentlichung *O Books*, 2005
Zweite Veröffentlichung *From the Heart Press*, 2012
Deutsche Veröffentlichung *From the Heart Press*, 2012

Text copyright: Andy Tomlinson
ISBN: 978-0-9572507-0-3

Alle Rechte vorbehalten. Mit Ausnahme von kurzen Zitaten in Artikeln und Besprechungen darf kein Teil dieses Buches ohne vorherige schriftliche Genehmigung des Herausgebers publiziert werden,
Die Autorenrechte von Andy Tomlinson als Autor sind durch das Copyright, Designs and Patents Act 1988 geschützt.
Aus dem Englischen übersetzt durch Dr. Karin Maier-Heinle.

Design: Ashleigh Hanson, Email: hansonashleigh@hotmail.com

Weitere Informationen über Andy Tomlinson und Regressions-Therapien sind auf seiner website zu finden: www.regressionacademy.com.

Danksagung

Regressionstherapie unterliegt dem Patientengeheimnis. Mein Dank gilt daher den Patienten, die mir die Erlaubnis gaben, ihre während der Regressionstherapie gewonnenen Erfahrungen für dieses Buch zu nutzen. Die Namen und andere persönliche Informationen wurden zum Schutz der Patienten verändert, die Rückführungen und die angewandten Heilungstechniken sind jedoch sorgfältig und wahrheitsgetreu dokumentiert worden.

Im Besonderen danke ich Dr. Peter Hardwick für das Lesen des Entwurfs und seine Vorschläge zur Beschreibung der psychospirituellen und esoterischen Konzepte die das Hauptthema des Buches sind. Dr. Roger Woolgers inspirierender Beitrag zu diesem Buch verdient besonderen Dank vor allem für die zur Verfügung gestellten Referenzmaterialien. Mein Dank gilt auch Dr. Hans TenDam für seine hilfreichen Vorschläge, sowie meinen Kollegen der *Spiritual Regression Therapy Association* and *European Association of Regression Therapy*. Ein besonderer Dank geht an Ulf Parczyk, Els Geljon, Helen Holt, Diba Yilmaz und Di Griffith.

Für die Beiträge über das spirituelle Leben-zwischen-Leben danke ich den Mitgliedern des *Michael Newton Institute,* insbesondere Dr. Michael Newton und Dr. Art Roffey. Meinen ganz besonderen Dank an meine Kollegin Karin Maier-Heinle und Petra Tassoti-Heinle für die Übersetzung des Buches aus dem Englischen.

Mein Dank gilt den nachgenannten Herausgebern der im Buch verwandten Zitate:
Shambhala Publications, Inc., Boston, www.shambhala.com, *The Tibetan book of the Dead*, translated with commentary by Francesca Fremantle and Chogyam Trungpa.

Random House Group Limited, *The Tibetan Book of Living and Dying*, by Sogyal Rinpoche, published by Rider.

University of Virginia Press, *Twenty Cases Suggestive of Reincarnation*, by Dr Ian Stevenson.

Praeger Publishers, *Where Reincarnation and Biology Intersect*, by Dr Ian Stevenson.

Harper Perennial, *The Enlightened Heart*, by Stephen Mitchell.

The Theosophical Books, *Idyll of the White Lotus*, by Mebel Collins.

Beyond Words Publishing, *Autobiography in Five Chapters*, by Portia Nelson, quoted by Charles Whitfield in *Healing the Child Within*.

Brunner & Mazet, *The Collected Papers of Milton Erickson Vol. IV*, quoted by Yvonne Dolan in *A Path With a Heart*.

Atlantic, Daily Mail quotes.

Headline Books, *Spirit Releasement Therapy*, by William Baldwin.

Llewellyn Publications, *Life Between Lives; Hypnotherapy for Spiritual Regression*, by Michael Newton.

Michael Newton Institute, *Training Manual*.

Disclaimer

Die für das Buch ausgewählten Fallbeispiele zeigen die für die Klienten bisweilen dramatische aber erfolgreiche Wirkung der Regressions-Therapie. Es liegt nicht in der Absicht des Autors die Regressions-Therapie zu sensationalisieren. Es geht vielmehr darum eine Therapie zu beschreiben, die trotz des Potentials das sie bietet, nicht ausreichend genutzt wird. Es wird ausdrücklich darauf hingewiesen, dass kein Therapeut diese Methoden anwenden sollte ohne eine gründliche und umfassende Ausbildung in der Regressionstherapie absolviert zu haben.

INHALTSVERZEICHN

VORWORT 1

1 EINLEITUNG 7

Imagination – Jenseits des Konventionellen Denkens 7; Der Energiekörper – Die Energieform des Körpers 9; Können manche Erinnerungen aus Vorleben stammen? 14; Erfahrungen zur Regression in ein Vorleben 17; Zielsetzung der Regressionstherapie 22

2 THEORIE SPIRITUELLER REGRESSIONEN 27

Altes Wissen 28; Das erste Prinzip – Materielle und Spirituelle Dualität 29; Erinnerungen aus Vorleben im Energiefeld 30; Das zweite Prinzip – Karma 34; Das dritte Prinzip – Reinkarnation 36; Das vierte Prinzip - das Gesetz der Anziehung als Quelle Spirituellen Wachstums 41; Komplexe 43 Zusammenfassung 46

3 EIN VORLEBEN INITIIEREN 47

Hypnose 48; Emotionale Brücke 51; Verbale Brücke 54; Physische Brücke 57; Überbrücken mittels Energie-Abtastung 60; Visuelle Brücken 62; Blockaden lösen um ein Vorleben zu starten 64; Zusammenfassung 67

4 EIN VORLEBEN ERKUNDEN 69

In der Zeit bewegen 73; Vermeidungsverhalten auflösen 77; Katharsis 80; Zusammenfassung 83

5 TOD IM VORLEBEN 85

Ein friedlicher Tod 86; Ungelöste Traumata 87; Erdgebundene Zustände 91; Zusammenfassung 94

6 TRANSFORMATION AUF SPIRITUELLER EBENE 95

Konfrontation mit Begleitern des Vorlebens 96; Transformation von Trauer und Kummer 99; Transformation von Schuld 100; Transformation von Ärger und Rage; 101; Transformation von Scham 101; Transformation von Einsamkeit 103; Transformation von Furcht 104; Hilfe durch Geistige

Führer 105; Vergebung erhalten 107; Scannen der Energie auf unbewältigte Ereignisse 110; Zusammenfassung 113

7 Leben-zwischen-Leben Regression — 115

Einführung 115; Vorbereitung; 116; Die Hypnose vertiefen 119; in die geistige Welt eintreten 123; Besprechung eines Vorlebens mit dem Geistführer 129; Seelengruppen treffen 136; Besuch beim Ältestenrat 140; Auswahl des Körpers für das jetzige Leben 145; Zur Wiedergeburt bereitmachen 148; Weitere spirituelle Aktivitäten 156; Im "Ewigen Jetzt" arbeiten 157; Eine vollständige LzL-Regression 159; Zusammenfassung 174

8 Mit Körper-Erinnerungen arbeiten — 177

Körpersprache 178; Körper-Erinnerungen erkunden 180; Transformation von Körper-Erinnerungen des Vorleben 182; Transformation von Körper-Erinnerungen des aktuellen Lebens 187; Psychodrama 192; Abspaltung und Fragmentierung durch verborgenes Trauma 193; Zusammenfassung 198

9 Anhaftende Energien — 201

Hintergrund 201; Freisetzen fremder, an den Klienten gebundener Energien 204; Entfernen anhaftender Energien 207; Negative Energie beseitigen 211; Heilen der Energie und Abschluss der Sitzung 215; Zusammenfassung 216

10 Integration — 219

Rückführungen integrieren 219; Integration in der Regressionstherapie 224; Regulieren und Verankern der Energie 230; Weitere Aktivitäten zur Integration 232; Zusammenfassung 234

11 Vorgespräche — 237

Rapport 238; Objektive und messbare Symptome 242; Grenzen und Vorgeschichte 242; Komplexe, die nicht auf Regressionstherapie ansprechen 243; Adverse Effekte antipsychotischer Medikamente 245; Falsche Erinnerungen 246; Zusammenfassung 247

12 Schlusswort — 249

Anhang I Aufzeichnungen 257
Anhang II Struktur einer Regressions-Therapiesitzung 265
AnhangIII Struktur einer Spirituellen Regressions-Sitzung 279
Anhang IV Mit intrusiven Energien arbeiten 307
Buchempfehlungen 315
Verbände und Gesellschaften für Regressions- Therapie 321
Quellen und Anmerkungen 325
Bibliographie 333
Information zum Autor 339
Index 341

Vorwort

Ich dachte über die Informationen nach, die ich soeben von einem Medium erhalten hatte, deren Vorhersagen sich bereits zuvor als unglaublich zutreffend herausgestellt hatten. Sie begann ihre Sitzung folgendermaßen: *„Die Energieform, die sich manifestiert, verfügt über eine unglaubliche Kraft und ein sehr helles Licht. Sie sagt, dass Du in 6 Monaten nach Brasilien reisen wirst um folgende zwei Dinge zu tun. In einem großen Raum, in dem jeder weiß gekleidet ist, wirst Du einen Mann namens John of God treffen. Und Du bist auserwählt worden, in einer hinter einer Begräbnisstätte liegenden Höhle einen Kristall zu finden, der Dir bei Deiner Heilungsarbeit helfen wird. Ein Elefantenauge wird Dir bei der Suche helfen. Diese Aufgaben sind sehr wichtig."* Mein erster Impuls war, um mehr Informationen zu bitten. Als Antwort erhielt ich: *„Du wirst Hilfe erhalten durch jemanden, zu dessen Aussagen Du Dich hingezogen fühlst. Auf diese Weise wirst Du auch erfahren, wohin Du gehen musst. Du wirst im August nach Brasilien reisen, die Reise wird 3 Wochen dauern und es wird eine Reise auf einem Fluss sein. Als Teil der Vorbereitung musst Du ein Gegengift gegen Schlangenbisse besorgen. Wenn Du Dich auf Deine Intuition verlässt, wird sich alles wie von selbst ergeben."*

Jede neue Bekanntschaft der folgenden Monate überprüfte ich auf eine Verbindung zu Brasilien. Nach einiger Zeit hatte ich genug und führte meinen geregelten Tagesablauf wieder weiter. Drei Monate später kam Dr. Art Roffey, ein Kollege aus den Vereinigten Staaten zu uns, um einen Vortrag über Schamanimus zu halten. Art, der seit vielen Jahren Schüler des Schamanen Don Theo Paredes[1] ist, reist regelmäßig nach Peru. Als er mich fragte ob ich Interesse hätte, nach Peru zu reisen, sagte ich ihm, dass mein Interesse zurzeit Brasilien gälte. Daraufhin erzählte er mir

Die Seele Heilen

von Ipupiara Makunaiman[2], allgemein bekannt als Ipu. Ipu kam 1946 als Mitglied des Ureu-eu-wauwau Stamms (Menschen der Sterne) im brasilianischen Amazonasgebiet zur Welt. Als er geboren wurde waren noch 2400 Ureu-eu-wau-wau am Leben nun gab es nur noch 43 Stammesangehörige. Nach einer langen Lehrzeit als Heiler und Schamane wurde Ipu von den Ältesten des Stammes aufgefordert, eine Ausbildung abseits der überlieferten Traditionen zu absolvieren. Er folgte ihren Anweisungen und studierte Anthropologie und Biologie, zudem lernte er Englisch, Spanisch, Portugiesisch und acht südamerikanisch-indianische Dialekte fließend zu sprechen. Neben der täglichen Arbeit in seiner Praxis als traditioneller Schamane gründete er die Native Cultural Alliance, die sich dem Erhalt und der Verbreitung einheimischen Kulturgutes und ihres traditionellen Wissens widmet. Die Alliance organisiert unter anderem Erkundungsfahrten im Amazonasgebiet als Teil ihres Kulturauftrags. Als ich Ipu kontaktierte, und erfuhr, dass sie die nächste Tour für August geplant hatten, wusste ich instinktiv, dass er der Führer war, den ich für meine Reise nach Brasilien brauchte und buchte einen Platz. Die Reise führte uns entlang des Rio Naigro, einem Seitenarm des Amazonas, den wir mit einem Boot, auf dem auch übernachtet und die meiste Zeit verbracht wurde, befuhren. Da das Wasser des Rio Naigro sehr sauer ist, besteht eine geringere Belastung durch Moskitos als auf dem Amazonas, daher kümmerte ich mich gar nicht erst um Mückenschutz, sondern beschäftigte mich bis zu meiner Abreise damit, ein Mittel gegen Schlangenbisse zu besorgen. Man sagte mir, dass die einzige giftige Schlange in diesem Teil des Amazonasgebietes die Korallenschlange sei. Um ein Gegengift zu besorgen, konnte man nicht einfach in die nächste Apotheke gehen und es dort kaufen. Eine lebende Schlange musste gefangen werden, die sich meist im Urwald unter verfaulenden Baumstämmen versteckt, und dann in ein spezielles Zentrum

Vorwort

gebracht werden, die das Gift entnehmen und das Gegengift anfertigen konnte. Es gab zwar Krankenhäuser die das Gegengift für Notfälle bereit hielten, aber die waren etliche Tagesfahrten mit dem Boot entfernt von unserer Route. Man versicherte mir jedoch, dass es selten zu Bissen durch diese Schlangen käme. Das Gegengift vor meiner Abreise zu besorgen, gelang mir jedenfalls nicht.

Ein Schamane stand am Steg und nahm das Boot in Empfang. Nach unserer Begrüßung führte er mich zu einer nahe gelegenen Hütte, in der Frauen mit Webarbeiten beschäftigt waren und ein anderer Schamane bereits auf uns wartete. Als ich durch die Türe kam, drückte er mir ein Glas mit zwei toten Korallenschlangen in einer Flüssigkeit in die Hand. Er sagte, er habe einfach das Gefühl gehabt, mir das Gefäß geben zu müssen, sobald er mich in die Hütte kommen sah. Mit Hilfe unseres Übersetzers fand ich heraus, dass das Rückenmark der Korallenschlange das Gegengift gegen ihr Gift bereits enthält. Mit dem Geschenk hatte ich also mein Gegengift, das ich vergeblich versucht hatte zu besorgen, erhalten. Die Schamanen behandeln Schlangenbisse, indem sie das betroffene Glied zunächst abbinden, und wenn die Schlange, die den Biss verursacht hat, getötet werden kann, reiben sie einen Teil des Rückenmarks der Schlange in die Wunde. Sobald das Gegengift zu wirken beginnt, verändert sich die Farbe des Gewebes um die Bisswunde. Wenn die Schlange nicht gefangen und getötet werden kann, verwenden die Schamanen eine tote Schlange, die sie in einer speziellen Flüssigkeit in einem Glas aufbewahren. Dieses Wissen wird seit Tausenden von Jahren von Schamane zu Schamane weiter gegeben. Die nächste Überraschung erwartete mich während einer schamanischen Zeremonie. Als ich den Schamanen fragte, ob er mir etwas über den Kristall, den ich suchte, sagen könnte, sagte er zu mir: *„Du heilst die Seelen von Menschen"*. Meine Arbeit als Psychologe und Regressionstherapeut ist durchaus tiefgreifend, aber ich hatte

Die Seele Heilen

meine Arbeit bisher niemals unter diesem Aspekt betrachtet. Hier jedoch war jemand, der sein gesamtes Leben mitten im Dschungel verbracht hatte, kein Englisch sprach, aber das, was ich beruflich tue unmittelbar auf den Punkt brachte. Er sagte noch: *„Der Kristall, den Du suchst, ist nicht stofflich sondern energetisch. Es handelt sich um eine Energiequelle".*

Gegen Ende der Reise besuchten wir einen kleinen Wasserfall am Iracema einem Seitenarm des Amazonas. Der Name Iracema bedeutet 'Die fallenden Tränen aus den Augen einer Jungfrau' An diesem heiligen Ort finden seit über zweitausend Jahren Heilungsrituale in den Höhlen am Wasserfall statt. Als man mir sagte, dass die Höhlen früher auch als Begräbnisstätten genutzt wurden, wurde ich hellhörig. Zu diesem Zeitpunkt dachte ich immer noch, dass ich tatsächlich einen Kristall finden würde. Mit einer Taschenlampe untersuchte ich jeden Zentimeter der Höhlen. In den Spalten der Höhlen, hausten Schwärme von großen Fledermäusen. Ich lernte mich schnell zu ducken, um ihnen auszuweichen, wenn ich in die Spalten kroch um etwas Elefantenkopf-Ähnliches zu finden. In anderen Spalten der Höhlen lebten Spinnen, deren Beine so lang waren, dass die Körper, die sie trugen gar nicht richtig erkennbar waren. Schließlich kam ich an einen Punkt, an dem mir klar wurde, dass ich mit dieser Art des Suchens überhaupt nichts finden würde. Nachdem ich mich einen Tag ausgeruht hatte, ging ich nochmals zu den Höhlen um zu meditieren. Ich legte meine Hand auf eine Stelle der Höhlenwand und visualisierte einen Elefanten mit einem Kristall in seinem Auge. Was dann geschah, begreife ich immer noch nicht ganz: Eine Art Portal öffnete sich und ich sah einen lichtgefüllten Tunnel, der zu einer weiteren Masse an hellem Licht führte. Ich spürte Heilungsenergie, die durch meine Hände in meinen Körper gelangte.

Den letzten Teil der Reise verbrachten wir in der Casa in Abadiania, die etwa zwei Autostunden entfernt von Brasilia liegt.

Vorwort

Joao Teixeira de Faria, genannt *John of God*,[3] hat dort sein Heilungszentrum errichtet. Manche bezeichnen ihn als den wunderbarsten Heiler der letzten 2000 Jahre, andere berichteten, er heile mehr Menschen an einem Tag als das durchschnittliche Krankenhaus in einem Monat. Ehrlich gesagt war ich sehr skeptisch was seine Arbeit betraf, auch nachdem ich Videos gesehen hatte, in denen er erstaunliche Operationen durchführte. So entfernte er zum Beispiel Tumore mit bloßen Händen und schabte einen Katarakt aus dem Auge ohne genau hinsehen zu müssen was er da eigentlich tat.

Als ich den inneren Heilungsraum der Casa betrat, sah ich hunderter Menschen, die sich in tiefer Meditation befanden. Sie verbanden sich mit einer Energie, die durch den Quarz, auf dem die Casa steht, gebündelt wurde. Man erzählte mir, dass die Energie, die Heilungen bewirkt, durch Lichtwesen gegeben würde, die ihre Energie ähnlich fokussieren würden, wie ein starker Laser, der in der westlichen Medizin für Augenoperationen eingesetzt wird. Ich sprach mit einer Australierin namens Claire, bei der drei Jahre zuvor eine Motorneuron-Erkrankung diagnostiziert worden war. Ihr Arzt meinte, dass sie nur noch sechs Monate zu leben hätte. Nach der ersten Sitzung mit John of God hörten ihre Fibrillationen auf und sie konnte wieder ohne Krücken gehen. Sie erzählte mir, dass er während der Operation, die er an ihr durchführte, eine fünfzehn Zentimeter lange Schere durch ihre Nase in ihr Gehirn gestoßen hatte, ohne ihr zuvor ein Betäubungsmittel zu geben. Auch während er die Schere herumdrehte empfand sie keine Schmerzen, alles was sie spürte war, dass sich ihr Mund mit Gehirnwasser und etwas Blut füllte. Joao sagte, dass Wesenheiten seinen Körper übernehmen, während er diese Operationen in Gegenwart von großen Gruppen von Menschen durchführt, um auch Zweiflern die Gelegenheit zu geben, die Existenz der Energien zu erleben. Ich sprach mit mehreren Personen, die mir

Die Seele Heilen

alle von ihren Heilungen berichteten und meine Zweifel an Joao waren in der Zwischenzeit verschwunden. Nicht jeder mit dem ich sprach, konnte jedoch geheilt werden. Die Heilungen unterliegen, wie jede Heilung, karmischen Gesetzen (Ursache und Wirkung), daher hatten manche nur eine teilweise Heilung oder Besserung erfahren, und konnten wiederkommen, wenn sie ihre Aufgaben erledigt, oder nötige Veränderungen vorgenommen hatten. Es gab auch eine große Anzahl an Heilern unter den Besuchern, die gekommen waren, um ihre eigenen Fähigkeiten zu verbessern. Mit all diesen Menschen über drei Stunden in Meditation zu verbringen war eine erstaunliche und wunderbare, sehr positive Erfahrung. Auch in dem Hotel, in dem die Casa Besucher während ihres Aufenthaltes wohnen, herrscht eine wunderbare Atmosphäre. Wie das Medium vorhergesagt hatte, trugen die meisten Besucher weiße Kleidung um ihren Respekt für die Heilungsarbeit zu bezeugen. 500 Menschen kommen jeden Tag dort hin um Hilfe zu finden, und angesichts dieses ungeheuren Unternehmens war ich tief beeindruckt von allem, was ich dort erleben durfte. Joao verrichtet seit 30 Jahren die Heilungsarbeit in der Casa, und nimmt kein Geld für seine Arbeit an.

Als ich Art von meiner Reise erzählte, und von der Energieform, die ich in der Höhle gefunden hatte, war seine erste Reaktion mir eine Quarzfigur der Chavin aus Peru zu geben, die vor 2000 Jahren entstanden war. Diese Figur war geweiht um starke Heilungsenergien abzugeben, die man deutlich spüren konnte. Wie ich später erfuhr, hatte der Schamane, der mir prophezeit hatte, dass ich keinen Kristall finden würde, zu Ipu gesagt, dass mir jemand anderer, der dem spirituellen Heilungspfad folgt, den Kristall geben würde. Alles war so gekommen, wie das Medium und der Schamane es vorher gesehen hatten, und alle Beteiligten hatten ihre Rolle in dieser unglaublichen Geschichte hervorragend erfüllt.

1
Einleitung

*Spring in den unermesslichen Ozean des Bewusstseins.
Lass den Tropfen Wasser, der Du bist
zu hundert mächtigen Meeren werden.
Denke nicht, dass der Tropfen zum Ozean wird
denn der Ozean wird ebenso zum Tropfen.*
Jelaluddin Rumi, Sufi, 13. Jhd.

Imagination — Jenseits des konventionellen Denkens

Wie *real* waren meine Erlebnisse in der Höhle und mit den Heilungsenergien die John of God verwendet? Die moderne Psychologie weiß wenig über Imagination, ganzheitliches Bewusstsein oder Intuition. Sowohl die Forschung als auch die therapeutischen Ansätze fokussieren sich auf die linke Seite des Gehirns, das mit rationellem Denken, Logik und verbaler Kommunikation assoziiert ist. Die westliche Kultur ist überzeugt von der Überlegenheit dieser Eigenschaften und überlässt Imagination den Künstlern, Musikern und Schriftstellern. Wenn Erfahrungen, wie ich sie gemacht habe, oder z.B. Erinnerungen aus Vorleben diskutiert werden, dann werden sie in der Regel als Ergebnis eines zu großen Vorstellungsvermögens abgetan, und oftmals wird unterstellt, dass diese Erlebnisse und Erinnerungen erfunden wurden. Die Gehirnströme fast aller Menschen verlangsamen sich, wenn sie entspannt sind, und das macht es einfacher Intuition und Imaginationskräfte zu nutzen, die dann verfügbar werden, aber die moderne Psychologie hat keine Erklärung dafür, woher diese Eigenschaften kommen und nutzt sie daher oftmals nicht. Carl Jung hat in der Anfangszeit der psychologischen Forschung die Imagination, das Vorstellungsvermögen, als Öffnung zum kollektiven Unbewussten bezeichnet als Aufbewahrungsort von Erinnerungen aus Vorleben und von unseren Ahnen. Ein anderer Ansatz stammt von dem Psychiater Stanislav Grof der veränderte Bewusstseinszustände, die mit Hilfe von LSD hervorgerufen wurden, erforscht hat. In seinen klinischen Studien beschreibt er spontane Regressionen in die Kindheit die Informationen preis gaben die vorher nicht zugänglich waren, ebenso wie Erinnerungen an Zustände vor der Geburt und an Vorleben. Später fand er heraus, dass veränderte Bewusstseinszustände auch durch bestimmte tiefe Atemübungen herbei geführt werden konnten und kein Einsatz von Drogen erforderlich war.[1] Roberto Assagioli, der Begründer der Therapieform *Psychosynthesis* und Vertreter eines Zweigs der Psychologie namens Transpersonelle Psychologie publizierte, dass veränderte Bewusstseinszustände durch Meditation erreicht werden können.[2]

Während der gesamten Menschheitsgeschichte kannte und nutzte man Imagination als Hilfsmittel um veränderte Bewusstseinszustände zu erzeugen. Die Aborigines in Australien nennen diesen Zustand 'Traumzeit' und bewerten ihn nicht anders als andere Zustände des Geistes wie Wachzustand oder Schlaf.[3] Schamanimus existiert seit Tausenden von Jahren und wird von allen Ureinwohner-Stämmen quer über alle Kontinente hinweg praktiziert. Die Schamanen des Stammes oder die Mitglieder bestimmter Räte eines Stammes versetzen sich in Trance, meist mit Hilfe rhythmischen Trommelns und Affirmationen oder Mantras. Keine dieser alten Kulturen hinterließ Aufzeichnungen

Einleitung

über die im jeweiligen Stamm übliche Praxis, die überlieferten Rituale und das Wissen sind jedoch immer noch durch die praktizierenden Schamanen der Stämme verfügbar und werden auch weiterhin gelehrt und praktiziert.

Die simple Wahrheit ist, dass nahezu seit der gesamten Zeit, in der Menschen diesen Planeten bewohnen, Imagination und das absichtliche Herbeiführen verlangsamter Hirnwellen dazu genutzt wurden, veränderte Bewusstseinszustände herbei zu führen, und um Intuition und andere Realitäten, zu denen auch Vorleben zählen, zu erforschen. Wenn wir unseren Fokus schärfen sind wir alle immer noch in der Lage, diese andere Realität außerhalb der Dimensionen der physischen Welt zu erleben. So, wie wir jeden Tag reisen können, sobald wir unser Vorstellungsvermögen aktivieren, können wir mit etwas Übung auch in den Teil unseres Gedächtnisses vordringen, in dem unsere Vorleben gespeichert sind und können diese Erinnerungen mühelos abrufen. Man kann sich das vorstellen als ob man in den Computer einen bestimmten Befehl eingibt, um an gespeicherte Informationen zu gelangen. Wenn der Befehl stimmt, wird die Information auf dem Bildschirm angezeigt und damit verfügbar. Im Fall von Vorleben nennt man diesen Befehl eine Brücke. Eine Brücke kann entweder eine geführte Imagination, eine Phrase, eine Emotion oder ein starkes Körpergefühl sein, über die der vertiefte Bewusstheitszustand erreicht wird.

DER ENERGIEKÖRPER – DIE ENERGIEFORM DES KÖRPERS

Wie funktioniert das? Die Physik und die westliche Medizin betrachten den Körper als ein solides Objekt. Erst Albert Einstein mit seiner Relativitätstheorie bewies, dass der menschliche Körper einfach aus Energie besteht, wie alle anderen Dinge auch.

Er zeigte nur auf, was in alten Kulturen immer schon bekannt war, dass nämlich alle Körper ein Energiefeld um sich tragen, das aus verschiedenen Schichten besteht und das mit einer, für dieses Individuum eigenen Vibration schwingt.[4] Vergleichbar ist dies mit Eis, das in seiner soliden Form sein kann und von Wasserdampf umgeben ist. Der Unterschied zwischen Eis und Wasserdampf besteht in dem Energiezustand, den sie jeweils einnehmen. An verschiedenen Orten der Welt hat man dem Energiekörper verschiedene Namen gegeben: Chi, Ki, Prana, Fohat, Orgone, Odins Kraft und Mana. Das Energiefeld ist nicht mit konventionellen Instrumenten zu messen. Die Russen Krippner und Rubin beschrieben das Phänomen der Energie um Pflanzen, Tiere und Menschen in ihrem Buch *Lichtbilder der Seele*.[5] Diese Energieabstrahlungen wurden mit der sogenannten Kirlian Photographie dokumentiert, einem der Photographie ähnlichen Prozess, der sehr kontrovers diskutiert wurde. Ein Beispiel ist das Phantom-Blatt, das seine Energie zeigen soll.

Barbara Brennan[6] beschreibt in ihrem Buch *Hände des Lichts* wie sie Krankheiten anhand ihrer Beobachtung des Energiekörpers erkennt und behauptet, mit ihrer Methode nachgewiesener Maßen ebenso erfolgreich zu sein wie die moderne diagnostische Medizin. Die Anwender einer Methode namens *Therapeutic Touch*, die auch in verschiedenen Krankenhäusern in den USA und Großbritannien arbeiten, beeinflussen den Energiekörper um ihn zur Heilung anzuregen. Die Methode war auf Grund einer Studie bekannt geworden, die bewies, dass Wunden nach chirurgischen Eingriffen schneller heilten, wenn ein Therapeut mit dieser Methode die Kranken behandelte.[7] Traditionelle Heilmethoden arbeiten mit dem Energiekörper seit Tausenden von Jahren, wie zum Beispiel die Traditionelle Chinesische Medizin mit ihrem Meridiansystem und die Japaner durch die Heilmethode Reiki. Viele der komplementären und alternativen Heilmethoden, die immer

Einleitung

bekannter werden, arbeiten mit der Energie, die den dichten physischen Körper umgibt. Diese Erkenntnisse lassen vermuten, dass unser Bewusstsein möglicherweise auch im Energiekörper existiert und eben nicht nur im physischen Körper. Zu dieser These hat die westliche Wissenschaft leider noch nichts beigetragen. Die Nahtod-Erfahrung von Patrick Tierney[8], die in der englischen Zeitung Daily Mail veröffentlicht wurde, hilft uns hier vielleicht weiter:

Patrick erlitt im Alter von 51 Jahren einen Herzinfarkt. Er befand sich bereits im Krankenhaus da er einige Stunden vor seiner Einweisung eine Herzattacke erlitten hatte derentwegen er eingewiesen worden war. Zum Zeitpunkt seiner Nahtoderfahrung wurde er als klinisch tot eingestuft und hatte keine Ahnung von dem Drama, das um ihn herum stattfand, während die Ärzte des Krankenhauses in Hillington versuchten, sein Leben zu retten. Es gelang ihnen schließlich, ihn durch mehrere Stromstöße eines Defibrillators wieder zu beleben. Er erzählte später, dass er das Gefühl hatte eine lange Strecke in einem Tunnel zurücklegen zu müssen bevor er an eine Kreuzung kam. Der Tunnel teilte sich in einen linken, sehr dunklen Abschnitt und in einen rechten Tunnel mit sehr hellem Licht. Er nahm den rechten Tunnel und gelangte in einen Garten, der voller Blumen mit unglaublich intensiven Farben war. Er war sich sicher, dass er noch niemals an diesem Ort gewesen war. In der Mitte des Gartens standen seine Eltern und seine Schwiegermutter, die alle zwischen 1984 und 1990 gestorben waren. Als er zu einem Tor gelangte, sagte ihm sein Vater, dass er nicht hindurch gehen solle. Seine Mutter lächelte nur. Plötzlich befand er sich wieder in einem dunklen Tunnel und hörte eine Krankenschwester seinen Namen rufen.

Die Seele heilen

Solche Erlebnisse sind Gegenstand vieler, teilweise auch heftig geführter Diskussionen ob es sich bei Nahtoderfahrungen um vorprogrammierte Halluzinationen oder tatsächlich um einen Blick in ein Leben nach dem Tod handelt. Die gängigste Hypothese vertritt die Auffassung, dass diese Halluzinationen vom sterbenden Gehirn produziert werden, hervorgerufen durch den Ausstoß von Endorphinen, einem Sauerstoffmangel, einem erhöhten Kohlendioxidgehalt des Blutes oder durch verabreichte Medikamente. Eine andere Theorie vertritt die Auffassung, dass es sich um ein bei manchen Patienten vorhandenes psychologisches Phänomen handelt, das in einer Notsituation aktiviert wird.

Um diesen Vermutungen nachzugehen, arbeiteten Dr. Parvia und sein Team ein Jahr lang an der Horizon Research Foundation des Southampton General Hospital in England mit 63 Patienten, die einen Herzstillstand überlebt hatten. Keiner der Überlebenden hatte eine Veränderung des Sauerstoff- oder Kohlendioxidlevels im Blut aufgewiesen, die Werte von Kalium und Natrium, die ebenfalls Halluzinationen hervorrufen können, wenn sie erniedrigt sind, waren ebenso im Normbereich gelegen, daher schieden diese Faktoren als Ursache der Nahtoderfahrung aus. Sie befragten alle Patienten nach ihren religiösen und ethischen Überzeugungen und fanden heraus, dass keiner der sieben Patienten, die in dieser Gruppe eine Nahtoderfahrung gemacht hatten, spiritueller orientiert war als der Rest der Gruppe.

Der Kardiologe Dr. Pim van Lommel und seine Kollegen am Rijnstate Hospital in Arnham, Holland, befragte 344 Patienten die wegen eines Herzstillstandes wiederbelebt werden mussten. Alle Patienten waren während der Wiederbelebung für klinisch tot erklärt worden. 62 dieser Patienten berichteten über eine Nahtoderfahrung und 41 sahen einen Tunnel, Licht und Verwandte, die bereits verstorben waren. Bei einem Teil der Patienten konnte keine elektrische Aktivität des Gehirns mehr

Einleitung

nachgewiesen werden, was bedeutet, dass die Erinnerung an diese Erlebnisse nicht wissenschaftlich erklärbar ist. Eine Nachbefragung nach acht Jahren konnte zeigen, dass die Patienten mit der Nahtoderfahrung weniger Angst vor dem Tod und eine veränderte Sicht auf ihr Leben hatten. Die Ergebnisse der über 13 Jahre laufenden Studie wurde in dem renommierten Fachblatt *The Lancet.*[9] veröffentlicht.

Dies ist ein Auszug eines Berichtes einer Krankenschwester aus dieser Studie:

> Ein 44-jähriger Mann wurde vom Notarzt eingeliefert nachdem er bewusstlos auf einer Wiese aufgefunden worden war. Er war in einem tiefen Koma und seine Haut war bereits blau verfärbt. Die ganze Mannschaft war damit beschäftigt ihn zu versorgen, er wurde intubiert, und erhielt eine Herz-Druckmassage und Defibrillationen. Als wir ihn zur Intubation vorbereiteten nahm ich seinen Zahnersatz heraus und legte ihn in einen der Notfallcontainer. Etwa eineinhalb Stunden danach hatten wir den Patienten so weit stabilisiert, dass er auf die Intensivstation gebracht werden konnte. Etwa eine Woche nach diesem Ereignis traf ich den Patienten auf der kardiologischen Station. In dem Moment, in dem er mich sah, sagte er zu mir: „Sie waren da und Sie haben meine Zähne entfernt und sie in einen dieser Container gesteckt. Auf dem Containerwagen waren eine Menge Flaschen und unter den Flaschen war eine Schublade und da haben Sie sie hineingesteckt." Ich war absolut überrascht, weil alle diese Dinge geschehen waren, während dieser Mann in einem tiefen Koma lag und wiederbelebt wurde. Als ich ihn fragte, wie er das wissen könne, sagte er, er habe sich von oben selbst auf dem Bett liegen sehen. Er konnte den Notfallraum und die Menschen, die ihn reanimiert hatten genau beschreiben,

ebenso was mit ihm geschehen war. Er sagte, er hätte befürchtet, dass die Reanimation abgebrochen würde und er sterben müsste. Er war tief beeindruckt von allem, was er erlebt hatte, und hatte keine Angst mehr zu sterben. Vier Wochen später konnte er das Krankenhaus gesund verlassen.

Nahtoderfahrungen sind sehr viel häufiger als allgemein angenommen. Alleine acht Millionen Amerikaner haben eine Nahtoderfahrung erlebt.[10] Die Masse an Beweisen legt die Vermutung nahe, dass das Bewusstsein außerhalb des Organs Gehirn existiert und es wäre sehr wünschenswert, wenn diese Erkenntnisse mittels weiterer Studien endlich Aufnahme in die etablierten Bereiche der Forschung fänden. Eine Organisation namens Scientific and Medical Network, die in 53 Ländern beheimatet ist und aus über 2000 qualifizierten Wissenschaftlern und Ärzten, Psychiatern, Psychologen und anderen Therapeuten besteht, fördert diese Entwicklung mit Konferenzen, publizierten Artikeln und Unterstützung für Studien auf diesem Gebiet.

KÖNNEN MANCHE ERINNERUNGEN AUS VORLEBEN STAMMEN?

Die Geschichten des vorhergehenden Abschnittes legen die Vermutung nahe, dass das Bewusstsein nicht nur im Gehirn existiert. Wäre es also auch möglich, dass das Bewusstsein Erinnerungen an Vorleben besitzt? Beginnen wir mit Dr. Ian Stevenson, dem früheren Vorstand der Abteilung für Parapsychologie an der Universität von Virginia. Dr. Stevenson hatte sich darauf spezialisiert, Geschichten aus Vorleben von Kindern nachzuprüfen, er befragte die Kinder selbst sowie alle

Einleitung

Zeugen, die mitbeteiligt waren und prüfte akribisch, ob Betrug oder Widersprüche vorlagen. Um ganz sicher zu gehen, besuchte er die Beteiligten ohne Voranmeldung nach einiger Zeit nochmals um nach Zeichen für persönliche Bereicherung oder Ungereimtheiten zu suchen. Ein Beispiel seiner Fälle ist die Geschichte von Swarnlata Mishra, 1948 in Madhya, Indien geboren. Die Geschichte stammt aus seinem Buch: *Reinkarnation. Der Mensch im Wandel von Tod und Wiedergeburt.*[11]

Mit drei Jahren begann Swarnlata spontane Regressionen in ein Vorleben als Biyi Pathak zu erleben, einem Mädchen, das in einem Dorf über 150 Kilometer entfernt gelebt hatte. Sie erzählte in allen Einzelheiten von einem Haus mit vier Zimmern, schwarzen Türen, die mit Eisenstäben verstärkt waren und einem Steinboden. Man fand später heraus, dass ein Mädchen namens Biyi in genau so einem Haus gelebt hatte und neun Jahre vor Swarnlatas Geburt gestorben war. Swarnlata erkannte und benannte verschiedene Familienmitglieder und Hausangestellte als sie zu dem Haus, in dem Biyi gelebt hatte, gebracht wurde, und sie fiel nicht auf einen Trick herein, als eine Bekannte der Familie ihr als Familienmitglied von Biyi vorgestellt wurde. Sie konnte sich an Details des Vorlebens erinnern, zum Beispiel als sie zu einer Hochzeit eingeladen war und die Toilette nicht finden konnte. Ihr jetziger Vater ermutigte Swarnlata nicht dazu diese Erinnerungen zu erzählen, aber er hielt sie auch nicht davon ab. Es konnte kein Hinweis auf einen Betrug gefunden werden. Insgesamt konnten 49 verschiedene Fakten und Informationen überprüft und durch jeweils mindestens einen unabhängigen Zeugen verifiziert werden. Zu keiner dieser Informationen konnte sie in ihrer jetzigen Situation Zugang gehabt haben, daher blieb als einzige Erklärung Reinkarnation übrig.

Alles in allem überprüften Stevenson und seine Kollegen mehr als 2600 Fälle aus aller Welt. Viele der Fälle stammten aus Drittweltländern, in denen die Menschen oftmals in isolierten kleinen Dörfern leben, wo es zu dieser Zeit keinen Kontakt nach außen gab. Stevenson publizierte 65 Fälle in seinen Büchern, weitere 260 Fälle wurden in Fachartikeln besprochen.

Der bekannte Neuro-Psychiater Dr. Brian Weiss von der Universität in Miami riskierte seine Reputation und seine Karriere als er den Fall einer Patientin publizierte, die auf Grund einer spontanen Regression in ein Vorleben während einer Hypnosesitzung rasch und vollkommen von einer chronischen psychiatrischen Erkrankung geheilt wurde. In seinem Buch *Die zahlreichen Leben der Seele*[12] finden sich detaillierte phänomenologische Berichte über die Versuche, Erfahrungen und den Heilungsprozess der Patientin, und diese Erfahrungen veränderten seine Ansichten und Überzeugungen und damit auch sein weiteres Leben grundlegend. Durch viele weitere Fälle kam er zu dem Schluss, dass es völlig irrelevant war, ob die Patienten vorher an Reinkarnation glaubten oder nicht, das Unterbewusstsein des Patienten konnte immer eine Verbindung zu einem, zur jeweiligen Lebenssituation passenden Vorleben finden, wenn man es auf die richtige Art und Weise dazu aufforderte.

Wenn das Bewusstsein den Tod übersteht und Vorleben zugänglich machen kann, kann es dann auch Erinnerungen an die Zeit zwischen zwei Leben abrufen? Der Psychologe Dr. Michael Newton fand, dass diese Seelenerinnerungen zugänglich werden, wenn in tiefer Hypnose eine bestimmte Technik nach einem Vorleben angewandt wird. Diese Technik, die er *Leben zwischen Leben Regression* nennt, erforschte und perfektionierte er über 30

Einleitung

Jahre lang an Tausenden von Klienten, und veröffentlichte die Ergebnisse seiner Arbeit in den Büchern *Die Reisen der Seele*[13] und *Die Abenteuer der Seelen*.[14] Er machte die erstaunliche Entdeckung, dass, unabhängig von den unterschiedlichsten Vorleben und unabhängig von allen Glaubensrichtungen oder der Herkunft seiner Klienten, alle die gleichen Dinge in diesem Zwischenreich erlebten, wie beispielsweise Rückblicke und Einschätzungen des Vorlebens mit geistigen Führern, planen der nächsten Reinkarnation mit der Hilfe von Führern und Lehrern, die oftmals die Ältesten genannt wurden, und der Zusammenarbeit mit anderen Seelen in Gruppen.

Alle diese Beobachtungen unterstützen die Reinkarnationstheorie und immer mehr Menschen in westlichen Ländern glauben an Reinkarnation. Eine Studie von Prof. Kerkhofs an der Universität in Louvain, Belgien, untersuchte die Verbreitung von Glaubensrichtungen in West-Europa. Sie befragten jeweils eine randomisierte Gruppe von je 1000 Menschen pro Land, und konnten zeigen, dass in Westeuropa 22% der Menschen an Reinkarnation glauben. Am Verbreitesten ist der Glaube an Reinkarnation in Island (41%), der Schweiz (36%) und in Großbritannien (29%).[15]

ERFAHRUNGEN ZUR REGRESSION IN EIN VORLEBEN

Es ist viel Energie und beträchtlicher Scharfsinn aufgewendet worden, um die Existenz von Vorleben zu beweisen oder zu widerlegen. Die klassische Psychoanalyse arbeitet viel mit Träumen von Patienten und deren Bedeutung bezüglich Neurosen oder Störungen, die therapiert werden sollen. Diese Utilisierung ist niemals in Frage gestellt worden und kann beträchtlichen Nutzen bringen, ohne dass jemals eine wissenschaftliche Theorie über die Wirksamkeit der Berücksichtigung von Träumen in der Psychoanalyse stattgefunden hätte. Wenn bei Patienten Erinnerungen an Vorleben vorhanden sind, ist es ebenso wenig nötig, eine wissenschaftliche Erklärung dafür liefern zu müssen, wenn die Bearbeitung dieser Erinnerungen einen relevanten Heilungsfortschritt für den Patienten bedeutet. Die erste und wichtigste Verantwortung jedes Therapeuten ist, den Patienten in seiner inneren Welt zu respektieren und Lösungsansätze für eine Heilung umzusetzen. Der folgende Fallbericht soll dies verdeutlichen:

Helen war eine 35 Jahre alte, sehr intelligente, selbstbewusste alleinstehende Frau. Sie leitete die Buchhaltung eines Unternehmens und war damit für dessen Geschäftskonten zuständig. Sie hatte immer wiederkehrende Gedanken, die sich um Kinder drehten, die man ihr wegnehmen wollte, was sie mehr als befremdlich fand, da sie keine eigenen Kinder hatte. Noch schlimmer fand sie, dass sie durch diese Gedanken sehr aggressiv wurde und zu weinen begann. An manchen Tagen fühlte sie sich so schlecht, dass sie ihren Aufgaben nicht nachkommen konnte. Die Gedanken kamen und gingen seit 15 Jahren und hatten an Intensität zugenommen. Sie hatte außerdem Albträume, dass sie etwas stehlen würde und deshalb schon mehrere Therapeuten konsultiert, die ihr nicht helfen konnten.

Nach Aufnahme ihrer Geschichte besprachen wir die Zielsetzung der Therapie. Zunächst wollten wir versuchen die Häufigkeit der obsessiven Gedanken wegen der Kinder, die man ihr nehmen wollte, zu reduzieren. Danach wollten wir uns um die wiederkehrenden Albträume kümmern.

Helen legte sich auf die Liege, schloss die Augen und wiederholte immer wieder den Satz: *„Sie nehmen mir*

Einleitung

meine Kinder weg". Sie erhielt spontan Bilder, die sie als Frau mittleren Alters im England des Mittelalters zeigten. Sie lebte mit ihren beiden Kindern ohne Ehemann in einem Häuschen. Ihrer Beschreibung nach trug sie ein abgetragenes braunes Kleid und ihre Haare waren unter einem Schal zurückgebunden. Sie behandelte ihre Nachbarn mit Pflanzenextrakten und erhielt als Gegenleistung Nahrung für sich und die Kinder. Ihre Stimme klang verändert als sie beschrieb, wie eine Gruppe Männer, die wie *Quäker* aussahen, in ihr Haus stürmten und sie beschuldigten eine Hexe zu sein. Sie banden ihr die Hände auf den Rücken und führten sie zu einem Fluss. Dort zwangen sie sie, sich mit dem Kopf nach unten auf eine Planke zu legen, banden sie an das Brett und stießen sie in den Fluss, wo sie ertrank. Helen beschrieb wie sie nicht mehr atmen konnte und ihr Körper versteifte sich. Da diese Situation für sie sehr schmerzhaft war, führte ich sie rasch durch die Szene und sie entspannte sich wieder. Während des Ertrinkens waren ihre letzten Gedanken: „Es tut mir so leid für die Kinder. Sie haben mir meine Kinder weggenommen!" Die Heilerin empfand Frieden nachdem sie ihren Körper verlassen hatte und auf den toten Körper hinab sah. Ich forderte sie auf, mit den Energien ihrer Kinder Kontakt aufzunehmen, was ihr auch gelang. Im darauffolgenden Austausch konnte sie ihnen mitteilen wie leid es ihr tat, dass sie sie verlassen musste. Sie wurde dazu ermutigt zu erfahren, was weiter mit ihnen geschehen war, und fand heraus, dass die Kinder von einer anderen Familie aufgenommen worden waren und überlebt hatten. Als sich herausstellte, dass sie noch Trauer empfand, der sich wie ein schwerer Druck auf der Brust anfühlte, wurde eine Verabschiedung mit Umarmung der Kinder initiiert, und der Druck verschwand.

Die Seele heilen

Sie wurde aufgefordert, sich mit den Energien der Quäker zu verbinden, was sie ungern tat, da sie sich unterlegen fühlte, konnte sich jedoch verbinden und berichtete, dass die Quäker-Energien sich entschuldigten, als sie ihnen voller Wut sagte: *„Ihr hattet kein Recht so etwas mit mir zu machen!"* Sie war trotz der Entschuldigung wütend und nicht bereit zu verzeihen.

Sie wurde aufgefordert, sich in ein anderes Vorleben mit den Quäkern zu begeben. Sie berichtete sofort von einem Schmerz in ihrer Schulter und erhielt Bilder von sich selbst als Dieb, der einen schwarzen Umhang trug und versuchte mit seiner Beute auf einem Pferd zu entkommen. Er war in die Schulter geschossen worden und eine Menschenmenge verfolgte ihn und versuchte ihn aufzuhalten. Das Pferd stürzte und fiel und als der Dieb von der Menschenmenge umringt wurde, erkannte Helen einige von ihnen als Quäker aus dem anderen Leben wieder. Nachdem der Dieb gehängt worden war, wurde er aufgefordert sich bei den Seelen der Menschen, die er bestohlen hatte, zu entschuldigen und zu versprechen, dass er nie wieder stehlen würde. Daran anschließend ging Helen erneut in das erste Vorleben mit den Quäkern und konnte ihnen nun vergeben, was sie ihr angetan hatten.

Helen erkannte Muster zwischen diesen Vorleben und ihrem jetzigen Leben. Sie hatte in ihrem jetzigen Leben eine extreme Abneigung gegen Wasser und schrie als Kind wie am Spieß wenn ihre Mutter ihr die Haare waschen wollte. Ein anderes Muster war ihre Furcht und Abneigung gegen autoritäre Männer, wie es die Quäker gewesen waren.

Einige Zeit nach der Therapiesitzung berichtete Helen dass die Albträume und die wiederkehrenden Gedanken an die weggenommenen Kinder komplett verschwunden waren. Sie hatte keine Angst mehr vor Wasser. Ein Geschäftsmann hatte sie vor kurzem beschuldigt beim Einparken sein Fahrzeug mit ihrem Auto beschädigt zu haben. Sie sagte: *„Vorher hätte ich weiche Knie bekommen und mir wäre schlecht geworden, aber dieses Mal konnte ich mich erfolgreich wehren!"*. Ein Jahr später berichtete sie, dass sie immer noch völlig beschwerdefrei war und es ihr endlich richtig gut ging.

Hat Helen ein Vorleben erlebt oder hat sie nur eine schmerzhafte Kindheitserinnerung verdrängt, die sie empfand, als ihre Mutter ihr die Haare waschen wollte? Möglicherweise hat ihr Unterbewusstsein diese Geschichte im England des Mittelalters frei erfunden? Möglich wäre es. Der entscheidende Punkt ist jedoch, dass Helen ihrem Unterbewusstsein die Erlaubnis gab, auf ihre eigene Art und Weise und über ihre eigenen Assoziationen und Gefühle mit den sie belastenden Träumen und Gedanken umzugehen, und so eine erfolgreiche Lösung und das Verschwinden ihrer Probleme bewirkte. Es ist nicht entscheidend zu beweisen, dass dieses Leben jemals so stattgefunden hat, entscheidend ist, dass diese Erfahrung mächtig genug war, Helen zu heilen.

Helens Fall zeigt, wie sich ein Vorleben darstellen und wie der Ablauf dieses Lebens geschildert werden kann. Es braucht keine festen Protokolle, die ablaufen müssen und jeder Fall ist individuell. Die Rolle des Therapeuten ist die des Befragers und Führers durch das Vorleben. Helens Problem konnte durch Vermittlung, Mediation und dem Begegnen von transpersonellen spirituellen Energien, die mit ihrem Vorleben verbunden waren, geheilt werden. Sie fragen sich jetzt vielleicht ob das, was Helen erlebt hat nur eine kreative Visualisierung und ein imaginärer Dialog war, oder ob sie sich wirklich in einem anderen Bewusstseinszustand befand, in dem sie sich telepathisch mit den

Seelen der anderen verbinden konnte. All das wird später im Buch noch besprochen werden. Entscheidend ist hier, dass Helens Leben durch diese Erfahrung eine positive Wendung nehmen konnte, und dass Verzeihen können, auch in einem Vorleben, eine tiefe heilende Wirkung auf die Psyche von Menschen hat.

Die Transformation von Helens wiederkehrenden obsessiven Gedanken nach zwei Stunden Therapie ist durchaus bemerkenswert. In dem bekannten Lehrbuch *Obsessive und zwanghafte Erkrankungen*[16] schreiben die Autoren, dass die üblichen therapeutischen Ansätze vorwiegend die Symptome mindern und Zwänge nur selten geheilt werden und dass dafür in der Regel etwa 45 Stunden Therapie erforderlich sind.

ZIELSETZUNG DER REGRESSIONSTHERAPIE

Regressionstherapien beziehen sich nicht nur auf Vorleben, sondern weitaus häufiger auf Probleme des derzeitigen Lebens. Der Klient wird jeweils in Situationen zurückgeführt, die oftmals dem bewussten Denken nicht oder nicht mehr zugänglich sind, wo Vorkommnisse nicht mehr nachvollziehbar sind aber zu relevanten negativen Beeinträchtigungen des körperlichen und seelischen Wohlbefindens geführt haben. Ein passender Vergleich ist die Art Schmerz, der durch einen Stachel, der sich tief in das Gewebe gebohrt hat, hervorgerufen wird. Wenn der Stachel entfernt ist, kommen die Schmerzen nie mehr zurück.

Die traditionelle Psychologie weiß, dass unsere Persönlichkeit durch Erinnerungen an Ereignisse geformt wird, die wir erleben, wie den Tod nahestehender Personen, Scheidung oder zerrüttete Familienverhältnisse. Die Schäden aus der frühen Kindheit werden jedoch häufig unterschätzt. Bowlby[17], einer der Pioniere der Psychologie, konnte zeigen, dass die Abwesenheit von Liebe

Einleitung

und Zuneigung einer Elternfigur die spätere Fähigkeit eines Kindes, tragfähige Bindungen einzugehen beeinträchtigt, und zu Verhaltensveränderungen wie Selbstverletzungen, Depression und Angstzuständen im Jugend- und Erwachsenenalter führen kann. Siegmund Freud, und später Klein und Winnicott[18] fanden, dass extreme emotionale Traumen, die zu übermächtig sind, um verarbeitet zu werden, aus dem Bewusstsein verdrängt und in das Unterbewusstsein verschoben werden. Irrationale Ängste, Phobien oder andere Verhaltensauffälligkeiten sind Reaktionen der versteckten Erinnerungen im Unterbewusstsein.

Interessanterweise scheint unsere Persönlichkeit jedoch auch durch Ereignisse aus Vorleben geprägt zu werden. Einige Beispiele aus meiner Praxis zeigen die erstaunliche Bandbreite von Problemen, die sehr gut auf Regressionen in Vorleben angesprochen haben:

Unsicherheit – Durch verlassen werden bzw. durch einen Tod im Kindesalter in einem Vorleben.
Depression - Der Gedanke „Es ist sinnlos" entstand durch ein Vorleben als Sklave bei einem, und verhungern während einer Hungersnot bei einem anderen Klienten.
Phobien und irrationale Ängste – Diese Ängste wurden meiner Erfahrung nach durch Ertrinken, Ersticken, Feuer, Tiere und Messer verursacht.
Obsessive Gedanken – Ein Waschzwang ließ sich auf einen Fall eines gewaltsamen Todes auf den Schlachtfeldern des 1. Weltkrieges zurückführen. Ein Kontrollzwang auf den Verlust einer geliebten Person durch Gedankenlosigkeit in einem Vorleben.
Wiederkehrende Albträume – Gehen in hoher Zahl auf eine Vielzahl von Traumen in Vorleben zurück.
Schuldgefühle – Der Gedanke „Es ist alles meine Schuld" kann oft auf das Töten oder Betrügen von nahestehenden

Personen, oder bei Vorleben als Soldat durch den Verlust der anvertrauten Untergebenen hervorgerufen werden.

Unerklärbare Schmerzen, Spannungen oder Taubheitsgefühle – Stammen oftmals aus Vorleben mit schweren Unfällen oder gewaltsamem Tod sowie Schlachtverletzungen mit Verlust von Gliedern, Hals- oder Schluckprobleme durch Erhängen oder Erdrosseln.

Panikattacken – Die Ursache findet sich oftmals bei Klienten, die auf traumatische Art ums Leben gekommen sind.

Ärger oder Wutanfälle – Verlust von Familie und Besitz durch Räuber, Truppen, Eindringlinge, auch bei Betrug, Folter oder ungerechtfertigtem Ausschluss aus einer Gemeinschaft.

Wiederkehrende Beziehungsprobleme – Betrug, oftmals mit wechselnden Rollen zwischen Betrüger und Betrogenem.

Gefühl der Isolation – Aus einer Gemeinschaft ausgestoßen werden, oft religiöse oder Stammesgemeinschaften.

Die Regressionstherapie wurde, wie auch alle anderen Therapien, von Pionieren der Psychotherapie erforscht und begründet, und jeder dieser Vorreiter hatte seine eigenen Ideen und Vorgehensweisen. Die Geschichte dieser Pioniere sowie eine Zusammenfassung der Forschungsergebnisse zu Repressions-Therapien ist in Anhang I aufgeführt. Als ich in den 1990ern begann Regressionstherapie zu erlernen, verbrachte ich so viel Zeit wie möglich mit den Pionieren dieser Therapieform. Jeder von ihnen war auf seine eigene Weise brillant, deckte aber jeweils nur einen Bereich dieser Therapieform ab. Dieses Buch beschreibt die Heilungstechniken der Pioniere und versucht, sie zusammen zu führen: Regression von Vorleben durch Hypnose, Regressionen in das derzeitige Leben oder Vorleben über nichthypnotische Brückentechniken, spirituelle Regression unter tiefer Hypnose. Die vielen Fallberichte sollen sowohl den interessierten

Einleitung

Leser als auch den Therapeuten, der sein Wissen vertiefen möchte, gleichermaßen ansprechen.

Enormer Aufwand ist betrieben worden um die materielle Welt zu erobern. Jetzt ist es an der Zeit eine Revolution zu beginnen um die spirituelle innere Welt zu erforschen, die zur Heilung unserer Seele führen kann.

Die Seele heilen

2

THEORIE SPIRITUELLER REGRESSIONEN

Hör mir zu, mein Bruder, sagte er. Es gibt drei Wahrheiten, die absolut sind, und niemals verloren gehen können, aber trotzdem niemals ausgesprochen werden, da es für sie keine Sprache gibt.
Die Seele der Menschen ist unsterblich und ihre Zukunft stammt von etwas Grenzenlosem und Herrlichem.
Der Lebensursprung selbst existiert in uns, ist unsterblich und ewig segensvoll. Du kannst ihn nicht hören, sehen oder riechen, aber alle, die ihn wahrnehmen wollen, können ihn wahrnehmen
Jeder ist sein eigener, unabhängiger Gesetzesgeber, sein eigener Spender von Ruhm oder Verdammnis für sich selbst, sein eigener Gewinn oder seine eigene Bestrafung.
Diese Wahrheiten sind groß, wie das Leben selbst, und so einfach wie der einfachste Geist. Füttert die Bedürftigen mit ihnen.
Aus *Lotoskönigin*, Mabel Collins.

Die Wissenschaft hat festgestellt, dass die physische Welt aus Energie besteht. Erklärungen für Intuition, den Energiekörper eines Menschen und nicht-stoffliche Dimensionen, die erlebbar sind, wurden bisher jedoch nicht erklärt, ebenso wenig wie Nahtoderlebnisse oder die Erinnerung an Vorleben bei Kindern. Wenn wir also mehr über ein Bewusstsein, das unabhängig vom stofflichen Körper existieren kann, erfahren möchten, müssen wir uns andere Quellen suchen.

ALTES WISSEN

Die großen Lehrer aller Religionen haben, genau besehen, die gleichen fundamentalen Wahrheiten verkündet, zu verschiedenen Zeiten an verschiedenen Orten, angepasst an die Zeit und Kultur, in der sie lebten. Oberflächlich betrachtet scheinen sich die Ansichten zu widersprechen, aber bei gründlicher Betrachtung der Kernaussagen der Religionsgründer zeigt sich eine bemerkenswerte Harmonie. Das alte Wissen verbindet seit Tausenden von Jahren die verschiedenen Lehren und Glaubensrichtungen wie ein goldener Faden.

Die längste Zeit der Geschichte wurden diese Lehren nicht aufgeschrieben sondern mündlich über Lehrer an ihre Schüler weiter gegeben, zu späterer Zeit wurde die mündliche Weitergabe von Wissen u.a. bei den Kabbalisten, Essenern, Sufis, Tempelrittern, Rosenkreuzern und Freimaurern praktiziert.[1] Während der letzten 100 Jahre verbreitete sich dieses Wissen durch die Theosophische Gesellschaft und Autoren wie C.W. Leadbeater, Annie Besant und Arthur Powell, und wurde in vielen Büchern veröffentlicht wie *Das höhere Selbst* und *Der sichtbare und der unsichtbare Mensch*. Helena Roerich hat mit der Agni Yoga Gesellschaft dazu beigetragen, und eine Engländerin, Alice Bailey, veröffentlichte die Abhandlungen, die sie von dem Tibetanischen Meister Djwhat Khul erhalten hatte, und gründete die *Arcane School*. Um diese andere Art des Denkens wirklich zu verstehen, müssen wir unsere materielle Sicht der Welt abstreifen, die uns vorschreibt, dass alles, was wir nicht sehen, anfassen, riechen, und schmecken können, nicht wahr sein kann. Im Gegensatz zu Dogmen die einen unwidersprochenen Glauben voraussetzen, beruht altes Wissen auf einer Reihe spiritueller und universeller Grundsätze[2]. Jeder, der dies anstrebt, kann diese durch die Erfahrungen, die er in seinem eigenem Leben gemacht hat, nachvollziehen und integrieren.

Das erste Prinzip – Materielle und Spirituelle Dualität

Das Gesetz der Übereinstimmung ist das erste Prinzip. Was auf Erden existiert, hat auch ein entsprechendes spirituelles Gegenstück. Die Dualität existierte seit dem Beginn des Universums, als eine einzige Quelle aus Energie und Materie zu expandieren begann und damit das Universum erschuf. Die Theorie des Urknalls ist mittlerweile allgemein akzeptiert. Das Äquivalent dazu existiert ebenso, eine Quelle intelligenter Energie begann Partikel abzuspalten[3] und diese Fragmente[4] beseelten Materie. Jedes Individuum besitzt dieses Fragment purer Energie, das auch die Erinnerungen und Erfahrungen enthält, die in Vorleben gemacht wurden. Die Seele reift mit jeder neuen Erfahrung bis ein Stadium erreicht ist, in der Reinkarnation nicht länger Erkenntnisse oder Wissen bringen. Eine erneute Existenz in einem Körper wird dann nur noch eingegangen, wenn sie einem höheren Zweck dient. Letztlich ist der eigentliche Sinn der Existenz, wieder mit der Quelle der Energie vereinigt zu werden, aus der wir kamen.

Ein Teil dieses Prinzips besteht in einer energetischen Verbindung zwischen dem physischen Körper und dem energetischen Fragment, der Seele, der Intuition. Während einer Meditation, Hypnose oder anderen veränderten

Bewusstseinszuständen kann diese Verbindung zugänglich gemacht und Erinnerungen und Wissen damit verfügbar werden. Diese Verbindung erinnert jedoch auch ungelöste Probleme, Gefühle und Körper-Erinnerungen in einem Bereich des physischen Körpers, der Energiekörper genannt wird.[5] Der Energiekörper besteht aus drei unterschiedlich schwingenden Energien, die man ätherisch, astral und mental nennt. Der Ätherische ist dem physischen Körper am nächsten und enthält die physischen Erinnerungen, der Astrale erstreckt sich um den Ätherischen und enthält die emotionalen Erinnerungen und das äußere, mentale Energiefeld enthält Gedanken.

Die traditionelle Wissenschaft vermutet Gedanken und Emotionen in der elektrischen Aktivität des Gehirns. Das alte Wissen platziert es um den physischen Körper in den Energiekörper, ähnlich wie Musik auf einer CD. Die Quelle der Musik ist zwar auf die CD gebrannt, aber die Musik, die abgespielt wird, ist nicht auf einen speziellen Platz beschränkt. Die Vibrationen der Musik sind überall um uns herum, sobald die CD gespielt wird.

ERINNERUNGEN AUS VORLEBEN IM ENERGIEFELD

Der ätherische Körper ist eine dünne, graue Schicht, die um unseren Körper herum verläuft. Ihr Zweck ist es, eine Verbindung zum Körper herzustellen. Diesen ätherischen Körper nutzt die traditionelle chinesische Medizin, da er über Akupunkturnadeln aktiviert werden kann, um Schmerzen zu reduzieren und Energien am Körper zu harmonisieren. Er dient auch als Blaupause um bestimmte Aspekte des physischen Körpers zu unterstützen, während die intelligente Energie mit dem Ungeborenen

Theorie Spiritueller Regressionen

verschmilzt. Während dieser Phase werden Körper-Erinnerungen von Vorleben auf den Körper der aktuellen Inkarnation übertragen. Ian Stevenson, dessen Forschung mit Kindern bereits angesprochen worden ist, fand viele Hinweise, die diese Aussage stützen, wie z.b. Muttermale, Narben und Missbildungen des Körpers, die zu Ereignissen aus Vorleben oder Todesursachen aus Vorleben passten, insbesondere, wenn es sich um traumatische oder gewaltsame Ereignisse handelte. Ein Beispiel findet sich in dem Fall von Alan Gamble aus Canada aus seinem Buch: *Reinkarnationsbeweise - Geburtsnarben und Muttermale belegen die wiederholten Erdenleben des Menschen*[6] :

Alan Gamble wurde mit zwei Muttermalen, einem an seiner linken Hand und einem auf dem linken Handgelenk, geboren. Als er eine Rückführung durchlebte, begann er von Walter und dessen tragischem Tod durch eine versehentliche Schussverletzung zu erzählen. Drei Jahre vor Alans Geburt unternahm Walter Wilson mit einem Freund einen Ausflug zum Fischen entlang der Küste von Britisch Kolumbien. Sie fuhren in ihrem kleinen Boot in der Nähe der Küste entlang, als Walter einen Nerz im Wasser sah. Er griff nach seiner Waffe, rutschte aus und als sie gegen die Bootswand schlug, entlud sie sich und der Schuss traf Walters linke Hand, die stark zu bluten begann. Sein Freund band die Wunde ab und versuchte, mit dem Boot so schnell wie möglich den nächsten Ort anzusteuern, der zehn Stunden entfernt war. Was beide nicht wussten war, dass die Aderpresse von Zeit zu Zeit aufgemacht werden muss, um ein Absterben des abgebundenen Gliedes zu verhindern. Als sie den nächsten Hafen erreichten, war Walter bereits bewusstlos und die Gangrän seiner Hand hatte eingesetzt, an der er Tage später verstarb. Das kleinere Muttermal auf Alans Handfläche stammte vom

Die Seele heilen

Eintritt der Kugel das größere, auf der Rückseite seines Handgelenks, entsprach dem Kugelaustritt an der Hand von Walter Wilson.

Unerklärbare Schmerzen und Spannungen können durch Verletzungen in Vorleben erklärt werden. Erinnerungen an hängen, Verletzungen durch Speere und Schwerter, Schläge und andere Wunden können ihre Spuren im ätherischen Körper hinterlassen und auf den neuen Körper übertragen werden, da sich der ätherische Körper nach dem Tod vom physischen Körper löst.

Das nächste Energiefeld, das Astralkörper genannt wird, enthält die Emotionen. Es ist nicht mit bloßem Auge zu erkennen und erstreckt sich etwa einen halben Meter um den physischen Körper herum. Wenn der Körper stirbt, werden positive Erinnerungen, aber auch unverarbeitete negative Erinnerungen wie Scham, Wut, Schuld, Ärger, Traurigkeit, Hass und Verzweiflung, die im Astralkörper gespeichert sind, weiter erinnert.

Das mentale Energiefeld enthält unsere gesprochenen und unausgesprochenen Gedanken und erstreckt sich mehrere Meter um unseren Körper. Selbst wenn Gefühle nicht ausgesprochen werden, haben unsere Gedanken doch Energie und sind daher mächtig. Viele Menschen hatten schon öfter das Gefühl, Gedanken von anderen spüren zu können, wenngleich solche Gefühle in der Regel nicht ernst genommen werden. Eine andere Variante des Wahrnehmens von Gefühlen anderer in unserem Umfeld ist, dass man glaubt beobachtet zu werden, und beim Umdrehen oder Umsehen feststellt, dass man tatsächlich beobachtet worden ist.

Die Bedeutung dieser Energiefelder in der Regression von Vorleben zeigt der nächste Fallbericht. Roz erzählte im Eingangsgespräch, dass sie unter chronischen Schmerzen in ihren Gelenken und an verschiedenen Stellen ihres Körpers litt. Sie hatte diese Schmerzen schon seit vielen Jahren und trotzdem sie mehrfach untersucht worden war, konnte keine Ursache für die Schmerzen gefunden werden. Sie war eine alleinerziehende Mutter von vier Kindern und ihre Beziehungen zu Männern waren durchweg negativ verlaufen. Sie fühlte sich schwach und hilflos in ihren Beziehungen zu ihrem Vater, ihrem Ex-Ehemann und ihrem Lebenspartner.

Als ich Roz in ihr Vorleben führte, fanden wir heraus, dass sie als junges Mädchen von Nonnen im viktorianischen England großgezogen wurde, da sie als Kind von ihren Eltern verlassen worden war. Später arbeitete sie in einer Wäscherei, wo man sie wie eine Sklavin hielt. Ein älterer Mann heiratete sie schließlich und zunächst dachte das Mädchen, dass nun alles gut würde, aber der Mann behandelte sie sehr schlecht, ließ alle seine Launen an ihr aus und misshandelte sie schwer. Sie akzeptierte diese Behandlung weil sie nicht wusste, an wen sie sich wenden oder wohin sie gehen sollte, und weil sie wusste, dass man ihr in ihrer Position nicht glauben würde. Der Mann erschlug sie schließlich und ließ sie im Keller zurück wo sie starb. Ihre letzten Gedanken waren *„Ich kann nichts dagegen tun"* und sie spürte schreckliche Schmerzen in ihrem Körper. Diese Gefühle nahm sie mit sich, als ihre Seele den Körper verließ.

Roz wurde nochmals in die Situation versetzt, in der ihr Ehemann begann sie zu misshandeln. Sie nahm die Körperposition ein, die sie damals eingenommen hatte, sie lag seitlich mit angezogenen Beinen. Mit Hilfe eines psychologischen Verfahrens namens Psychodrama wurde eine Situation geschaffen, in der Roz sich gegen ihren Ehemann wehrte und zurückschlug. Dazu wurde ein großes Kissen verwandt, das der Therapeut hielt und auf das die

Klientin einschlagen konnte. Nachdem sie sich erfolgreich gewehrt hatte, und dadurch stark geworden war, führte ein Kommando sie auf eine Zwischenebene, wo sie die Seele, die ihr Ehemann in diesem Leben gewesen war, konfrontierte. Die Energieform entschuldigte sich und war tief beschämt über das, was er ihr angetan hatte, und Roz konnte die negativen Erinnerungen an dieses Leben erfolgreich loslassen.

Nach der Sitzung war Roz in der Lage sich gegen ihren Lebensgefährten durchzusetzen, was sie zuvor nie gekonnt hatte und die Schmerzen in ihren Gelenken verschwanden.

Diese Fallstudie zeigt, wie Gefühle wie „*Ich kann mich nicht wehren*", oder das Gefühl der Machtlosigkeit am Ende eines Vorlebens zu unerklärbaren Schmerzen und einem selbstbeschädigenden Verhalten in einem späteren Leben führen können.

Das zweite Prinzip – Karma

Karma ist das zweite Prinzip des alten Wissens. Karma ist Sanskrit und kann mit *Handlung* übersetzt werden. Positives zieht Positives nach sich, Negatives entsprechend Negatives. In der Bibel steht: „Was ein Mann sät, das erntet er auch". Es kann auch als Form kosmischer Verantwortlichkeit verstanden werden. Wir haben einen freien Willen, der entscheidet, wie wir auf Situationen in unserem Leben reagieren und welche Entscheidungen wir treffen möchten, und damit erzeugen wir Karma oder heben es auf.

Karma ist jedoch weitaus komplexer. Wir inkarnieren in verschiedenen Körpern um unterschiedliche Leben zu leben, viele verschiedene Situationen zu erfahren und beide Seiten verschiedener Lebenslagen kennen zu lernen, darauf zu reagieren, und uns dadurch weiter zu entwickeln. Wenn Karma nicht aufgelöst wird, wird es in einem anderen Leben erneut bearbeitet, wie das nächste Beispiel zeigt:

Jenny erlebte ein Vorleben als Mann, in dem sie von verschiedenen Gemeinden im mittelalterlichen Europa beauftragt wurde, Ordnung zu halten. Der Mann setzte die Ordnung durch Schläge und Bestrafungsaktionen durch. Es war ihm egal, ob jemand schuldig oder unschuldig war, er terrorisierte die Menschen, um auf diese Weise Macht zu erlangen. Mit einer Gruppe Untergebener zog er von Ort zu Ort und sein Ruf eilte ihm voraus. In einem Ort nahm man ihn schließlich gefangen, und man misshandelte ihn. Schließlich wurde er öffentlich in Ketten ausgestellt und hingerichtet.

Jenny wurde im Anschluss an dieses Vorleben in ein anderes Vorleben geführt, dass mit dem des Aufsehers verbunden war. Sie erkannte sich als junge Frau, die von ihren Eltern und ihrem Mann schwer misshandelt wurde. Als sie durch die Misshandlungen starb, dachte sie: *„Eines Tages werde ich mich an ihnen allen rächen. Ich werde Macht haben, wie sie."*

Jenny hat Machtmissbrauch als Opfer und als Täter in ihren Vorleben erlebt. Niederlage, Betrug, Verlassen werden, Verlust von Bezugspersonen und Schuldgefühle sind einige der negativen karmischen Emotionen, die zu Problemen im jetzigen Leben führen, die durch Rückführungen und Erkenntnis dieser Verstrickungen gelöst werden können. Wenn das Verhalten beider Seiten verstanden und Vergebung für dieses Verhalten gewährt wird, kann der Zyklus des Wiederholens dieser

Situationen beendet werden, wir entwickeln uns weiter, da wir lernen und von diesen Herausforderungen profitieren. Um den karmischen Zyklus zu durchbrechen müssen wir lernen, auf die Probleme die wir erfahren, anders als zuvor zu reagieren. Rückführungen können es möglich machen, das ganze Bild einer Situation zu erleben, und durch die Chancen, die sich daraus ergeben, zu wachsen, zu lernen und Vergebung zu finden.

Das dritte Prinzip – Reinkarnation

Reinkarnation ist seit Tausenden von Jahren ein fester Bestandteil des Glaubens von Millionen von Menschen. Das Prinzip der Reinkarnation entstand unabhängig voneinander in unterschiedlichsten Regionen und Volksstämmen. Die Kelten und Teutonen Nord Europas, ebenso wie die Eingeborenen in Afrika, Australien und Amerika glaubten an Reinkarnation. Auch Hindus, Buddhisten und einige Sufi-Sekten des Islam, ebenso wie einige Sekten christlichen Ursprungs, wie die Katharer[7], die in Frankreich und Italien beheimatet waren, glauben an die Wiedergeburt. Viele Religionswissenschaftler glauben zudem, dass die in der Bibel enthaltenen Hinweise auf das Prinzip der Wiedergeburt im Jahr 325 durch den römischen Kaiser Konstantin im Konzil von Nicäa verboten wurden, um Einheit unter den zerstrittenen Fraktionen des Glaubens zu schaffen und dadurch den Einfluss der Kirche zu erhöhen.

Ein wichtiger Grund für Reinkarnation ist, der Seele zu erlauben in anderer physischer Form neue Antworten auf alte, unbeantwortete Fragen zu erfahren und daraus zu lernen und zu wachsen, wie das folgende Beispiel von Alice zeigt, die ein Vorleben als Bischof im Europa des Mittelalters durchlebte:

Theorie Spiritueller Regressionen

Der Bischof war nicht so unschuldig, wie seine Gläubigen annahmen. Er hatte ein Geheimnis: Er war in einer Allianz mit Dieben und verwahrte das Gold, das sie gestohlen hatten, unter seiner Krypta in einer Höhle unterhalb eines verschiebbaren Steines. Zu einem späteren Zeitpunkt rettete er jedoch acht Dorfbewohner vor einer Bande von Plünderern und versteckte sie unter seiner Krypta, dem einzig sicheren Platz, den er kannte, wo er auch das Gold verwahrte. Während er erfolgreich mit den Plünderern verhandelte, und diese zum Verlassen des Dorfes bewegen konnte, erstickten die Dorfbewohner in der Höhle unter der Krypta. Er verscharrte die Dorfbewohner und erzählte den anderen, dass die Plünderer ihre Nachbarn getötet hätten. Da er sich sehr schuldig fühlte, sorgte er dafür, dass das Gold wieder auftauchte und an Arme verteilt wurde und kümmerte sich fortan nur noch um die Bedürftigen und seinen Glauben.

Auf einer höheren Bewusstseinsebene nach dem Durchleben des Todes des Bischofs erinnerte sich Alices Bewusstsein an die Nachbesprechung dieses Lebens mit zwei Wesenheiten. Der Bischof war voller Reue über das, was er getan hatte. Die Wesenheiten erinnerten ihn jedoch daran, dass er in der Gemeinde sehr beliebt gewesen war, dass er die Plünderer zum Verlassen des Dorfes bewegt hatte, und dass er den Tod der Dorfbewohner nicht beabsichtigt hatte. Was Machtmissbrauch und falsch verstandene Verantwortung anging, hatte er versagt, und diese Themen würden daher im nächsten Leben im Mittelpunkt stehen. Am Ende der Sitzung fühlte sich Alice sehr friedvoll und geliebt, und sie verstand genau, warum sie in ihrem jetzigen Leben permanent schwierige Arbeitsverhältnisse mit viel Verantwortung für andere Menschen übernahm.

Die Seele heilen

Alices Erfahrung deckt sich mit Michael Newtons Forschungen über Seelen-Erinnerungen zwischen Leben, die in meinem Buch: *Die Seele erforschen*[8] näher erläutert werden. Reinkarnationen werden geplant, und die Vorbereitungen beinhalten, unter anderem, die Auswahl des neuen Körpers, Eltern, Situationen und die Zivilisation, in der man aufwächst. Geistige Führer, die diese Planung mittragen, überwachen und entscheidende Hilfen geben, begleiten uns auch während der Inkarnation. Sie verstehen die Ziele, die sich die Seele gesetzt hat, und geben Hilfestellung bei der Umsetzung dieser Ziele. Unsere Persönlichkeit formt sich durch die Eigenschaften unserer Seele und der des Babys mit dem wir verschmelzen, meist noch im Mutterleib während der Entwicklung des Fötus. Durch die Verschmelzung beginnen die Erinnerungen an Vorleben und Zwischenleben zu verblassen, auch damit das neue Leben unbeeinflusst von bereits vorhandenem Wissen beginnen kann. Oftmals ist dieser Prozess des Verschmelzens und Vergessens nicht mit der Geburt abgeschlossen, sondern erstreckt sich über einige Jahre der frühen Kindheit, was auch erklärt, warum gerade Kinder noch Erinnerungen an Vorleben haben können; im späteren Leben können Erinnerungen aus Vorleben durch prägende Ereignisse oder Trigger reaktiviert werden.

Das alte Wissen beschreibt unterschiedliche Level der Existenz, die Bereiche genannt werden. Es ist jedoch ausreichend, diese in drei große Kategorien einzuteilen: den physischen Bereich, den spirituellen Bereich und den obersten geistigen Bereich. In diesem existieren nur noch Geist und Weisheit und von diesem stammen alle anderen Bereiche ab.

Theorie Spiritueller Regressionen

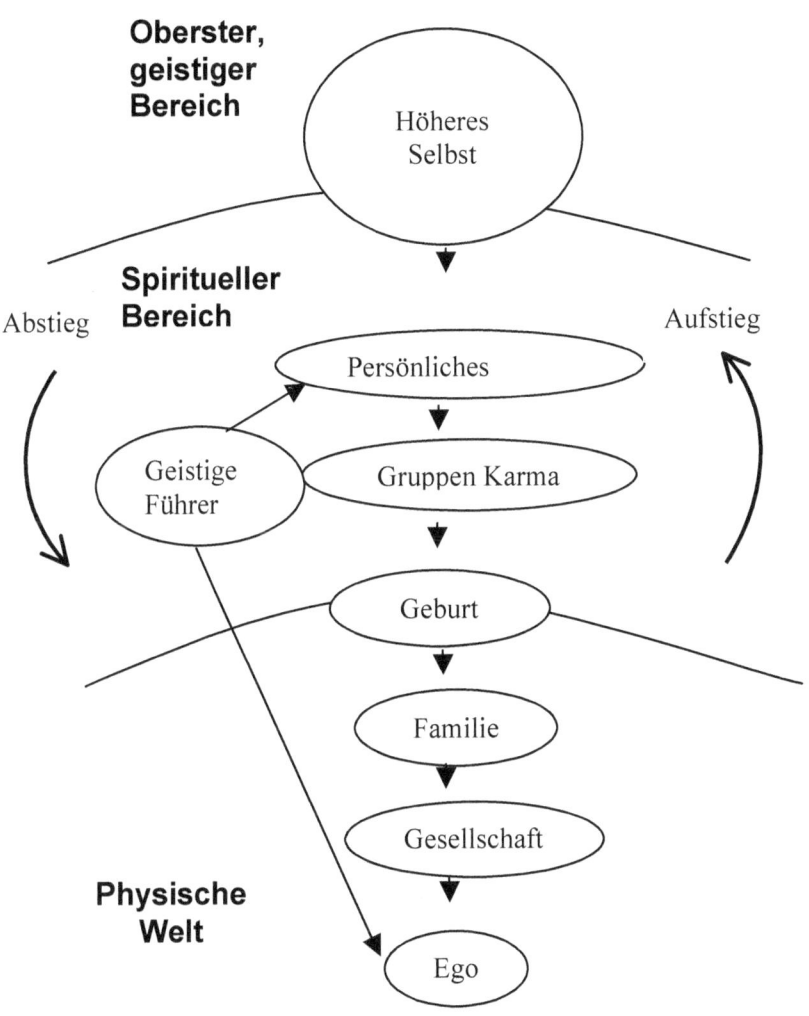

Der Reinkarnationszyklus.
Angepasst aus, *Die vielen Leben der Seele*
von Roger Woolger.

Die Seele heilen

Im *Tibetischen Buch vom Leben und Sterben*[9] wird dieser Bereich 'das reine Licht der Leere' genannt, im Tao das *klare Licht* und die *höchste Wahrheit*. Die Christen nennen es *Vater, Sohn und heiliger Geist*.[10] Es beschreibt den Zustand, in dem Menschen nicht mehr davon sprechen Visionen von Licht zu haben, sondern Teil des Lichts zu sein, und es gibt keine Unterscheidung mehr in Subjekt und Objekt.

Im Bereich des Geistes existieren die Seelen. Dieser Bereich ist die Welt, in der die Visionen der Schamanen und die Traumzeit der Aborigines zu Hause sind. Spiritualisten nennen diesen Bereich *Sommerland*.[11] Im Buddhismus wird das mittlerer Reich *Bardo des Dharma* die Offenbarung der bedingungslosen Ehrlichkeit, und *Bardo der Wiedergeburt* genannt. Es ist ein Bereich zwischen der physischen Welt und der puren und formlosen Energiewelt des obersten geistigen Bereiches. In diesem Zwischenreich existieren die mythologischen Götter und die visionären Vorstellungen von Himmel und Hölle unabhängig von Raum und Zeit nebeneinander.

Die physische Welt ist der sensorische Bereich, in dem Physik und die Dimensionen von Zeit und Raum, ebenso wie der Tod aller physischen Körper Gültigkeit haben. Die Hindus und Buddhisten nennen es Samsara, was so viel wie *die Welt des Werdens* bedeutet. Hierher bringen wir die Samskaras, unsere alten Gewohnheiten und unsere alte Art des Denkens, um diese Hindernisse zu überwinden.

Theorie Spiritueller Regressionen

DAS VIERTE PRINZIP - DAS GESETZ DER ANZIEHUNG ALS QUELLE SPIRITUELLEN WACHSTUMS

Das Gesetz der Anziehung wird durch die Stärke unserer Absicht bestimmt. Wir werden unbewusst die Möglichkeiten und Menschen anziehend finden, die uns auf unserem Weg der Weisheit weiterbringen. Sarahs Rückführung in ein Leben als junge Frau zeigt uns, worauf wir achten sollten:

Ihr Vater in diesem Leben war Trinker und misshandelte sie, so dass sie schließlich mit ihrem Bruder nach San Francisco flüchtete, um ihm zu entkommen. Dort fand sie eine sichere Unterkunft bei einer Witwe, der sie Kleider schneiderte, und die sie gut behandelte. Etwas später lernte sie einen Arzt kennen der sie bat, ihn zu heiraten und mit ihm wegzugehen. Da sie sich aber nicht dazu entschließen konnte, die Sicherheit, die sie im Haus der Witwe empfand aufzugeben starb sie unglücklich und alleine. Als sie in die geistige Welt wechselte, erlebte sie unvermittelt erneut die Besprechung dieses Lebens mit drei Lichtwesen in Menschengestalt:

Es ist ein bisschen so, als ginge ich zu einem Bewerbungsgespräch. Ich sehe eine kleine Dame und zwei Männer an einem Schreibtisch in einem Raum sitzen, die mir einen Stuhl anbieten.
Sprecht ihr über Dein vergangenes Leben?
Es war ein sehr anstrengendes Leben. Ich hatte nicht genug Zeit um Entscheidungen zu treffen, und die vereinbarten Voraussetzungen waren ebenso unnachgiebig, um meine Reaktionen zu testen. Meine Aufgabe war, mir gebotene

Die Seele heilen

Chancen zu ergreifen, bekannte Personen zu erkennen und nicht immer alles zu hinterfragen. Ich hätte mit dem Arzt gehen sollen, als er mich fragte. Dass ich das nicht tat, hatte zur Folge, dass ich untätig blieb und in diesem Leben meine spirituelle Bestimmung nicht fand. Ich enttäuschte mich und meine Seelengefährten.

Was hättest Du tun können?

Ich hätte mit ihm gehen und das Haus der Witwe verlassen sollen. Ich hätte als seine Helferin gearbeitet und die Patienten versorgt, die er betreute. Ich werde diese Aufgaben nochmals angehen müssen, aber ich hatte Angst vor dem anderen Leben, das ich dann hätte führen müssen. Er hat mir eine Chance geboten, und weil ich sie ausgeschlagen habe, habe ich alle enttäuscht.

Was sagen sie noch?

Sie sagen „dann mach es eben noch einmal". Es ist, als ob ich ein Video anschaue, sie drücken die Stopptaste an unterschiedlichen Stellen und fragen mich, wie ich mich gefühlt habe und was ich anders hätte tun können. Es war nicht falsch, bei der Witwe zu bleiben, aber sie hätte jemand anderen finden können. Sie brauchte meine Hilfe nicht rund um die Uhr, und ich wäre in der Nähe geblieben. Ich werde mit meinen Seelengefährten darüber beraten und wir werden diese Aufgaben wiederholen. Ich werde die Seele, die der Arzt gewesen ist, in diesem Leben wiedersehen und es dieses Mal hoffentlich richtig machen.

[Sarah lächelte.]

Sarahs Plan für ihr vergangenes Leben sah vor, mit einem ihrer Seelengefährten, der den Arzt verkörperte, zu arbeiten. Diese Aufgabe hätte ihr spirituelles Wachstum unterstützt. Es stand ihr aber frei zu entscheiden, ob sie diese Gelegenheit nutzen wollte, oder eben nicht.

Bei der Planung neuer Leben werden die Aufgaben nach und nach schwieriger gestaltet, es wird aber immer darauf geachtet, dass die karmischen Aufgaben erfolgreich absolviert werden können, und dem Wissen und den Fähigkeiten des Individuums angemessen sind. Schwierige Leben beschleunigen den Prozess des seelischen Wachstums und unkomplizierte Leben erhöhen die Anzahl der Inkarnationen, die benötigt werden, um bestimmte Aufgaben erfolgreich abzuschließen. Worauf es ankommt ist sicherzustellen, dass der Schwierigkeitsgrad der Pläne dazu dient, die ungelösten Aufgaben der vergangenen Leben zu bewältigen.

Die Pläne werden gemeinsam mit anderen Seelen erarbeitet, so dass ein komplexes Gebilde entsteht, bei dem alle ihren Teil dazu beitragen, die jeweiligen Lebensziele gemeinsam zu erreichen. Wir fühlen uns in diesen Leben zu bestimmten Personen hingezogen, damit wir die karmischen Aufgaben wie z.b. Verrat, Missbrauch, Einsamkeit, Opferbereitschaft für die wir, ohne es zu wissen, vorher die Bedingungen geschaffen haben, diesmal endgültig lösen können.

KOMPLEXE

Komplexe resultieren aus der Art und Weise, wie wir mit außerordentlich intensiven, unangenehmen und herausfordernden Gedanken, Gefühlen und Körperempfindungen umgehen, die uns Probleme bereiten. Es kann sich dabei um Depressionen, Ängste, Panik-Attacken, Ärger, Traurigkeit, Phobien, Obsessionen, posttraumatischer Stress und vieles mehr handeln. Ein typisches Zeichen eines Komplexes ist, dass bestimmte Schlüsselreize immer die gleichen rigiden Reflexe und Reaktionen hervorrufen. Ein depressiver Mensch denkt beispielsweise oft „Es ist hoffnungslos" und fühlt sich noch schwächer und erschöpfter als zuvor. Ein Mensch, der sich manipuliert fühlt, wird wütend und

Die Seele heilen

schlägt um sich. Komplexe rufen schädliche Verhaltensweisen hervor. Ein Mensch, der sich immer wieder in dysfunktionalen Beziehungen mit Menschen wiederfindet, denkt vielleicht „Ich bin nicht gut genug" und entwickelt so viel Angst vor dem nächsten Versagen, dass er es unbewusst vermeidet, erneut Beziehungen einzugehen, auch wenn er unter der Einsamkeit leidet.

Autobiographie in fünf Versen, ein Gedicht von Portia Nelson, zeigt Komplexe und die Art, wie wir in Komplex-Situationen reagieren, ganz hervorragend:

Ich gehe die Straße hinunter.
Da ist ein tiefes Loch.
Ich falle hinein.
Ich bin verloren ... ich habe keine Hoffnung.
Es ist nicht meine Schuld.
Es dauert ewig, bis ich einen Ausweg finde.

Ich gehe diesen Weg erneut.
Da ist ein tiefes Loch im Weg.
Ich tue, als sähe ich es nicht.
Ich falle wieder hinein.
Ich kann nicht fassen, dass ich wieder in derselben Situation bin.
Aber es ist nicht meine Schuld.
Es dauert immer noch ziemlich lange, bis ich hinaus finde.

Ich gehe wieder die gleiche Straße entlang.
Da ist ein tiefes Loch im Weg.
Ich sehe es.
Trotzdem falle ich hinein ... ich kann es nicht lassen.
Meine Augen sind offen.
Ich weiß, wo ich bin.

Theorie Spiritueller Regressionen

Ich bin schuld.
Ich finde sofort heraus.

Ich gehe die gleiche Straße.
Da ist ein tiefes Loch im Weg.
Ich gehe drum herum.

Zu verstehen welche Lektion wir durch das, was uns geschieht, lernen wollen, und warum diese Dinge geschehen, ist enorm hilfreich um einen heilsamen und positiven Weg zu finden, der eine weitere Wiederholung der Übung überflüssig macht. Wenn es gelingt, den Grund für das Geschehene zu erkennen, und die Betrachtungsweise zu ändern, die persönliche Verletzung anzunehmen aber nicht persönlich zu nehmen, kann die Lektion bereits gelernt sein und wiederholt sich nicht. In einer Regressionstherapie werden die Ursprünge für Komplexe aufgesucht, wie wir in den Fallberichten der folgenden Kapitel immer wieder sehen werden. Traumen, die in Vorleben Komplexe auslösten, finden sich in Variationen auch im jetzigen Leben der Klienten wieder. Bereits durch das Erzählen der Lebensgeschichte in Trance beginnen Selbstheilungskräfte aktiv zu werden, die sehr erfolgreich für eine Transformation des Komplexes eingesetzt werden können.

In der klassischen Psychotherapie des Westens werden Träume, Fantasien und innere Bilder sehr erfolgreich zur Lösung psychischer Konflikte angewandt. Diese Verfahren stecken jedoch im Vergleich zu den traditionellen psycho-spirituellen Lehren des Ostens noch in den Kinderschuhen. Die Methoden sind in Anhang I aufgeführt. Die Arbeit in der geistigen Welt nach einem Vorleben wird immer als sehr bereichernd und inspirierend empfunden. Jedoch die Weisheit des eigenen Inneren und die oftmals überraschenden Wendungen dieser Erfahrung sind für den Klienten heilsam. Da ich mit Hunderten von Klienten gearbeitet habe weiß ich, dass es, um diese Erfahrungen machen zu können unwichtig ist, ob der Klient an Vorleben oder Reinkarnation glaubt und es nicht nötig ist, hier etwas beweisen zu wollen. Ich fordere meine Klienten einfach auf, im Erleben in ihrer inneren Welt zu bleiben, und der Wahrheit und Kraft ihres eigenen Geistes zu vertrauen.

ZUSAMMENFASSUNG

Solange es keine schlüssigen Erklärungen der westlichen Wissenschaft für Intuition, Bewusstsein und Nahtod-Erfahrungen gibt, können wir uns an die Beschreibungen und Erfahrungen des alten Wissens der Gelehrten vor unserer Zeit halten, die diese Zustände seit langer Zeit erforscht und ihre Erkenntnisse darüber weitergegeben haben. Durch die vier Prinzipien des Wissens werden die Theorien über Reinkarnation, Vorleben und Leben zwischen Leben untermauert. Sie zeigen, dass balanciertes Karma aus dem Anerkennen aller Facetten einer Situation resultiert, nicht aus dem Wiederholen alter Verhaltensmuster. Alte Verhaltensweisen, unverarbeitete Traumen, Gefühle und Gedanken können von einem Vorleben auf das nächste Leben transferiert werden, und in der Verarbeitung und Transformation dieser Traumen wird durch die Regressionstherapie Heilung und Wissen über das Leben und die Ursachen für Vergangenes erreicht und die Vergangenheit damit abgeschlossen werden.

3

EIN VORLEBEN INITIIEREN

Reisen bringen Macht und Liebe zu Dir zurück.
Wenn Du nirgendwo hingehen kannst,
wandere in den Gängen Deines Selbst.
Wie Lichtstrahlen verändern sie sich,
und auch Du änderst Dich, wenn Du sie erforschst.
Jelaluddin Rumi, 13. Jahrhundert Sufi Mystiker

Um in ein Vorleben zu gelangen, genügt bereits eine leichte Trance, die über eine geführte Bildersprache erreicht wird. Für Leben zwischen Leben Erinnerungen wird eine tiefere Trance benötigt. Gelegentlich werden Szenen aus Vorleben in Träumen oder in Form von Geistesblitzen erlebt, was jedoch, wie Ian Stevenson zeigen konnte, vorwiegend im Kindesalter vorzukommen scheint.

Brücken ermöglichen einen einfachen Weg in ein Vorleben. Ein vorhandener Komplex, ein Gedanke, ein Gefühl oder eine Körperempfindung können dafür genutzt werden. Sie funktionieren wie ein Knopf den man drücken kann, um an frühe Erinnerungen zu gelangen. Ein Gefühl des Zorns kann eine Erinnerung an eine Demütigung durch die Eltern ebenso auslösen wie eine Erinnerung an ein Leben als Sklave. Ein anderes Beispiel für einen solchen 'Druckknopf' kann Enge in der Kehle sein, die mit einem früheren Tod durch Hängen oder

Erdrosselung zusammenhängen kann, oder einem Unfall in der Kindheit, durch den Ähnliches erlebt wurde.

HYPNOSE

Trance ist ein natürlicher Bewusstseinszustand, der immer dann eintritt, wenn sich unser Verstand auf unser Innenleben konzentriert. Wenn wir für Stunden Autofahren, ohne das wir uns hinterher an die Fahrt erinnern können, oder wenn wir uns so in ein Buch vertiefen, dass wir nicht einmal hören wenn man uns ruft, ist das ein Trancezustand.

Hypnose ist ebenso Trance, nur dass sie durch einen Therapeuten geführt wird. Man sitzt sich entweder gegenüber, sodass man sehr entspannt sitzen kann, oder derjenige, der sich in Trance begibt, legt sich auf eine Couch, um sich besser entspannen zu können. Manche Menschen erreichen einen Trance-Zustand besser, wenn sie sich bewegen. Auch das kann genutzt werden, entscheidend ist immer die eigene Absicht in Trance zu gehen, sich also nach innen zu fokussieren.

Fünfzehn Prozent der Bevölkerung sind hoch rezeptiv und können sich sehr einfach und schnell in Trance versetzen. Etwa siebzig Prozent sind moderat rezeptiv und brauchen eine längere Vorbereitungszeit und mehrere Sitzungen um in eine tiefe Trance zu gehen. Die übrigen fünfzehn Prozent tun sich sehr schwer in Trance zu gehen. Erfahrungsgemäß erreichen alle Menschen Trancezustände schneller und leichter, sobald sie Erfahrungen damit gesammelt haben und sind dann auch in der Lage, einen Trancezustand selbst herbei zu führen und für ihre Ziele zu nutzen, wenn sie darin angeleitet wurden.

Es ist immer wichtig, Bedenken oder Ängste vor einer Hypnose vor Beginn der Induktion zu diskutieren und auszuräumen. Ganz generell ist es empfehlenswert, dass der

Ein Vorleben initiieren

Klient und der Therapeut eine gute Übereinstimmung aufweisen, um erfolgreich miteinander arbeiten zu können. Ein gutes, vertrauensvolles, herzliches und respektvolles Umgehen miteinander ist der beste Garant für eine fruchtbare gemeinsame Arbeit. Hypnose ist eine zeitaufwändige Zusammenarbeit und nicht etwas, das mit einem Menschen geschieht.

Einige der folgenden Texte sollen als Beispiele dienen. Sie bieten keine Ausbildung in Hypnose; für den an einer Ausbildung Interessierten gibt es viele gute Lehrbücher, und womöglich haben einige Leser dieses Buches eine solche Ausbildung abgeschlossen. Die Texte dienen als Anregung und als Beispiele um Menschen zu Vorleben zu führen und sollen gleichzeitig die Verbindung zu den Skripten in Anhang III herstellen. Es gibt viele Möglichkeiten eine Trance einzuleiten einschließlich progressive Relaxation, Fraktionierung, Konfusion, sensorische Überladung und Fixierung, und ein geschickter Therapeut wird diejenige wählen, die für den jeweiligen Klienten die Erfolgversprechendste zu sein scheint. Ich persönlich bevorzuge, wenn möglich, die progressive Relaxation durch eine geführte Visualisierung, und habe damit mit vielen Menschen erfolgreich gearbeitet. Dies ist ein Beispiel einer progressiven Relaxation:

„ konzentriere Dich auf Deinen Kopf, auf die Kopfhaut und den Scheitel ... spüre, wie alle Spannung aus dieser Region verschwindet ... einfach verschwindet und sich alles entspannt ... und das Gefühl der Entspannung und Schwere breitet sich weiter aus .... über Deine Stirn ... die Augen ... Wärme, Entspannung, Ruhe ... im Mund und Kiefer ... immer ruhiger und entspannter, alle Spannung lässt nach ... über den Hinterkopf, entlang des Nackens ... erholsam, beruhigend und schwer .... "

Die Seele heilen

Menschen, die die Welt durch ihre Gefühle wahrnehmen, reagieren sehr gut auf progressive Relaxation, und wenn ein Klient mit großer Anspannung in die Sitzung gegangen ist, kann mit der Entspannungsmethode viel Positives erreicht werden. Wenn jemand sehr gut visualisieren kann, kann über Bilder versucht werden eine nach innen gerichtete Aufmerksamkeit zu erreichen, z.b. mit diesen Bildern:

„Stell Dir vor, dass Du ein schönes, altes Landhaus besuchst ... an einem warmen ... sonnigen Nachmittag ... Du stehst an einer Treppe, die zu einer Eingangstüre führt ... eine dieser alten, breiten Steintreppen ... und während Du hinunter siehst ... kannst Du ein bisschen durch die offene Türe schauen ... und siehst einen Garten, der sich weit ausdehnt, hinter der Türe ... und es ist ein wunderbarer, warmer Sommernachmittag ..."

Die Stimme des Therapeuten gibt den Rhythmus vor. Wenn die Stimme warm und beruhigend ist und die Erzählung zunehmend langsamer wird, erleichtert dies den Beginn der Trance. Die Worte *tiefer*, *entspannen*, *ruhiger* können, wenn sie unauffällig betont werden, die Einleitung der Trance unterstützen. Wenn man sich eine solche Betonung zu Eigen machen möchte, ist es hilfreich für sich selbst eine Aufnahme anzufertigen, um einen Eindruck zu bekommen, wie man darauf reagiert. Manchmal ist es auch hilfreich, im Hintergrund entspannende Musik leise spielen zu lassen. Die effektivste Hintergrundmusik weist eine rhythmische Frequenz von 4-8 Hertz auf, das entspricht der Theta-Wellen-Frequenz der Hirnströme, die beobachtet wurden, wenn Probanden in Trance gingen, und auf die sich das Gehirn absenkt, bevor wir schlafen.

Die Tiefe einer Trance kann man an langsamer Atmung, einem Herunterfallen der Unterlippe und einer Entspannung der

Ein Vorleben initiieren

Gesichtsmuskulatur erkennen. Die Hautfarbe wird blasser, es können schnelle Augenbewegungen, wie sie während des Träumens typisch sind, auftreten.

Der Klient ist so in sein inneres Erleben vertieft, dass er keine zeitliche Orientierung mehr verspürt. In dieser tiefen Form der Entspannung können Erinnerungen aus der Kindheit oder einem Vorleben gut zugänglich gemacht werden. Es genügt oft, den Klienten in seiner inneren Welt über eine Brücke gehen zu lassen oder durch ein Tor am Ende des Gartens um in ein Vorleben zu gelangen. Andere Beispiele sind, Wasser in einem Boot zu überqueren oder, alternativ, sich in einer Halle mit vielen Türen zu befinden, wobei durch jedes Öffnen einer der Türen ein anderes Vorleben betreten werden kann. Es ist wichtig, dass vor der Benutzung dieser geführten Bilder mit dem Klienten besprochen wurde, dass ein Vorleben aufgesucht werden und welche Art von Vorleben gefunden werden soll, z.b. ein sehr angenehmes oder hilfreiches oder eines, das in Zusammenhang mit Problemen steht, die der Klient bearbeiten möchte.

EMOTIONALE BRÜCKE

Wenn wir uns auf ein Gefühl ganz konzentrieren, dann befinden wir uns schon in einem veränderten Bewusstseinszustand. Milton Erickson[1] nannte das "das übliche, tägliche Tranceverhalten". Steven Wolinsky[2] ging seinem Buch: *Die alltägliche Trance* so weit zu behaupten, dass Menschen einen Großteil ihres Lebens in Trance verbringen. Bei der Angst handelt es sich zum Beispiel um einen Trancezustand der Zukunft und Schuld ist ein Bespiel eines Trance-Zustands der Vergangenheit.

Als Beispiel einer emotionalen Brücke kann der Fall von Joanne, einer 27jährigen Klientin, dienen: Sie war eine junge Frau, die immer wieder tiefe Verzweiflung spürte, seitdem ihr

Die Seele heilen

Freund sie nach ihrer dritten Fehlgeburt verlassen hatte, wie sich während des Gesprächs herausstellte.

Was war der schlimmste Moment für Dich?
Ich war so enttäuscht, als er ging.
Erlebst Du diese Situation jetzt gerade?
Ja.
In welchem Körperteil spürst Du diese Gefühle?
In meinen Augen.
Geh zu dem Moment zurück, wo Du diese Gefühle zum ersten Mal empfindest.
Ich schaue auf die Ultraschallbilder. Ich sehe mein Baby, seine kleinen Arme und Beine. Es ist ein Geschenk des Lebens und ich habe es verloren. [Sie wurde von ihren Gefühlen überwältigt und ihre Stimme klang hart, während sie sprach. Sie schluchzte leise auf und beruhigte sich dann wieder.]
Was fühlst Du jetzt?
Ich bin verzweifelt.
Lass Dich ganz ein auf das Gefühl der "Verzweiflung".... Geh zurück zu dem Moment, an dem Du dieses Gefühl das erste Mal gespürt hast.... Was geschieht jetzt?

Joanne ging in ein Vorleben, in dem sie ein Wikingerkrieger gewesen war, der entgegen seines Willens gegen einen anderen Klan kämpfen musste. Der Wikinger nahm die erste Gelegenheit wahr, sich von den Kämpfen zurückzuziehen, und zu der Hütte zurückzukehren, in der er mit seiner Frau lebte. Einer seiner Kameraden kam zu ihm und sagte ihm, dass er auf das Schlachtfeld zurück zu kehren hätte, um den Kampf fortzuführen. Er weigerte sich, weil er der Ansicht war, dass es besser wäre, die Probleme in Verhandlungen zu klären, und er es als sinnlos ansah,

Ein Vorleben initiieren

dass sich Wikinger einer feudalen Vendetta wegen gegenseitig töteten. Er wurde vor den großen Rat geschleppt wo ihm vorgeworfen wurde, ein Feigling zu sein und verteidigte sich damit, dass er es für ein Unrecht hielt, andere zu töten. Seine Hände wurden gebunden und er wurde geknebelt, um diese *gefährliche* Rede zu unterbinden. Er wurde von seiner Familie fortgezerrt und auf ein Schiff gebracht, von dem er zur Strafe auf offener See über Bord geworfen wurde, um zu ertrinken.

Um verborgene Emotionen an die Oberfläche kommen zu lassen, wenn der Patient über seine Probleme berichtet, ist die folgende Frage sehr nützlich:

Was war der schlimmste Moment für dich?

Wenn Gefühle auftauchen, kann es das Gefühl verstärken nachzufragen, in welchem Teil des Körpers es empfunden wird:

In welchem Teil Deines Körpers spürst Du dieses Gefühl?

Die emotionale Brücke bedeutet, eine Verbindung zwischen dem verspürten Gefühl und dem Moment herzustellen, an dem der Klient die Emotion zum ersten Mal erlebte, egal ob es eine Früherinnerung dieses Lebens, oder eine Erinnerung eines Vorlebens ist.

Geh zurück zu dem Moment, an dem Du dieses Gefühl das erste Mal empfunden hast.... was passiert gerade?

Wenn eine Erinnerung aus einem Leben hervortritt, kann die zugehörige Emotion als Brücke genutzt werden, um zu einem

Vorleben zu gelangen. Wenn nur wenige Emotionen gezeigt werden, muss, falls nötig, nachgefragt werden. Wenn die Emotionen auftauchen, wird das Gefühl als Verbindung zu einer Vergangenheit genutzt, in der diese Emotion erlebt wurde.

VERBALE BRÜCKE

Unsere Sprache ist ein System aus Symbolen, die unsere Ideen, Gedanken und Erinnerungen repräsentieren. Die Worte die wir benutzen, um unsere Gefühle und das, was wir verspüren zu beschreiben, haben eine spezielle Bedeutung für uns. Ein bestimmtes Wort oder eine Phrase, oder auch nur die Betonung bestimmter Wörter, ist tief in uns verankert, selbst wenn es keine ausgereiften Sätze oder bedeutungsschweren Worte sind.

Kirsty, eine alleinstehende Geschäftsfrau, kam zu mir, da sie immer wieder Beziehungsprobleme hatte, die sich ähnelten. Während des Eingangsgesprächs sagte sie unvermittelt in einem tief enttäuschten Ton:

Er entschied sich, jemand anderen zu heiraten, weil das vorteilhafter für ihn war, und trotzdem setzte ich die Beziehung fort, obwohl ich wusste, dass sie keine Zukunft hatte.
Welche Gefühle löste das in Dir aus, als sich die Dinge anders entwickelten, als Du es Dir gewünscht hast?
Wütend.
Beschreibe bitte Deine Empfindungen?
Ich nehme das nicht hin. Wie kannst Du es wagen. Ich lasse mich nicht zum Opfer machen. [Ihre Stimme verhärtete sich an dieser Stelle.]
Welche Wörter haben die stärkste emotionelle Bedeutung für Dich?

Ein Vorleben initiieren

Ich lasse mich nicht zum Opfer machen.
Atme bitte tief ein und wiederhole diesen Satz mehrmals und sag mir, was passiert.
Ich weigere mich, Opfer zu sein ... Ich weigere mich, Opfer zu sein ... Ich weigere mich, Opfer zu sein. [Zu diesem Zeitpunkt waren ihre Gefühle sehr deutlich zu hören.]
Was empfindest Du jetzt?
Wut.
Geh zu dem Moment, an dem Du zum ersten Mal Wut empfunden hast. Was siehst Du? Was ist der erste Gedanke, der Dir in den Kopf kommt?
Wasser. Wie in einem See.
Kirsty berichtete vom Leben eines Bauernsohnes der von den Dorfleuten in einem See ertränkt worden war. Er hatte die Tochter eines reichen Mannes kennengelernt und die beiden verliebten sich, konnten sich aber wegen des Standesunterschiedes nur im Geheimen treffen. Nach einiger Zeit erfuhr der Vater des Mädchens davon und ermutigte einige Dorfbewohner, ihn aus dem Weg zu schaffen. Er wurde gefesselt und in einen dunklen Schuppen verschleppt um ihn daran zu hindern, das Mädchen wiederzusehen. Nach einiger Zeit wurde er nach draußen geschleppt und erhielt einen Stock um sich zu verteidigen, da die Gruppe plante, sich auf seine Kosten zu amüsieren. Als ein Streit zwischen ihnen ausbrach konnte er fliehen und sich auf einem Boot verstecken, aber er wurde wenig später von den Dorfbewohnern entdeckt, und im See ertränkt.

Als Kirsty den Satz „*Ich weigere mich, Opfer zu sein*" wiederholte, veränderte sich durch das Bewusstwerden und Aussprechen der zurückgehaltenen Gefühle der Zugang zu ihrem

Unterbewusstsein, und das brachte sie schnell in einen Regressionszustand in dem die vergessenen Erlebnisse freigesetzt werden konnten. Wenn während der Regressionssitzung die Ursache einer Belastung zur Sprache kommt, vor allem wenn es sich um Belastungen mit einer starken emotionalen Beteiligung handelt, sollte der Therapeut genau zuhören, und die Kernsätze verwenden, die der Klient selbst mit dem Ereignis verbindet. Die relevanten Aussagen sind diejenigen, die der Klient mehrfach wiederholt, die er mit Körperbewegungen unterstreicht, während derer er sich anspannt oder die Atmung verändert, wenn er sie erwähnt. Es ist sehr wichtig, was geschieht, wenn der Klient aufgefordert wird, diese Aussagen zu wiederholen und sich auf das Gefühl einzulassen, das sich in ihm zeigt, während er das tut.

Atme tief ein, wiederhole diese Aussage mehrmals und beobachte, was in Dir passiert.

Die folgenden Sätze sind immer mit einer Emotion gekoppelt:

Welche Gefühle erlebst Du gerade?

Sobald Gefühle zum Vorschein kommen können sie durch eine emotionale Brücke Verwendung finden. Fritz Perls, der die Gestalttherapie etabliert hat, benutzte Phrasen um Konzentration auf die Komplexe zu erzielen, und das Gleiche tat Morris Netherton,[3] einer der Begründer der Regression in Vorleben. Es ist am Effektivsten wenn der Klient die Phrase genauso benutzt, wie er sie empfindet. Es kommt darauf an, wie er es sagt oder die Betonung hat eine ganz spezielle Bedeutung. Der Satz: *„Ich werde nichts sagen"* kann auf Angst hindeuten, und mit früheren Verhören verbunden sein, der Satz *„Ich bin vollkommen alleine"* auf Traurigkeit und das Verlassen werden oder Verlorengehen in einem früheren Leben. Selbst wenn Phrasen nicht als Brücke

Ein Vorleben initiieren

gebraucht werden können ist nichts verloren, das Gespräch wird dann einfach fortgesetzt, aber einen Versuch ist es immer wert.

PHYSISCHE BRÜCKE

Nicht selten kommen Klienten, weil sie immer wieder unter Schmerzen leiden, die oft auch schon ausgiebig medizinisch untersucht wurden, ohne dass die Ursache gefunden werden konnte. Während des Gesprächs über Probleme eines Klienten können diese Schmerzen oder Spannungen ganz spontan auftreten und ein Hinweis auf Traumen aus Vorleben sein.[4] Es kann sich um Kopf- oder Gliederschmerzen, Magen- oder Rückenschmerzen handeln, und diese können oft mit einer bestimmten Körperhaltung verknüpft sein oder durch diese ausgelöst werden.

Ein Teilnehmer eines Workshops namens Alan, hatte solche Symptome, daher benutze ich seine Geschichte, um zu verdeutlichen, was gemeint ist. Er hatte wiederkehrende Probleme mit Spannungen in der Kehle und fühlte sich dabei immer sehr schwach:

Wie fühlt sich Dein Hals an?
Verhärtet und eng.
Konzentriere Dich auf deinen Hals. Was geschieht jetzt?
Es fühlt sich zugeschnürt an. Ich bekomme keine Luft mehr.
Lass Deine Arme und Beine sich bewegen, bis der Körper so liegt, wie es sich für Dich richtig anfühlt. [Alan hob seine Hände auf Brusthöhe in einer Abwehrbewegung und zeigte Anzeichen von Atemnot.]
Ich bekomme keine Luft mehr.
Was geschieht jetzt?
Da ist ein Mann. Seine Hände umklammern meinen Hals.

Die Seele heilen

Alan erlebte ein Vorleben als Dienstmädchen in der Viktorianischen Zeit, das erdrosselt wurde. Sie hatte in einem Zimmer oberhalb einer Taverne geschlafen, die an einer Gasse unterhalb des Herrenhauses lag, in dem sie arbeitete. Der Herr des Hauses hatte eines Nachts an ihre Türe geklopft. Als er eintrat, bemerkte sie, dass er Lederhandschuhe trug und sein Gesicht einer leeren, starren Maske glich. Als er sie attackierte und begann, sie zu erwürgen, überwältigte sie ein Gefühl von Hilflosigkeit und sie wehrte sich nicht.

Die physische Brücke wird durch die Fokussierung auf ein Körpergefühl gebahnt:

Wie fühlt sich der Schmerz/die Spannung an? Wie und wo genau sind diese Gefühle im Körper?

Manchen Klienten fällt es sehr schwer Körperempfindungen zu beschreiben, deshalb können die folgenden Fragen hilfreich sein:

Ist das Gefühl oberflächlich oder tief?
Ist es scharf oder dumpf?
Fühlt es sich eng oder taub an?

Um das Körpergefühl zu verstärken, kann es hilfreich sein den Klienten zu fragen, ob eine bestimmte Haltung des Körpers die Empfindung verstärkt. Im Unterbewussten vorhandenes Wissen kann mit einer bestimmten Position die der Körper in dieser Situation inne hatte, verankert sein. Durch das erneute Einnehmen dieser Körperhaltung kann das verknüpfte Wissen wiedererlangt werden:

Ein Vorleben initiieren

Nimm bitte die Körperhaltung ein, die sich für diese Empfindung richtig anfühlt.

Die Klienten brauchen Raum, um sich zu bewegen und sollen ermutigt werden, sich auf ihr Körpergefühl einzulassen. Es können viele verschiedene Körperhaltungen erlebt werden, wie sich zusammenkrümmen, die Hände über den Kopf halten, den Körper mit den Armen schützen. Wenn es dem Klienten gelingt sich auf das Erleben einzulassen, werden in der Regel sehr schnell weitere Informationen aus dem verknüpften Ereignis zugänglich.

Welche Bilder oder Gefühle kommen Dir jetzt ins Gedächtnis?

Wenn eine Erinnerung oder ein Vorleben nicht unmittelbar greifbar werden, ist es durchaus sinnvoll dem Körper Raum zu geben, sich weiter auszudrücken. In dieser Situation kann es auch hilfreich sein zu fragen:

Es ist so als ob ...was geschieht?
Es fühlt sich so an .... als ob was gerade passiert?

Wenn Enge in der Brust empfunden wird, könnte die Antwort beispielsweise lauten: „*Es ist so als ob ich unter einem umgefallenen Baum begraben bin*" oder „*Als ob ein Felsen auf meiner Brust liegt*" oder „*als ob ein Seil um meinen Brustkorb gebunden ist*".

Die Seele heilen

ÜBERBRÜCKEN MITTELS ENERGIE-ABTASTUNG

Der Energiekörper enthält die Erinnerung an unverarbeitete Ereignisse, und daher kann das Scannen des Energiekörpers für den Geübten eine gute Methode sein, Blockaden aufzufinden, die als Brücke genutzt werden können.

Sue war eine junge Akademikerin, die in einer großen Firma angestellt war. Sie fühlte sich in letzter Zeit extrem unsicher, wenn sie mit ihrem Freund zusammen war. Dies empfand sie als sehr unangenehm, weil sie sich sonst in allen Lebenslagen sicher fühlte. Sie vermutete, dass etwas vorgefallen sein könnte, während sie einmal betrunken bei ihrem Ex-Freund übernachtet hatte. Sie war am nächsten Morgen aufgewacht und hatte sich nicht mehr erinnern können was am Abend vorher vorgefallen war, hatte aber das ungute Gefühl, dass irgendetwas nicht stimmte. Als ich sie scannte zeigte sich folgendes:

Ich werde jetzt Dein Energiefeld scannen, um nach einer Blockade zu suchen, die im Zusammenhang mit dem Gefühl steht, dass Du keine Kontrolle hast. Schließ bitte Deine Augen und konzentriere Dich auf Deinen Körper. Ich werde meine Hände etwa 15 cm oberhalb Deines Körpers langsam von unten nach oben bewegen, und möchte, dass Du mir sagst, wenn Du eine Veränderung spürst. Das kann eine Schwere oder Leichtigkeit, eine Spannung oder eine andere Körperempfindung sein. [Ich begann zu scannen.]
Ich beginne an den Füssen....Unterschenkeln.....Knien...
[Ich scannte den ganzen Körper auf diese Weise und zunächst fühlte sie nichts. Beim zweiten Scan sagte sie...]
Ich fühle ein Kribbeln an meinen Waden.
[Genau dort scannte ich gerade.]

Ein Vorleben initiieren

Konzentriere Dich bitte auf diese Region. Ist das Kribbeln in einem Bein oder in beiden? Eine größere Fläche oder kleiner?
Mein linker Unterschenkel kribbelt.
Konzentriere Dich bitte vollständig auf dieses Gebiet und sag mir was dann geschieht.
Es fühlt sich eher wie taub an.
Lass Deinen Körper sich so bewegen, dass er die Position einnehmen kann, die sich für diese Situation richtig anfühlt.
[Sue legte sich auf die Seite und rollte sich zusammen, dann streckte sie ihr linkes Bein nach außen.]
Was geschieht mit dem linken Bein jetzt? Es ist als ob was.....gerade passiert?
[Sue begann zu weinen]
Es ist so, als ob jemand meinen Fuß festhält. Es ist John.
[Ex-Freund]. *Er hält ihn fest, ich kann mich nicht losmachen....*
[Durch die Brücke konnte die weitere Geschichte wieder erlebt werden.]

Da sie ein sehr analytischer Mensch ist, war es für Sue sehr überraschend, wie stark die Gefühle waren, die ihr Körper zurück gehalten hatte. Sue erhielt keine Suggestionen in welche Richtung sie ihre Aufmerksamkeit lenken sollte, alles was nötig war, war dass sie ihren Körpergefühlen nachgab. Was hier zu einem Ereignis im jetzigen Leben führte kann in einem anderen Fall in ein Vorleben führen.

Hans TenDam nennt das Scannen *Aura-Untersuchung* und lässt seine Klienten den Scan selbst durchführen. Ich finde jedoch, dass die Empfindlichkeit des Energiekörpers des Klienten zunimmt, wenn der Therapeut sein eigenes Energiefeld in den Händen nutzt, und etwa 15 cm vom Körper des Klienten entfernt von den Füssen bis zum Kopf über die Körperkonturen *streicht*, um die Aufmerksamkeit des Klienten auf sein Energiefeld zu erhöhen. Die Absicht des Scans sollte vorher eindeutig geklärt sein:

Ich werde jetzt Dein Energiefeld scannen um nach Empfindungen und Veränderungen zu suchen, die im Zusammenhang mit ... (dem Problem des Klienten) stehen.

Oft sind mehrere Scans nötig um die Sensibilität des Klienten für sein eigenes Energiefeld zu erhöhen. Das Feedback des Klienten sollte immer ausschlaggebend sein. Falls mehrere Empfindungen zu Tage treten, sollte mit dem stärksten Reiz begonnen werden, d.h. die stärkste Empfindung kann als Brücke verwendet werden.

Visuelle Brücken

Manchmal finden Fragmente eines Vorlebens Zugang zum Bewusstsein. Der visuelle Teil dieser Fragmente kann als direkter Zugang zu diesem Vorleben genutzt werden. Eine Klientin, Jenny, hatte versucht durch eine Diät Gewicht zu verlieren, nachdem sie 15 Kilo zugenommen hatte. Immer wenn sie versuchte, Diät zu halten, musste sie die Diät wieder abbrechen, da sie Rückblenden in ein Leben in einem Konzentrationslager erlebte. Nach einer kurzen progressiven Entspannungsphase wurde eine visuelle Überleitungstechnik angewandt:

Konzentriere Dich auf den stärksten Eindruck der Rückblende. Nimm Dir Zeit und beschreibe mir, was vor sich geht.
Ich bin Jüdin und am Verhungern.

Ein Vorleben initiieren

Welche Kleidung trägst Du?
Ein formloses, knielanges Kleid aus Baumwolle.
Wie fühlt sich das Material an?
Es ist aus einem rauen, formlosen Stoff und, abgesehen von Stiefeln, das einzige, was ich anhabe.
Nimm die Empfindungen Deines Körpers wahr.
Mir ist so kalt und ich habe nichts, um die Kälte abzuhalten. Mein armer Körper, ich habe solche Schmerzen durch den Hunger.

Jenny beschrieb das Leben einer 32 Jahre alten Gefangenen in einem KZ an der Grenze zwischen Deutschland und Polen während des zweiten Weltkrieges. Sie arbeitete in einem kleineren Lager, in dem das Essen für ein größeres Lager zubereitet wurde. Durch die Ausbreitung einer Rattenplage entdeckten sie, dass die Ratten sich vermehrten, weil sie sich von den Toten des großen Lagers ernährten. Schließlich verlor sie, als auf einer Pritsche unter einer Decke lag, nach und nach ihr Bewusstsein, während sich ihr Magen wegen des Hungers verkrampfte. Als sie schließlich starb, behielt sie ihre Erinnerungen an den Hunger, die Schwäche und die Kälte aus diesem Leben.

Manchmal erscheinen Fragmente aus Vorleben in Form von Albträumen. Sensible Menschen können oft intuitiv in Vorleben gelangen. Manche Klienten möchten dann mehr über diese Vorleben erfahren und in diesen Fällen ist es oft sehr erfolgreich, direkt über das bereits erlebte Fragment in das Vorleben zu gelangen. Es ist jedoch wichtig, Ordnung in die oftmals sehr verworrenen Fragmente zu bringen und nicht nur das Vorleben zu erfahren, sondern auch nachzubearbeiten und zu transformieren.

Die Seele heilen

BLOCKADEN LÖSEN UM EIN VORLEBEN ZU STARTEN

Gelegentlich kann eine Blockade durch den Hauptkomplex den Klienten daran hindern, in einen Trancezustand zu gelangen. Körper-Erinnerungen können dann helfen, die Blockade zu umgehen.

Wendy war eine alleinerziehende Mutter, die staatliche Unterstützungsgelder brauchte, auch weil sie in ihrem bisherigen Leben alle Versuche sabotierte, ihr Leben positiv zu gestalten. Sie war entschlossen, ihrem Leben eine neue Richtung zu geben. Sie sagte mehrmals „ich kann das nicht" als sie über ihre Vergangenheit sprach.

Als sie sich am Beginn der Sitzung hinlegte setzte sie sich sofort wieder auf und sagte *„ich glaube nicht, dass ich das schaffe"*. Ich bat sie, sich wieder hinzulegen und diese Redewendung zu wiederholen und zu berichten, welche Gefühle oder Sinneseindrücke sich zeigten. Als Wendy über einen Schmerz im Rücken berichtete wurde sie gebeten die entsprechende Körperhaltung zu dieser Erfahrung einzunehmen. Sie führte ihre Hände über dem Kopf zusammen und keuchte *„Mein Rücken – ich werde nichts sagen. Sie peitschen mich aus, ich kann nicht mehr, helft mir doch bitte, ich kann mich nicht bewegen."* Sie beschrieb, dass sie an ihren Armen nach oben gezogen wurde, während ihre Beine festgehalten wurden. Sie war eine alte rundliche Frau, die den Widerstand der Dorfbewohner gegen einen tyrannischen Landbesitzer anführte. Trotzdem sie gefoltert wurde, gab sie ihnen nicht die Informationen, nach denen sie fragten. Nach der Sitzung sagte Wendy *„Jetzt ist mir klar, warum ich Personen ablehne, die versuchen, mich zu kontrollieren.*

Ein Vorleben initiieren

Mir ist jetzt auch klar, warum ich in diesem Leben immer denke, dass ich es nicht schaffen kann".

Manche Personen ziehen es vor, mit der logischen Hälfte des Gehirns zu denken und haben Schwierigkeiten, die linke Hemisphäre, die Vorstellungskraft und Intuition steuert, zu nutzen. Ein hochaktiver, analytischer Geist kann eine Regression in ein vergangenes Leben verhindern. Genau das geschah in der nächsten Fallstudie:

Da ist nichts, es ist versperrt.
Lass ein erstes Bild oder einen Gedanken auftauchen und äußere Dich dazu.
Da kommt nichts, es ist blockiert.
Öffne die Augen und erzähle mir etwas über Deine Erfahrung.
Es ist nichts geschehen.
Manche Menschen empfinden Erinnerungen aus vergangenen Leben wie einen Traum. Sie sind sich bewusst, dass es geschieht, aber es ist schwächer und undeutlicher als eine auch körperlich wahrgenommene Erfahrung. Manchmal sehen diese Personen Bilder, manchmal erfühlen sie die Geschehnisse und manchmal kommen ihnen die Worte einfach spontan in den Sinn.
Ich erinnere mich nicht an Träume.
In solchen Fällen bitte ich den Klienten, es nochmals zu versuchen, und eine Geschichte zu erfinden, die als Impuls die Erinnerung an ein Vorleben auslösen kann.
Ich bin nicht kreativ.
Hast Du jemals eine Geschichte für Deine Enkelkinder erfunden?
Ja.

Die Seele heilen

Das gleiche versuchen wir jetzt. Lehn Dich zurück und denk Dir eine Geschichte aus und öffne Deinen Geist für Dein Unterbewusstsein.

Nach einigen Vertiefungs- und Entspannungsübungen sagte er:
Ich stehe im Ausguck eines Segelschiffs und ein Kriegsschiff segelt auf uns zu.

John beschrieb weiter, dass er ein französischer Matrose im 19. Jahrhundert war und sich auf einem Schiff der französischen Marine befand das einen Kampf mit einem englischen Kriegsschiff austrug. Zum Zeitpunkt seines Todes befand er sich im Ausguck des Schiffs, wurde von einer Kugel getroffen, fiel vom Ausguck hinunter und starb auf dem Deck des Schiffes liegend. Nach der Sitzung sagte er *„Ich fühlte mich immer zu dieser Zeit der Seeschlachten hingezogen, aber ich hätte niemals gedacht, dass ich auf der französischen Seite gekämpft habe. Als ich von der Kugel getroffen wurde, fühlte ich einen Schmerz in meiner Brust, vor ich zu Tode gestürzt bin."*

Eine Induktion mit Konfusionstechnik kann hilfreich sein, um sehr analytischen Klienten zu helfen, einen tieferen Trancelevel zu erreichen. Manchmal ist es auch wichtig den Klienten dahin zu bewegen, dass er seinem Gedankengang freien Lauf lässt, um eine Geschichte zu erfinden. Am besten spricht man solche Probleme bereits vor Beginn der Sitzung an und erlaubt die Skepsis des analytischen Geistes in Bezug auf das Erlebte im Inneren. Ich sage dann gerne, dass sie ja auch nicht während eines Films anfangen, über den Film zu diskutieren, so lange er noch läuft. Faktoren, die diese Klienten letztlich oft überzeugen, sind die überraschende Art und Weise, wie sie ihre eigene Geschichte erleben, die Gefühle und Körpersensationen, die damit verbunden sind, und die Verbindungen, die zwischen Vorleben und jetzigem Leben aufscheinen.

Zusammenfassung

Diejenigen, die mit der Hypnose vertraut sind, können ihre Klienten mit passenden Induktionen in eine Trance führen. Für Vorleben ist ohnehin nur eine eher leichte Trance erforderlich, und es gibt eine breite Palette an Induktionsmöglichkeiten. Geführte Imagination ist oft eine sehr erfolgreiche Methode in einen ausreichend tiefen Trancezustand zu gelangen, um ein Vorleben zu erfahren. Gezielte Vorleben aufzusuchen, die mit einem Problem im jetzigen Leben zusammenhängen ist möglich und sollte vor der Sitzung besprochen werden. Die Absicht sollte nach der Induktion und vor dem Beginn des Vorlebens nochmals deutlich gemacht werden. Ein sehr aktiver analytischer Verstand kann eine Blockade verursachen, dies sollte vorher angesprochen werden und zusätzliche Trancetiefe ist hier immer hilfreich.

Eine Regressionstherapie ist darauf ausgerichtet Probleme im Leben eines Klienten zu bearbeiten, und wird daher oft mit assoziierten Ängsten, negativen Gedanken, unangenehmen Körpergefühlen oder sogar Schmerzen einhergehen. Wenn der Klient dann aufgefordert wird, zum schlimmsten Teil dieser Erfahrung zu gehen, und sich ganz darauf einzulassen, führt dies sehr oft dazu, dass schnell in die Bereiche vorgedrungen werden kann, die die Komplexe verursacht haben.

Wenn Emotionen oder physische Spannungen schon während des Gesprächs auftreten, können diese als Brücke genutzt werden um zum Kern des Problems vorzudringen das sowohl im gegenwärtigen Leben stattgefunden als auch Teil eines Vorlebens sein kann.

Die Seele heilen

Das Überprüfen auf körperliche Missempfindungen im Energiefeld ist ein effizienter Weg um unklare Körperempfindungen aufzuspüren. Diese können als Brücke zu dem auslösenden Ereignis genutzt, zudem können Blockaden damit umgangen werden. Manchmal ist es einfach nötig, mehrere verschiedene Formen des Zugangs zu einem Vorleben auszuprobieren. Es ist nichts verloren wenn der erste Versuch nicht klappt, entscheidend ist nur, dass keine große Sache aus dem fehlgeschlagenen Versuch gemacht wird. Der Therapeut führt das Gespräch weiter und wendet mehrere Induktionsmethoden an, so wie ein erfahrener Schlosser verschiedene Schlüssel ausprobiert, bis sich die Türe schließlich öffnet.

4

EIN VORLEBEN ERKUNDEN

Der große Weg hat kein Tor und
es führen tausende Pfade zu ihm.
Wenn Du die Barriere durchschreitest,
durchwanderst du das Universum allein.
Wu-Men Hui-k'ai, Chinesischer Zen Meister.

Viele Studenten denken am Anfang ihrer Arbeit mit der Rückführungstherapie es wäre damit getan die Patienten in ein vergangenes Leben zurückzuführen. Das greift jedoch viel zu kurz und ist, genau genommen, bestenfalls ein Teil der Arbeit mit dem Klienten. Die bei Weitem wichtigste Aufgabe einer Rückführung ist, den Klienten das vergangene Leben auf die, für ihn richtige Art und Weise schrittweise erleben zu lassen, und es an den Punkt hin zu führen, an dem bestimmte, womöglich schmerzhafte oder traumatische Erlebnisse einen dauerhaften Komplex auslösten. Dabei kann es zu einer spontanen Freisetzung extremer, teilweise auch sehr belastender Erinnerungen kommen, die Katharsis genannt werden, und es ist sehr wichtig, dass der Therapeut gründlich und umfassend gelernt hat, mit diesen Situationen zum Wohl und zum Nutzen des Klienten umzugehen.

Den Klienten zu bitten, den Charakter der Person, die er im Vorleben war, zu beschreiben, und die Szene, in der er sich gerade befindet zu etablieren ist ein hilfreicher Einstieg in ein Vorleben. Wenn das erste Bild eines Vorlebens auftaucht, ist es wichtig sicherzustellen, dass der Klient in der Persönlichkeit des Vorlebens gut verankert ist. Detaillierte Fragen über die Persönlichkeit und die Kleidung, die er trägt, können dies bewirken:

Was ist mit Deinen Füssen ... Bist Du barfuß oder trägst Du Schuhe?

Welche Art Kleidung trägst Du?

Beschreibe die Kleidung so gut Du kannst.

Trägst Du etwas?

Bist Du ein Mann oder eine Frau ... jung oder alt?

Eine häufige Antwort wird beispielsweise lauten „Ich trage ein zerlumptes Kleid" oder „ich bin barfuß". Der Klient ist noch nicht mit der Persönlichkeit verbunden, wenn er das Geschehen auf distanzierte Weise schildert und braucht Unterstützung, um die Verbindung herzustellen zu können, um wirklich aus der Sicht der Person des Vorlebens berichten zu können. Falls zum Beispiel „Ich sehe mich an der Kante einer Klippe stehen um hinunter gestoßen zu werden" berichtet wird, kann versucht werden mit dem Satz „Erlaube Dir, voll mit Deinem Körper zu verschmelzen ... Was passiert als nächstes?" die Verbindung herzustellen. Oder aber man stellt eine Frage nach den Körperempfindungen:

Ist Dir heiß oder kalt?

Ein Vorleben erkunden

Wie fühlt sich die Kleidung auf Deiner Haut an?

Atme tief ein, ... Sag mir, was Dir auffällt und was Du riechen kannst.

Es ist hilfreich einige Zeit aufzuwenden, um dem Klienten zu helfen, sich in die Persönlichkeit dieser Inkarnation einzufühlen, denn damit wird eine gute Grundlage für die zum Vorschein kommende Szene geschaffen.

Was nimmst Du um Dich herum wahr?

Bist Du in der freien Natur oder in der Nähe von Gebäuden?

Beschreibe mir, was genau Du siehst.

Bist Du alleine, oder ist jemand bei Dir?

Was tun diese Anderen?

Der Therapeut sollte sich die Zeit nehmen und Situationen genau hinterfragen und so viele Informationen wie möglich sammeln. Die Folgefragen sollten den Verlauf der Sitzung steuern, ohne Antworten zu suggerieren oder vorzugeben, und müssen sich deshalb an der Antwort auf die zuvor gestellte Frage orientieren, auch, damit der Klient im Geschehen des Vorlebens bleiben kann. Diese Art Fragen, wie die Beispiele weiter oben, bilden den Rahmen für die Lebensgeschichte und erlauben die Unterscheidung, ob der Klient ein Vorleben erlebt, oder eine frühe Erfahrung seines gegenwärtigen Lebens. Falls sich der Therapeut nicht sicher ist, sollte er den Klient einfach fragen.

Die Seele heilen

Damit das Vorleben so realistisch wie möglich für den Klienten bleibt, ist es sinnvoll Fragen direkt an die Person zu richten, die der Klient damals war, zum Beispiel: „Wo gehst Du jetzt hin?" oder „Was machst Du dann, kleines Mädchen?" Es ist auch immer ratsam *Warum* -Fragen zu vermeiden, weil das dazu führen kann, dass der Klient seine logische rechte Hirnhälfte benutzt. Dem Klienten die Zeit und die nötige Führung zu geben, dass sich die Geschichte entfalten kann, ist sehr wichtig.

Fragen nach Einzelheiten des Vorlebens, wie welches Jahr, welcher König oder Herrscher, sollten vermieden werden. Es ist für die Therapie nicht wichtig und möglicherweise konnte die Person gar nicht über dieses Wissen verfügen. In vielen Vorleben ist der Klient ein Teil eines Stammes oder einer abgelegenen kleinen Gemeinschaft und weder das Jahr noch andere Einzelheiten über weiter entfernte Ereignisse sind bekannt. In der Regel konnten die Menschen damals weder lesen noch schreiben. Falls es wirklich wichtig erscheint können solche Fragen auch nach der Sitzung gestellt werden, wenn das Vorleben nochmals besprochen wird. Wenn ein Klient antwortet, können Teile seiner Antwort in der nächsten Frage mit verwandt werden, da diese Spiegeltechnik den Rapport aufrecht erhält und dem Klienten hilft in der Geschichte dieses Lebens zu bleiben.

Welche Art Kleidung trägst Du?
Nichts außer einer Tierhaut um meine Hüften.
Eine Tierhaut ... und welche Farbe hat das Leder?
Es ist ein helles Braun.
Ein helles Braun ... bist Du ein Mann oder eine Frau?
Ich bin ein junger Mann.
Ein junger Mann ... sind andere Personen bei Dir?
Es sind Männer und Frauen da, die mich anschauen, sie tragen dunklere Häute, als ich.

Ein Vorleben erkunden

Männer und Frauen, die Dich anblicken ... und was fällt Dir außerdem noch auf?
Einer von ihnen zeigt mit einem Speer auf mich und brüllt.

IN DER ZEIT BEWEGEN

Wenn der Klient mit der Person, die er war vereinigt ist, und die Umgebung und andere Menschen oder Tiere, sowie erste Eindrücke über die sozialen Bindungen etabliert sind, kann das übrigen Vorleben erkundet werden. Normalerweise würde das Leben weiterverfolgt, bis die Person stirbt. Sollten aber Unklarheiten bestehen, ist es oft ratsam in die frühere Vergangenheit zurück zu gehen, wie der nächste Fallbericht zeigt.

Maggie hatte immer wieder Schwierigkeiten an ihren Arbeitsstellen, da sie keine Verantwortung für andere Mitarbeiter übernehmen wollte, das schadete ihrer Karriere. Sie fand sich in einem Leben als Sklavenaufseher auf einem Schiff im Mittelmeer wieder:

Der Aufseher war ein großer gebräunter Mann, der in ein weißes Gewand gekleidet war, einen mit Blechen verzierten Ledergürtel um die Hüfte geschlungen hatte und Ledersandalen an den Füssen trug. Er hielt eine Peitsche in seiner Hand und stand in einem nach oben offenen Schiff mit auf zwei Decks verteilen Sklaven, die ruderten. Das Schiff transportierte Gewürze, Zucker und Seide über das Mittelmeer. Die meisten der Sklaven waren Schwarze, die an das Deck gekettet waren und seine Aufgabe war es, sie zu peitschen, damit sie schnell genug ruderten. Er erhielt eine Sonderzahlung, um den Hafen möglichst zügig zu erreichen, und verhielt sich deshalb außergewöhnlich brutal. Er beschrieb die Angst in den Augen der Sklaven,

Die Seele heilen

wenn sie ihn anblickten. Maggies Stimme veränderte sich, als sie diesen Teil der Vorgänge beschrieb. *„Ich hasse mich für das, was ich ihnen antue"* sagte sie und schluchzte kurz. Der Aufseher wurde zum nächsten wichtigen Ereignis geführt und beschrieb seinen Tod durch eine versehentliche Überdosis eines pflanzlichen Schmerzmittels. Nachdem er seinen Körper bei seinem Tod verlassen hatte, schaute er hinunter auf das Schiff und beobachtete seinen Nachfolger dabei, wie er die Misshandlung der Sklaven weiterführte. Es war wichtig herauszufinden, was in diesem Leben dazu geführt hatte, dass er sich zu dieser Art Person entwickelt hatte, bevor er mit seinen Opfern konfrontiert wurde. Aus diesem Grund wurde ihm gesagt, zu dem ersten maßgeblichen Ereignis dieses Lebens zurückzukehren. Der Mann erinnerte sich daran, dass sein Vater in diesem Leben ein großer, starker Hufschmied gewesen war. Sein Vater schlug ihn und sagte ihm *„Du musst stark sein, damit Du in diesem Leben bestehen kannst"*. Auf diese Weise versuchte der Vater, ihn für das kommende Leben abzuhärten. Nachdem alle Informationen für die Schlüsselereignisse dieses vergangenen Lebens gefunden waren, wurde die Sitzung in die spirituelle Welt geführt, um die Sklaven, die er misshandelt hatte und seinen Vater, der ihn misshandelt hatte, zu treffen. In diesen Gesprächen wurden Maggie ihre Handlungen vergeben und sie kam zu der tiefen Erkenntnis, dass es nicht darum ging, die Verantwortung für andere zu vermeiden, sondern zu verhindern, dass Personen, für die man Verantwortung trägt, Leid zugefügt wird.

Der Eintritt in ein Vorleben kann sich dramatisch gestalten. Es kann vorkommen, dass die ersten Szenen mitten in einer Krise, wie einer Flucht, einem Verfahren, einem Kampf, stattfinden.

Ein Vorleben erkunden

Aber auch das Gegenteil kann der Fall sein, und das Vorleben beginnt mit angenehmen Dingen, wie einem Spaziergang durch ein Feld, liegen auf einer Wiese oder einer Familienszene. Mit offenen Fragen wird die Situation erkundet und die Geschichte kann sich entfalten. Da unklar ist, in welche Richtung sich eine Geschichte entwickeln wird, sollte immer direkt auf das eingegangen werden, was der Klient über die Szene erzählt. Wenn sich keine unmittelbare Frage aus der beschriebenen Situation ableiten lässt, ist es sehr nützlich diese Frage zu stellen:

Was geschieht dann?

Diese Frage stellen wir häufig, weil sie so offen und unterstützend wirkt. Sie erlaubt dem Klienten durch das erhaltene Feedback weiter zu gehen und die Geschichte zu entscheidenden Situationen dieses Lebens hin zu entwickeln. Wenn das Gefühl aufkommt, dass in einer spezifischen Situation keine weitere relevante Information mehr kommen wird, kann man fragen:

Gibt es in dieser Situation noch etwas Wichtiges, das wir erfahren sollten, bevor wir zur nächsten Szene gehen?

Sich in der Zeit des Vorlebens bewegen ist, wie auf einen Knopf an einem Video-Rekorder zu drücken, und der Klient ist in der Lage mit dem richtigen Kommando auch sofort zum nächsten wichtigen Abschnitt des Vorlebens zu gehen:

Wenn ich bis drei zähle, möchte ich, dass Du zum nächsten wichtigen Ereignis gehst. 1.....2.....3....was geschieht jetzt?

Die Seele heilen

Wenn genug Zeit gegeben wurde, damit der Klient sich mit der Person des Vorlebens identifizieren kann, ist es einfacher für ihn sich auf die Ereignisse des Vorlebens einzulassen. Normalerweise genügt es in der Zeit vorwärts zu gehen, bis der Zeitpunkt des Todes erreicht ist. Wenn dieser jedoch sehr schnell nach der ersten Szene des Vorlebens stattfindet, ist es ratsam den Klienten nach dem Tod mit folgendem Kommando nochmals in dieses Leben zurück zu führen, um mehr Informationen über das Vorleben zu erhalten:

Wenn ich bis drei zähle, möchte ich, dass Du in das erste wichtige Ereignis in diesem Leben zurückgehst. 1 ... 2 ... 3 ... was geschieht jetzt?

Wenn Kommandos gegeben werden, ist es vorteilhaft, diese auf eine ruhige, bestimmte Art mit einem überzeugenden Tonfall zu geben. Manchmal höre ich neue Studenten sehr zwiespältige Anweisungen geben, z.B.: „Wenn Du glaubst, dass Du jetzt soweit bist, dann geh zum nächsten wichtigen Ereignis" oder „Geh zum nächsten wichtigen Ereignis, wenn Du soweit bist". Solche Anweisungen sollten vermieden werden, weil damit wichtige Informationen über das Vorleben nicht erlebt werden können. Damit das gesamte Vorleben verstanden werden kann, ist es ist wichtig, dass alle signifikanten Ereignisse erlebt werden.

Signifikante Ereignisse sind oftmals der Auslöser, an dem ein Komplex seinen Anfang nahm. Eine Art von Komplex wird *shutdown* genannt, und bedeutet so viel wie Stillstand, Abschalten, Stagnieren. Es handelt sich meist um Erlebnisse, die mit elementarem Verlust oder Versagen einhergehen, und oft von Sätzen wie: „Ich werde das nie wieder so fühlen" oder „Es ist hoffnungslos" begleitet sind. Häufig verändert sich dabei die Stimme und der Körper wird reglos, steif oder zittert.

Ein Vorleben erkunden

Manchmal ist das entscheidende Erlebnis ein *Wendepunkt*, nach dem sich das Leben komplett verändert. Ein Kind, das seine Mutter verliert, ein Reicher, der plötzlich arm wird, ein Leben mit Familie, aus dem Einsamkeit wird. Im Fall von Maggie geschah der Wendepunkt als sein Vater, der Schmied, seinen Sohn schlug. Der Wendepunkt kann genau festgelegt werden und sollte am Ende der Sitzung nochmals besprochen werden, damit genau verstanden wird, was damals geschah.

Um keine relevanten Informationen zu verpassen, ist es wirklich sehr wichtig, langsam vorzugehen und möglichst alle entscheidenden Ereignisse dieses Vorlebens zu erfassen. Obwohl es immer am besten ist der Eigenenergie einer Geschichte zu folgen, sollte nicht versäumt werden, den Klienten nochmals in das Leben zurück zu führen, wenn es scheint, dass nicht alle wichtigen Informationen erhalten wurden.

VERMEIDUNGSVERHALTEN AUFLÖSEN

Vermeidungsverhalten in einer Regression findet sich dann, wenn Teile des Vorlebens nicht erlebt werden wollen, aber für das Verstehen von Problemen oder Überwinden von Hindernissen wichtig sind. Der Fall von Mary zeigt sehr schön, was darunter zu verstehen ist. Mary hatte einen Fulltimejob, Kinder, um die sie sich kümmerte und große Schwierigkeiten, sich gegen ihren Ehemann zu behaupten:

> Mary benutzte als Brücke den Schlüsselsatz „*ich bin einsam und leide*" und ging in ein Vorleben zurück, in dem sie ein junges Mädchen war, das ein weiß-cremefarbenes Kleid trug. Das junge Mädchen hatte schmutzige Füße und arbeitete hart, um ihren zweijährigen Bruder und ihre

Die Seele heilen

kleine Schwester zu ernähren, indem sie Holz sammelte und Beeren und anderes Essbare suchte. Mary sagte leise "*die Arbeit ist so hart und meine Hände tun mir so weh*". Die Geschwister hatten keine Eltern mehr und sie musste ganz alleine für ihre kleinen Geschwister sorgen. Sie fuhr fort "*Ich bin von vielen Farben umgeben, alles ist blau und golden. Es ist so friedlich.*"

Der plötzliche Wechsel in der Erzählung ließ vermuten, dass Mary ein Trauma übergangen hatte und über eine Nachtoderfahrung berichtete. Dies wurde bestätigt, als Mary berichtete, dass das Herz des jungen Mädchens aufgehört hatte zu schlagen. Sie wechselte zu einem anderen Vorleben und erzählte, dass sie ein heranwachsender Junge war, dessen Vater "über das Wasser gezogen war" um zu kämpfen, von wo er nie zurückgekehrte. Mary wurde in das Leben als junges Mädchen zurückgeleitet, an den Punkt, als ihre Hände so furchtbar schmerzten. Ohne zu stocken erzählte sie, dass ein Mann hinter ihr aufgetaucht war, dass Leute von oberhalb des Hügels sich über sie lustig machten und dann, dass sie ihren Körper bei einem Baum liegend sehen konnte. Die Erzählerin wurde gebeten, die Ereignisse ab dem Moment, als der Mann hinter ihr aufgetaucht war, noch einmal und langsam zu erzählen. Sie hörte ein Geräusch hinter sich und fing an, zu rennen. Als sie nach ihren Gefühlen gefragt wurde, fing Marys Stimme an zu zittern als sie ihre Angst wieder erlebte. Der Mörder hielt das junge Mädchen über einen Baumstamm gebeugt, während er sie tötete. Als sie sich langsam beruhigte, konnte sie sich an Einzelheiten dieses Vorlebens und ihren Tod erinnern.

Ein Vorleben erkunden

Marys Erfahrung mit diesem Vorleben zeigt sehr gut, was geschehen kann, wenn Ereignisse in einem Vorleben schmerzhaft oder unangenehm sind. Unser Unterbewusstsein wird immer versuchen uns zu schützen, auch wenn dies auf Kosten der Erkenntnis und Heilung geschieht. Dr. Hans TenDam beschreibt viele dieser Ablenkungsmanöver in seinem Buch: *Deep Healing*[1], und wie wichtig es ist, diese zu erkennen und zu umgehen.

Als Mary ihre Erlebnisse als farbenfroh und friedlich beschrieb, war sie aus dem Vorleben in das Seelenleben gesprungen und hatte das Erleben des gewaltsamen Todes übersprungen, bestätigt durch ihre Aussage, dass das Herz des kleinen Mädchens aufgehört hatte zu schlagen. Manchmal führt ein solcher Sprung direkt in ein anderes Vorleben und es ist ratsam, dann zu dem ersten Vorleben zurück zu dirigieren und alles Relevante aus diesem Vorleben zu erkunden sowie etwaige Komplexe zu beseitigen, bevor man mit dem nächsten Vorleben arbeitet.

Wenn ich bis drei zähle, dann möchte ich, dass Du .... (zu dem Punkt gehst vor der Sprung stattfand)....1...2...3....**was geschieht jetzt?**

Wenn eine Geschichte plötzlich Fahrt aufnimmt und die Ereignisse sich überschlagen, wird das *überstürzen* genannt, und ist immer ein Zeichen dafür, dass eine beängstigende Situation auftritt, die abgekürzt oder übersprungen wird. In Marys Fall übersprang sie den gewaltsamen Tod, was auf den ersten Blick schonender ist. Dies kann aber zur Folge haben, dass der damals beginnende Komplex nicht aufgelöst werden kann, da er im Unbewussten bleibt.

Es kann ebenso geschehen, dass der Strom an Bildern oder Eindrücken plötzlich abreißt, was ebenfalls das *Vermeiden* eines unerwünschten Ereignisses vermuten lässt. Es kann zu

Ungereimtheiten in der Geschichte kommen, und die erzählten Ereignisse sind unlogisch, z.B. wenn sich ein Matrose nach einem Schiffbruch plötzlich an einem friedlichen, schönen Ort wiederfindet. Dann sollte zum vorherigen Ereignis zurück navigiert und die Szene erneut betrachtet werden:

Lass die Ereignisse nacheinander geschehen, Schritt für Schritt. Was ist das Erste, was nun geschieht?

Dissoziieren ist eine andere Form des Vermeidens traumatischer Erinnerungen. Damit ist gemeint, dass sich der Erzähler als reiner Betrachter der Ereignisse wiederfindet. Wenn das Vorleben weiter geht, sollte man sich diesen Zeitpunkt merken, und den Klienten nach Beenden des Vorlebens nochmals zu diesem Punkt zurückführen. Wenn das Vorleben abbricht, sollten zugehörige Emotionen oder Körpergefühle vor dem Ereignis genutzt werden, um den Klienten erneut in die Sequenz des Vorlebens zurück zu dirigieren. Wie dies geschieht wird später im Buch noch genauer beschrieben. Um Sprünge oder Dissoziation zu vermeiden, ist es hilfreich, den Klienten immer wieder in das direkte Körpererleben zurück zu führen, z.b. wenn er sagt: „Ich sehe wie der Mann erstochen wird". Eine andere Art zu reagieren wäre, den letzten Satz des Klienten zu wiederholen und dann zu sagen: „Atme tief ein und berichte dann, was als nächstes geschieht." Das tiefe Einatmen kann den Klienten oft wieder zurück in den Körper im Vorleben bringen.

KATHARSIS

Katharsis ist das Freisetzen extremer Gefühle. Es gibt sehr unterschiedliche Aussagen über den Nutzen und die Wirkung von Katharsis, die in Anhang I besprochen werden. Wenn eine

Ein Vorleben erkunden

spontane Katharsis auftritt, versuche ich sie zu minimieren oder zu desensibilisieren. Desensibilisierung ist eine Möglichkeit, ein traumatisches Ereignis für den Klienten erfahrbar zu machen, aber von einer zuvor etablierten, für den Klienten als unangreifbar empfundenen Warte aus. Wenn zum Beispiel das traumatisierende Ereignis der Tod in diesem Vorleben ist, kann der Klient rasch und schmerzfrei durch dieses Ereignis auf die nächste höhere Ebene transferiert und ihm dann das Erlebnis aus dieser Warte langsam bewusst gemacht werden; Schmerzen und extreme Gefühle werden so vermieden, und der Patient behält eine ausreichende Trance-Tiefe, um Zwischenleben-Erinnerungen abrufen zu können.

Wenn hoch emotionale oder schmerzhafte körperliche Symptome erlebt werden, zeigt das oft den Beginn eines Komplexes an. Es liegt mir überhaupt nicht, den Klienten unnötiger Weise durch Schmerzen oder Trauma führen zu müssen, aber unterdrückte und blockierte Gefühle, die einem Komplex zu Grunde liegen müssen befreit und transformiert werden, wenn der Komplex beseitigt und eine Heilung eingeleitet werden soll. Es ist wie mit einem Dorn, der tief im Fleisch steckt. Solange der Dorn nicht beseitigt ist, werden die Schmerzen auch nicht weggehen. Katharsis ist ein Zustand, in dem das logische Denken unmöglich wird. Aus diesem Grund ist es wichtig mit dem Klienten weiter zu sprechen, ihn zu führen und ihm mit hilfreichen Anweisungen zur Seite zu stehen. Die Stimme sollte dabei durchaus direktiv und lauter sein:

Lass alles herauskommen....Weine ruhig... Lass alles heraus, bis es vorüber ist....

Katharsis verläuft in drei Phasen:

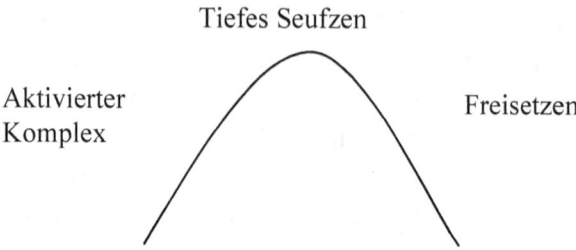

Nach der Katharsis folgt meist einer oder mehrere tiefe Seufzer und der Klient kehrt auf den normalen Trance-Level zurück. Dann können Fragen nach dem Erleben gestellt werden, und da dann der Beginn und die Ursache des Komplexes bekannt sind, kann der Komplex geklärt und schließlich transformiert werden. Die Zahl der Sitzungen die dazu nötig sind, variiert von Klient zu Klient.

Ich finde es immer sinnvoll eine mögliche Katharsis vor Beginn der Sitzung anzusprechen, damit geklärt werden kann, wie der Klient damit umgehen möchte und ein Übereinkommen in der Vorgehensweise erzielt werden kann. Ich sage beispielsweise: „Manchmal kann eine Sitzung sehr intensiv werden und es können Gefühle, die auch unangenehm sein können, hochkommen. Ich kann versuchen diese Gefühle zu unterdrücken, es kann mühsam werden, Ursachen auf die Spur zu kommen. Alternativ können wir versuchen, diese unterdrückten Gefühle herauszulocken und sie rasch zu beseitigen." Meine Klienten vergleichen das Gefühl einer Katharsis mit Bungeejumping oder anderen extremen Sportereignissen oder einem Mitleiden und weinen bei sehr emotionalen Szenen eines Kinofilmes. Da Klienten oftmals seit Jahren unter Komplexen leiden, sind sie meist sehr froh diese unerwünschten Gefühle so schnell wie möglich los zu werden.

Ein Vorleben erkunden

ZUSAMMENFASSUNG

Wenn das Vorleben nicht gerade mit einer Katharsis beginnt, sollte immer versucht werden den damaligen Körper und die Empfindungen dieses Körpers so intensiv wie möglich zu erleben und die Personen, Tiere und die Umgebung sowie die Stellung in diesem Leben genau zu erforschen. Die Fragen werden sich immer am Erleben und den Äußerungen des Klienten orientieren, wobei die Frage „Was geschieht jetzt?" oder "Was passiert dann?" oft und gut gebraucht werden können. Mit Übung wird es auch gelingen, die relevanten Erlebnisse eines Vorlebens zu erfahren und die Alltäglichkeiten so kurz wie möglich zu halten. Wenn es entsprechend geführt wird, kennt das Unterbewusstsein des Klienten den Weg zu den wichtigen Ereignissen. Wenn immer möglich, sollte das Vorleben entlang der Ereigniskette von Beginn bis zum Tod geführt werden weil das für den Klienten einfach angenehmer und einfacher ist, als hin- und herzuspringen. Der Therapeut sollte darauf achten, Vermeidungsverhalten, Sprünge und Ablenkungsmanöver zu erkennen und zu verhindern. Der Klient wird dann zu dem Ereignis zurück dirigiert, und möglichst effizient durch die unangenehme Situation hindurch geführt.

Den Ursprung eines Komplexes zu erkennen, ist sehr wichtig, und es kann durchaus schwierig sein, das Ereignis rasch zu erkennen. Es gibt verschiedene Reaktionsweisen eines Komplexes. Eine Form von Komplex wird Shutdown genannt, was so viel bedeutet wie Abschalten, Resignieren, Aufgeben, wie es zum Beispiel bei Maggie geschah, die ein Leben als Sklaven-Aufseher führte. Der Komplex begann nach der Misshandlung durch den Vater, und es war nötig, diese Szenen wieder bewusst werden zu lassen, damit die Mechanismen, die zu der Entwicklung des Komplexes in diesem Leben führten, verstanden und transformiert werden konnten.

Die Seele heilen

Wenn eine spontane Katharsis einsetzt muss der Therapeut sehr rasch sehr bewusst eingreifen und den Klienten schnell und effizient durch diesen Teil des Vorlebens führen, ihn ermutigen, auch mentale Hilfe anbieten, durchaus direktiv sein, aber auch die Hand halten, wenn es angebracht ist.

Nach dem Durchleben der Katharsis wird der Therapeut helfen, die Prozesse zu verarbeiten und zu transformieren.

5

TOD IM VORLEBEN

Nun, da mir der Bardo dieses Lebens dämmert,
will ich die Faulheit aufgeben, für die im Leben keine
Zeit ist,
will unabgelenkt den Pfad von Hören, Nachdenken,
Kontemplation und Meditation betreten,
die Wahrnehmungen und den Geist
zum Pfad machen
und die «drei Käyas», den erleuchteten Geist,
verwirklichen.
Nun, da ich einen menschlichen Körper glücklich
erlangt habe, bleibt dem Geist auf dem Pfad keine Zeit
mehr, zu wandern.
Padmasambhava, *aus dem Tibetanischen Totenbuch.*

Bardo ist eine Bewusstseinsänderung während des Zyklus von Leben und Tod im buddhistischen Glauben. Das *Bardo des Sterbens und des Todes* ist für Buddhisten sehr wichtig, da während des Sterbens die Möglichkeit besteht das Leben erneut zu bewerten und zur tiefsten Wahrheit über diese Inkarnation zu gelangen. Sogyal Rinpoche schreibt in seinem Buch: *Das tibetanische Buch vom Leben und vom Sterben*[1] wie wichtig es ist, unvollendete Angelegenheiten abzuschließen und unbedingt zu vermeiden, dass Schuld, Ärger oder andere negative Gefühle vor dem Tod bestehen bleiben. Während einer Rückführung in ein Vorleben muss der Tod in diesem Leben immer mit berücksichtigt werden. Durch Anerkennen des Todes und der Art des Todes in diesem Leben kann ein Abschluss erreicht werden, auch wenn es sehr oft nötig sein wird, negative Gefühle und Körper-Erinnerungen aufzulösen und zu heilen.

Viele Klienten empfinden ihren Tod im Vorleben ähnlich wie Menschen die eine Nahtoderfahrung machen mussten. Sobald die Seele den Körper verlässt, sind alle Schmerzen verschwunden. Ähnlich ist ebenso, dass viele beschreiben, dass sie ihren Körper von oben betrachten, über ihm schweben, während sie sich weiter entfernen. Nach meiner Erfahrung nehmen etwa 85 Prozent der Klienten Unerledigtes mit sich, das dann auf einer höheren Ebene aufgelöst werden muss. Etwa 5 Prozent verlassen ihren Körper und gehen ohne jedes Trauma ins Licht. Der Rest der Klienten bleibt in der Nähe seines toten Körpers und lässt sich nur widerwillig dazu bewegen, ins Licht zu gehen. In der Tradition der Schamanen werden solche beim toten Körper verharrende Energien *verlorener Seelenanteil* genannt und in den alten Schriften nannte man sie Geister.[2]

EIN FRIEDLICHER TOD

Angenehme Vorleben können eine positive Quelle sein, wenn sie in das Bewusstsein zurückgerufen werden. Ein Beispiel ist der Fall eines Klienten namens Kim, der in ein Vorleben als kleiner Junge in Arabien zurückging, der mit seinen Freunden auf einer Sanddüne spielt:

> Einer der Jungen warf Sand in seine Augen, und Kim erlebte, wie er die Hände vor das Gesicht nahm und zu Boden fiel. Die Jungen erschraken und rannten davon und da sie sich schuldig fühlten, erzählten sie niemandem was vorgefallen war. Er konnte wegen des Sands in seinen Augen nichts sehen, blieb deshalb den ganzen Tag in der sengenden Sonne, und als er schließlich gefunden wurde,

Tod im Vorleben

war er blind. Durch den Verlust seines Augenlichtes entwickelte er übersinnliche Fähigkeiten und wurde zu einem „Seher". Da er wegen seiner Blindheit nicht arbeiten konnte, lebte er ein einfaches Leben, beriet die Dorfbevölkerung und erzählte den Kindern Geschichten. Als er zu dem Moment kurz vor seinem Tod zurückgeführt wurde, erzählte er, dass er als Achtzigjähriger von Freunden umringt auf seinem Bett lag. Seinen letzten Atemzug nehmend starb er friedlich, und ohne sich vor dem Tod zu fürchten und beschrieb, wie er seinen Körper verließ, und von oben auf den Ort zurück sah. Alle Dorfbewohner waren um sein Haus versammelt und hatten Blumen mitgebracht und er konnte ihre Liebe für ihn spüren. Er berichtete, wie er sich dem Licht zuwandte und mit einem tiefen inneren Frieden darauf zutrieb.

Kim durfte noch eine Weile bleiben, um diese profunde Erfahrung in sich aufzunehmen. In ihrem gegenwärtigen Leben müht sie sich, ihre geistigen Fähigkeiten zu entwickeln. Dieses Vorleben gab ihr neue Kraft weiter daran zu arbeiten. Ein positives Vorleben oder ein entsprechend signifikantes Ereignis eines Vorlebens sind eine sehr tiefgehende Erfahrung für das Bewusstsein.

UNGELÖSTE TRAUMATA

Die meisten Leben enden mit ungelösten Aufgaben und sind die Ursache für sich wiederholende Muster im gegenwärtigen Leben. Ein Beispiel dafür ist Johns Geschichte. Immer wenn er vor einer Gruppe von Personen sprechen wollte, schnürte sich seine Kehle zu und er konnte kaum sprechen.

Die Seele heilen

Johns erinnerte sich daran, dass das Problem schon aufgetreten war, als er in der Schule aus der Bibel vorlesen sollte. Er war völlig grundlos zutiefst verschreckt und konnte sich daran erinnern, dass er während des Vorlesens am ganzen Körper zitterte. Eine Redewendung dieser Erinnerung wiederholend, regressierte er in das Leben einer alten Frau, die in Lumpen gekleidet einem Inquisitor gegenüber stand. Die alte Frau stand, von einem wütenden, schreienden Mob umgeben auf einem Podest, während ihr ein Strick um den Hals gelegt wurde. Dann sah sie ihren Körper am Galgen hängen.

Die alte Frau wurde noch einmal zurückgeführt zu dem Augenblick, als sie ihren letzten Atemzug tat und erlebte die Exekution noch einmal. John fing an zu zittern und bekam kaum noch Luft. Die alte Frau wurde schnell zum dem Moment geführt an dem ihr Herz aufhörte, zu schlagen. Der letzte Gedanke vor ihrem Tod war *„Ich kann nicht entkommen"*. Die Ereignisse dieser letzten Momente vor dem Tod, das Grauen, die Wut und Scham, dass sie zu Unrecht angeklagt worden war, zusammen mit dem Gefühl des Erstickens, hinterließen einen tiefen Eindruck.

Die Besprechung dieses Vorlebens ergab, dass sie alleine auf dem Lande lebte als Soldaten kamen und sie in einem Karren zu einem dunklen Keller brachten. Dort wurde von ihr verlangt, ein Geständnis zu unterzeichnen. Da sie befürchtete, dass sie gefoltert werden würde, stimmte sie zu und wurde dann auf das Podest vor das Tribunal gebracht. Der Vorsitzende befragte sie, hielt dann das von ihr unterschriebene Geständnis hoch und sagte dem Mob, dass sie eine Hexe wäre.

Nach ihrem Tod wurde ihr aufgetragen, die Seele des Geistlichen, der sie verurteilt hatte, zu treffen. Ihre erste Reaktion war Hass, da sie zu Unrecht verurteilt und gehenkt worden war. Während des Dialogs wurde ihr klar, dass er tief bedauerte was er getan hatte, und der Ansicht gewesen war, nur seine Pflicht getan zu haben. Dies herauszufinden half ihr, ihm zu vergeben. Die nächsten Seelen, die die alte Frau traf waren ihre Freunde, die sich in der Menschenmenge befunden hatten und die nicht versucht hatten, ihr zu helfen. Im Gespräch mit einem jungen Mann, den sie in diesem Leben mit Kräutern geheilt hatte, fand sie heraus, dass die Menge ihn eingeschüchtert hatte und er sich aus Angst, seine Frau und seine Kinder zu verlieren, zurückgehalten hatte, was sie nachvollziehen konnte.

Die alte Frau wurde noch einmal zu dem Moment zurückgeführt, an dem sie ihren letzten Atemzug tat, um die Ereignisse nochmals zu durchleben und zu verändern. Als John anfing, nach Atem zu ringen, durfte die alte Frau den Strick lockern. Als die körperliche Erinnerung verändert wurde, konnte John berichten, dass er besser Luft bekam. Die alte Frau wurde gefragt, was sie tun wollte. Sie wollte stolz und aufrecht vor der Menge stehen.

Im Anschluss an dieses Vorleben wurde John zu der Erinnerung zurückgeführt, als er in der Schule aus der Bibel vorlas. Da er nun über die neuen Erfahrungen an sein vergangenes Leben verfügte, in denen er sich nicht erdrosselt fühlte, konnte er dieses Erlebnis, ohne zu zittern oder erschreckt zu sein, wiederholen. Er behielt als Bestätigung *„Wenn ich mit einer Gruppe zusammen bin, werde ich mich stolz und aufrecht fühlen"*. Vor einer Gruppe vorzutragen, ist seither für John kein Problem mehr.

Nachdem er sein Vorleben durchlebt hatte, wurde John erlaubt, es in jeder gewünschten Weise zu verändern. Ob diese Veränderung metaphorischer Natur oder eine neue Erfahrung war, ist nicht so wichtig, für John wurde es zur Realität. Er war in diesem traumatischen Moment wieder in diesem vergangen Leben und hatte einen Strick um seinen Hals. Durch den physischen Akt der Entfernung des Stricks, mit Hilfe eines Handtuchs um seinen Hals, konnte er das physische Trauma auf einer tieferen Ebene lösen, als das Worte alleine möglich gemacht hätten. Dies fand seinen Nachhall in seinem traumatischen Kindheitserlebnis, das damit auch aufgelöst wurde.

Johns Vorleben zeigt auf, wie entscheidende Information verloren gehen kann, wenn Dissoziation zum Zeitpunkt des Todes stattfindet. Die Rückführung zu dem Moment bevor die Abgrenzung stattfand, ermöglichte die Wahrnehmung durch den Körper, das Gefühl des Erstickens, die Erinnerung an den Gedanken an das nicht Entkommen können, und die Gefühle der Angst, des Terrors und der Scham wieder bewusst wahrzunehmen. Die letzten Gedanken und Emotionen vor dem Tod haben einen entscheidenden Einfluss auf zukünftige Leben. Sie können übermächtig werden und die spätere Wahrnehmung überschwemmen. In Johns Fall wurden sie in sein gegenwärtiges Leben übertragen und beeinflussten seine Reaktion, als er als Kind in der Schule laut vortragen musste. Um ihren Einfluss auf spätere Beschlüsse herauszufinden, ist es wichtig, die letzten Gedanken zum Zeitpunkt des Todes in einem Vorleben herauszufinden:

Wenn ich bis drei gezählt habe, erlebst Du den Moment, vor Dein Herz aufhört, zu schlagen ... 1... 2... 3 ... Was geschieht gerade?

Welche Gedanken und Gefühle begleiten Dein Sterben?

Tod im Vorleben

Ein Sklave, der sein ganzes Leben lang geschlagen wurde, denkt möglicherweise „Es ist hoffnungslos" und nimmt diesen Gedanken in Form einer Depression mit in sein gegenwärtiges Leben. Ein Soldat des ersten Weltkrieges, der im Schlamm auf dem Schlachtfeld stirbt, denkt vielleicht „Ich will von diesem Schmutz befreit sein" und wird im gegenwärtigen Leben einen Waschzwang entwickeln. Die Gedanken und Gefühle des Vorlebens müssen vor oder nach dessen Tod untersucht werden.

ERDGEBUNDENE ZUSTÄNDE

Manche Seelen, die einen sehr traumatischen Tod erlitten haben, bleiben bei ihrem toten Körper und lassen einen Teil oder sogar ihren gesamten Energiekörper zurück. In einem Workshop erfuhr Mike ein Vorleben als schottischer Rebell im Mittelalter, der misshandelt, gehängt und geviertelt wurde:

Als Gefangener wurde er auf seinem Rücken von zwei Pferden, deren Gurte an seinen Füssen befestigt waren, über die Kopfsteinstraßen gezerrt. Anschließend wurde er gehenkt, noch lebend vom Galgen geschnitten und geviertelt. Nachdem er diese Todeserfahrung durchlebt hatte, konnte die Seele des schottischen Rebellen nicht in die geistige Welt übergehen, da er den armen geschundenen Körper nicht verlassen wollte. Ihm wurde aufgetragen zu überprüfen dass das Herz aufgehört hatte zu schlagen und er tatsächlich gestorben war. Seine Seele war nach wie vor unwillig, den Körper zu verlassen und so wurde er zu einem späteren Zeitpunkt, Jahre nach seinem Tod zu seinem Körper geführt, der nur noch aus Knochen bestand. Dies ermöglichte dem schottischen Rebell zu erkennen, dass es keinen Grund mehr für ihn gab zu bleiben und er konnte endlich loslassen.

Wenn die Seele den Körper nicht verlassen und auf eine höhere Ebene wechseln kann, bleibt ein Teil der Seelenenergie, der Energiekörper, erdgebunden. Dies geschieht in der Regel nach sehr plötzlichen oder gewaltsamen Todesarten, wie Mord oder nach einer Explosion. Der Tod kann so plötzlich eingetreten sein, dass die Seele zunächst gar nicht bemerkt, dass der Körper nicht mehr lebensfähig ist:

Bleibst Du bei Deinem Körper oder kannst Du ihn verlassen?

Oft sind die Gedanken nach einem solchen Ereignis in absolutem Aufruhr. In diesen Fällen ist es sinnvoll, den Klienten zu dem Moment zu führen, an dem er seinen Körper verlassen konnte:

Dein Körper ist tot. Überprüfe, ob Dein Herz noch schlägt. Atmest Du noch? Kannst Du Deinen Körper jetzt verlassen?

Die Gedanken zum Zeitpunkt des Todes geraten oft in eine Wiederholungsschleife. Der Soldat meint, nach wie vor auf Wache zu sein, der Vater versucht, bei seinen Kindern zu bleiben und ihnen zu helfen. Das kleine Kind, das durch eine Bombe getötet wird, wandert immer noch herum und sucht seine Mutter. In manchen Kulturen ist es von großer Wichtigkeit, was mit dem Körper nach dem Tod geschieht. In diesem Fall kann es geschehen, dass die Seelen vor Ort verbleiben und darauf warten, dass eine Beerdigung oder eine Feuerbestattung stattfindet. Dies war so im Fall von Betty, die in ein Vorleben als Frau eines Schusters zurückging, die von ihm getötet wurde:

Tod im Vorleben

Sie fühlte sich so schuldig, dass sie aus ihrer Ehe ausgebrochen war, dass sie von sich selbst sagte, dass sie von negativer Energie erfüllt war, als sie ihren Körper zum Zeitpunkt ihres Todes verließ. Selbst nachdem sie die Hinrichtung ihres Ehemanns, der für den Mord gehenkt wurde, beobachtet und den Übertritt seiner Seele in die geistige Welt erlebt hatte, konnte sie sich nicht dazu überwinden, selbst in die geistige Welt zu wechseln. Sie wurde gefragt, was ihr helfen würde, diesen Schritt zu vollziehen und bat um heilende Lichtenergie, die die negative Energie zerstreute.

Obwohl die Seele selbst oft am besten weiß, was ihr helfen kann, musste ihr die Möglichkeit dazu bewusst gemacht werden, und sie wurde aufgefordert, sich an diesen Platz der Heilung zu begeben, was sie auch prompt tat:

Was brauchst Du damit Du Deinen Körper, der tot ist, verlassen kannst und auf die geistige Ebene wechseln kannst?

Selbst nach einer Explosion, wenn der physische Körper nicht mehr existiert, kann das geistige Bewusstsein die Illusion eines Weiterlebens verursachen. Die Energiegestalt verliert sich in einer Dimension, in der Zeit und Raum nicht in der Weise existieren, wie wir sie kennen, bleibt darin gefangen und dies führt dazu, dass sie erdgebunden bleibt. Wenn das Vorleben das eines Opfers der Inquisition war, das in den letzten Augenblicken seines Lebens fürchtete „zur Hölle verdammt zu sein", kann diese Furcht dazu führen, dass die Seele den Körper nicht verlassen möchte. In diesem Fall kann es nötig sein, eine Veränderung herbeizuführen, möglicherweise ist nur nötig, einen Schutz während des Übergangs zu veranlassen, während dem Opfer eines

Bombenanschlags möglicherweise genügt, dass alle Teile des zerstörten Körpers zusammengeführt werden.

ZUSAMMENFASSUNG

Die Gedanken, Gefühle und Körperempfindungen zum Zeitpunkt des Todes im Vorleben können einen großen Einfluss auf das jetzige Leben ausüben. Sie müssen anerkannt und transformiert werden, wie auch in dem Fallbericht von John gezeigt werden konnte, der einen traumatischen Tod durch Erhängen und den Gedanken des nicht Entkommen Könnens aus diesem Leben mit in sein jetziges Leben nahm, und eine chronische Angst entwickelte, vor Gruppen zu sprechen. Es ist nicht nötig, den Klienten länger als unbedingt nötig der unangenehmen Erfahrung eines solchen Todes auszusetzen, da die Transformation ohnehin auf einer höheren Ebene geschieht.

Eine Ausnahme jedoch gibt es, die es erfordert, den Klienten einen gewaltsamen Tod nochmals erleben zu lassen, nämlich wenn dieser blockiert oder verdrängt wird, und damit entscheidende Information verloren geht.

Nach dem Tod sollte sichergestellt werden, dass die gesamte Seelenenergie den Körper verlässt, und dass dieses Leben jetzt beendet und der Körper, der in diesem Leben genutzt wurde, tot ist. Gelegentlich kommt es dazu, dass Teile des Energiekörpers oder der Energiekörper selbst erdgebunden bleibt, und die erste wichtige Frage bei solchen seltenen Fällen ist, was benötigt wird, um in die geistige Welt weitergehen zu können.

Viele Vorleben zeigen keinerlei traumatische Erlebnisse, sind aber ungemein hilfreich durch die positiven Gefühle, die in diesen Leben erlebt wurden und zeigen Ressourcen auf, die für das derzeitige Leben sehr hilfreich sein können.

6

Transformation auf spiritueller Ebene

*Stirb während Du lebst und sei absolut tot.
Dann erreiche was auch immer Du anstrebst,
Und es ist gut so.*
Bucan, 17. Jahrhundert Japanischer Zen Meister.

Das Vorleben und der Tod im Vorleben sollten genauso erlebt werden wie sie geschehen sind denn aus dem Erkennen der Wahrheit kann echter therapeutischer Nutzen entstehen. Aus diesem Grund greifen wir auch nicht in das Erleben des Klienten ein, selbst wenn die Art und Weise wie er in diesem Leben zu Tode kommt nicht angenehm ist. Es ist angebracht, den Klienten die aus diesem Leben resultierten negativen Gefühle wie Wut, Ärger, Angst oder andere spüren zu lassen, die auf die geistige Ebene mitgebracht wurden. Die Buddhisten nennen die geistige Ebenen das *Bardo des Werdens*, da hier die Vorleben einer Prüfung unterzogen, und Vorbereitungen für das nächste Leben getroffen werden, um einige der zu bearbeitenden Themen aufzulösen. Ohne einen Körper ist Zeit nicht länger existent und Veränderungen können sehr plötzlich geschehen. Die geistige Ebene ist auch der Ort, an dem bisher ungelöste Probleme gelöst werden.

Konfrontation mit Begleitern des Vorlebens

Zu verstehen, warum ein Beteiligter an einem signifikanten Ereignis des Vorlebens so handelte, wie er es tat, ermöglicht oft, die Transformation eines bis dahin unbewältigten Problems. Erreicht wird dieses tiefe Verständnis durch einen geführten Dialog zwischen Klient und Therapeut. Der Klient bestimmt den Inhalt und der Therapeut die Art und Weise dieses Dialogs:

Diese Aufgabe kann durch Sarahs Beispiel verdeutlicht werden. Sarah hatte chronische Angst davor, dass ihr etwas zustoßen würde, wenn sie ihr Haus verließ und sich unter Menschen begab. Auch für einfache Aufgaben wie z.b. einen Einkauf in einem Supermarkt benötigte sie die Begleitung eines Freundes und litt trotzdem unter einer hohen Anspannung und Panikattacken. Sie erlitt die erste solcher Episoden, als sie eine mittelalterliche Kirche besuchte und ihre selbstauferlegte Isolation verstärkte sich nach und nach. Im Alter von 37 Jahren war sie faktisch eine Gefangene in ihrem eigenen Haus.

Sarah ging zurück in ein Vorleben im Mittelalter, in dem sie ein Arzt gewesen war, der vom Bürgermeister seines Ortes der Stadt verwiesen wurde, weil er nicht vermochte, die Bewohner von der Pest zu heilen. Während er langsamen Schrittes durch das Stadttor die Stadt verließ, mieden ihn die Bewohner, die ihm zuvor in seiner Rolle als Arzt Respekt erwiesen hatten. Diese Zurückweisung nahm ihm jeden Selbstrespekt, er wusste nicht wohin er sich wenden und was er tun sollte. Er wanderte als Vagabund durch Europa und starb einen frühen Tod. Seine Scham und den Gedanken „ich kann ihnen nicht mehr gegenübertreten, ich habe sie im Stich gelassen" begleitete ihn.

Transformation auf spiritueller Ebene

Dem Arzt wurde erlaubt, die Seele des Bürgermeisters in der geistigen Welt zu treffen und ihn wissen zu lassen, wie sehr ihn die ungerechtfertigte Entlassung getroffen hatte. Er nahm wahr, dass dieser seinen Kopf gebeugt hielt und er Angst davor gehabt hatte, sein Amt zu verlieren, er aber bedauerte, was er getan hatte. *„Er ist jetzt bedauernswert und er tut mir leid. Ich lasse ihn gehen".* Als nächstes traf er die Seelen der Bürger, die ihn gemieden hatten. Da er einem Treffen ursprünglich widerwillig gegenüber stand, bat er um den Beistand der Seele seines Großvaters. *„Es sind so viele von ihnen und sie sagen mir, dass ich der Einzige war, der versuchte, ihnen zu helfen. Sie geben mir nicht die Schuld an ihrem Tod, sie danken mir".* Sarahs Augen füllten sich mit Tränen, als sie diesen intensiven Moment erlebte. Der Arzt konnte sich endlich selbst vergeben.

Sarah konnte durch die Hypnosesitzung ihre Angst vor Personenansammlungen ablegen. In den nächsten Monaten erreichte sie mit etwas Unterstützung nach und nach ihr Ziel, alleine in einem Supermarkt einkaufen zu gehen. Sie sagte *„am Anfang war es nicht leicht mich in eine Menschenmenge zu begeben, aber die Sitzung hat mein Leben verändert".*

Ich habe mit Hunderten von Klienten gearbeitet, einschließlich einer Anzahl an Klienten, die nicht an Vorleben glaubten, und diese Art der Problembewältigung funktioniert nahezu immer. In einem veränderten Bewusstseinszustand, der zusätzlich an Tiefe durch das Erleben des Vorlebens gewinnt, öffnet sich die Psyche des Klienten für eine intuitive Kommunikation. Wenn wir diese Problematik von einem Energielevel aus betrachten, dann führen nicht verarbeitete Probleme zu einer Bindung der negativen Energie aus diesem Leben an die jetzige Form des Klienten. Im Beispiel des Doktors im Mittelalter konnte gezeigt werden, dass es zu einer Bindung zwischen dem Bürgermeister, den Dorfbewohnern und der Energie des Doktors kam. Solange diese Bindung besteht, existiert auch eine unmittelbare intuitive Verbindung zwischen diesen Energien.

Nach dem Tod kann ein Kind wieder mit seiner Mutter, die es verloren hatte, vereint werden, Ungerechtigkeiten und Verbrechen können gesühnt werden, und diese Verbindungen können aufgelöst werden:

Geh an den Ort in der geistigen Welt, an dem Du .... (andere Beteiligten) triffst.

Sobald die Absicht feststeht die Beteiligten zu treffen, kann der Klient über seine Intuition auf die bestehende Verbindung zurück greifen. Dann sollte man sie ermutigen zu sagen, was immer auch gesagt werden muss, um die Situation zu klären und zu bereinigen:

Was sagst Du zu ihm/ihnen, was Du niemals sagen konntest, solange Du in diesem Leben warst?

Was antworten sie Dir?

Durch diesen Dialog entsteht eine neue bewusste Wahrnehmung und ein Verständnis für die Motive anderer Beteiligter im Klienten statt. Die Arbeit in der geistigen Welt erfordert Spontaneität und Kreativität. Der Therapeut muss seiner Intuition vertrauen und Ansatzpunkte finden, an denen ein neues Verständnis entstehen kann, das dann die Transformation der alten Reaktionen erlaubt. Auch wenn es einmal schwierig werden sollte, ist es besser der Intuition und den positiven Kräften die hier wirken können zu vertrauen, anstatt eine logische Vorgehensweise zu bevorzugen. Mit Übung wird jeder Therapeut seine eigene Vorgehensweise finden, die hilfreich ist.

Transformation auf spiritueller Ebene

Die Begegnungen in der geistigen Welt transformieren die aufgestaute Energie und die negativen Gedanken, die einen Komplex auslösten, und die Klienten seither behinderten.

TRANSFORMATION VON TRAUER UND KUMMER

Trauer und Kummer werden üblicherweise durch Verlassenheit oder durch Verlust einer geliebten Person hervorgerufen. Diese Gefühle sind sehr oft mit Depression, verdrängten Tränen und veränderter, mühsamer Atmung verbunden. In der geistigen Welt wird eine Zusammenführung mit den betrauerten Personen, ob Partner, Kind oder Elternteil, herbeigeführt. In den meisten Fällen wird der Klient Zeit benötigen, die heilende Wirkung und die durch diese Zusammenführung gewonnene Information aufzunehmen.

Eine Frau durchlebte die Zeit vor ihrer Hinrichtung in ihrem Vorleben. Sie hatte ihr Schicksal angenommen, war aber verzweifelt darüber, dass es niemanden gab, der sich um ihr Baby kümmern konnte. Als sie starb, empfand sie tiefe Trauer, von ihrem Kind getrennt zu werden. In der geistigen Welt wurde sie mit ihrem Baby zusammengeführt und konnte es wieder im Arm halten indem ihr ein Kissen in die Arme gelegt wurde. Ihre unterdrückten Gefühle verwandelten sich in Freudentränen, als sie ihr verlorenes Kind immer wieder an sich drückte. Anschließend konnte sie herausfinden, wie sein Leben nach ihrem Tod verlaufen war.

Der physische Akt des Umarmens ist eindrücklicher, als es Worte ausdrücken können. Ein Kissen ist in vielen Fällen eine nützliche Unterstützung.

TRANSFORMATION VON SCHULD

Schuldgefühle entstehen, wenn wir eine Person oder eine Gruppe von Personen verletzt haben und diese Handlung später bitter bereuen. Die Gedanken „es ist meine Schuld" oder „Ich habe etwas Furchtbares getan" lassen einen nicht mehr los. In der geistigen Welt wird dieser Zyklus dadurch unterbrochen, dass die Beteiligten zusammengeführt werden, und der Klient dadurch neues Wissen erhält.

In einem Vorleben führte ein Anführer seine Truppen in den Tod. Als er starb, erfüllten ihn Schuldgefühle wegen der vielen toten Körper, die um ihn herum lagen. In der geistigen Welt wurde er aufgefordert, die Mitglieder seiner Truppe zu treffen, um deren Sicht über ihren Tod zu erfahren. Er war überrascht, dass sie ihm nicht die Schuld an ihrem Tod gaben, da sie es als Teil des Lebens als Soldaten ansahen. Sie bedankten sich bei ihm für seine positiven Handlungen während seiner Zeit als ihr Anführer.

Falls erforderlich, kann der Klient in ein weiteres Vorleben zurückgeführt werden, in dem er positive Handlungen wiedererlebt.

Transformation von Ärger und Rage

Zorn entsteht, wenn andere uns verletzen oder wir unfair behandelt werden. Heftiger, unterdrückter Zorn kann sich in Rage verwandeln und zeigt sich in einem starren Oberkörper, hoher Spannung in den Fäusten, Armen und dem Unterkiefer. In der geistigen Welt werden die Verursacher dieser Situation konfrontiert und der Klient darf seine Wut artikulieren. Im Anschluss daran wird analysiert, welche Gründe die Anderen zu dieser Handlung bewegte:

Ein junger Landarbeiter wurde von einem Bauern in einem Vorleben zu Unrecht beschuldigt, Essen gestohlen zu haben, und von diesem zu Tode geprügelt. In der geistigen Welt konnte er den Bauern zur Rede stellen und seine Wut ausagieren, in dem er mit seinen Fäusten ein Kissen bearbeitete, das den Bauern repräsentierte.

Zorn durch Schreien oder Schlagen ausagieren zu können, löst diese Gefühle oft gründlicher auf, als die bloße Erzählung es vermag.

Transformation von Scham

Tiefe Scham resultiert aus einer elementaren Demütigung, die entsteht, wenn jemand einer Handlung wegen durch eine Gruppe geächtet oder verbannt wird. In frühen Kulturen war der Ausschluss aus der Gemeinschaft vernichtend, da die Menschen ihre persönliche Identität über die Zugehörigkeit zur Gruppe definierten. Beispiele hierfür sind religiöse Vereinigungen, eingeborene Kulturen, Dörfer oder Großfamilien. Im

Die Seele heilen

Zusammenhang damit finden sich Sätze wie „ich kann ihnen nicht gegenübertreten" „ich möchte in den Boden versinken" oder „mir geht es furchtbar".

In einem Vorleben wurde eine Nonne von einem der durchreisenden Priester vergewaltigt. Sie versuchte, sich nichts anmerken zu lassen, aber als offensichtlich wurde, dass sie schwanger war, wurde sie aus dem Kloster ausgeschlossen. Sie starb kurz danach, immer noch von Scham erfüllt mit dem Gedanken, ihnen nicht gegenübertreten zu können. Da sie auch in der geistigen Welt zögerte, den anderen Nonnen gegenüberzutreten, begleitete ihr geistiger Führer sie zu dem Treffen. Sie wurde ermutigt, den Seelen der Nonnen auf telepathischem Weg zu übermitteln, welche Gefühle der Ausschluss aus der Gemeinschaft in ihr ausgelöst hatte und berichtete, dass sie vor ihr niederknieten und sie um Verzeihung baten.

Dem Widerstreben, einer Gruppe alleine gegenüberzutreten, kann durch die Begleitung einer Bezugsperson eines früheren Lebens eines geistigen Führers oder anderen Leitfigur abgeholfen werden. Die zusätzliche Energie, die der Klient erhält ist notwendig, da Scham mit einem Gefühl von Schwäche verbunden ist:

Wen brauchst Du jetzt an Deiner Seite um sie (die Gruppe) zu treffen?

Transformation auf spiritueller Ebene

TRANSFORMATION VON EINSAMKEIT

Einsamkeit entsteht durch eine längere Trennung und einen Mangel an Liebe. Die geliebten Personen, die man verloren hat, z.b. Eltern, Geliebte, Familienmitglieder und andere wird man in der geistigen Welt wiedersehen können.

Der kleine Junge hatte bloße Füße und war in Lumpen gekleidet. Ihm war kalt, und er war nass, als er bettelnd vor einem Ladeneingang saß. Als es kälter wurde, kroch die Kälte in seine Glieder, bis sie steif wurden. Sein letzter Gedanke, bevor er zusammengekauert im Torbogen starb war, dass es keinen kümmerte, dass er starb. Da er in diesem Leben von Geburt an eine Waise gewesen war, erwartete ihn in der geistigen Welt kein Familienangehöriger. Als dem kleinen Jungen geraten wurde ein Vorleben zu finden, in dem er Teil einer liebevollen Familie oder Gemeinschaft gewesen war, regressierte er in das Leben einer Nonne in einem friedlichen, schönen Garten. Die Nonne kam dorthin, um inneren Frieden in ihrem zurückgezogen verbrachten Leben zu finden. Das Vorleben als Nonne half dem Klienten, die Erkenntnis des inneren Friedens durch Einsamkeit auf sein Vorleben als Waisenjunge zu übertragen.

In diesem Beispiel zeigte sich, dass eine neue Erfahrung durch ein bedeutsames Erlebnis aus einem anderen Vorleben genutzt werden kann, wenn es keine Bezugspersonen gibt, mit denen der Klient in der geistigen Welt zusammengeführt werden kann.

Die Seele heilen

Transformation von Furcht

Furcht ist ein Urinstinkt und damit eine sehr mächtige Emotion, die uns hilft in einer feindlichen Welt zu überleben. Gerade wenn unser Leben durch Übergriffe von anderen bedroht ist, ermöglicht uns Furcht bis zu einem gewissen Grad auch Abwehrreflexe. Wo aber die Furcht zu groß wird, kommt es zu flacher Atmung, einer Tendenz sich vom Körper abzuspalten und dem Gefühl der Machtlosigkeit. Dieses Gefühl kann so überwältigend sein, dass zur Konfrontation der Angreifer auf der geistigen Ebene Unterstützung benötigt wird so dass der Klient sich dazu überwinden kann, seinen Feinden zu begegnen:

Während einer Rückführung wurde einem jungen jüdischen Mädchen der Kopf geschoren, vor sie in die Gaskammer gebracht wurde. Als sie sich wehrte, wurde sie getreten und geschlagen. Sie gab auf und wurde kurz darauf in der Gaskammer getötet. Als sie in der geistigen Welt den Wärter treffen sollte, der sie geschlagen hatte, fürchtete sie sich sehr davor und erhielt Unterstützung von der Seele ihrer Mutter, die ebenfalls in der Gaskammer umgekommen war. Dies gab ihr genügend Kraft, dem Wärter zu begegnen.

Die benötigte zusätzliche Energie, die zur Überwindung der Angst gebraucht wird kann von einer einzelnen Person oder einem ganzen Dorf oder einer Gemeinschaft stammen, oder vom Therapeut, der die Hand des Klienten hält.

Transformation auf spiritueller Ebene

HILFE DURCH GEISTIGE FÜHRER

Der geistige Führer jedes Klienten war in die Planung des Vorlebens eingebunden und kann ihn auch während des Rückblicks mit Rat und Anleitung versorgen. Ein Beispiel dafür ist die Rückführung einer Klientin namens Anne, einer Frau um die Dreißig, die von einer dominanten Mutter abhängig war. Sie hatte ihr ganzes Leben im Geschäft ihrer Mutter gearbeitet, hatte kaum Selbstvertrauen, und war unfähig engere Beziehungen einzugehen. Sie dachte, dass alle anderen sie hassten und immer über sie redeten:

Sie ging zurück in ein Leben in Neuengland als Mutter kleiner Kinder, die ihr von Puritanern weggenommen wurden. Ihr wurde gesagt, dass sie, da sie keinen Ehemann hatte, eine schlechte Mutter wäre. Ihr kleines Blockhaus im Wald wurde in Brand gesteckt und sie wurde im Wald zurückgelassen. Da sie deren Gemeinschaft nicht angehörte, wurden ihre Bitten, ihre Kinder behalten zu dürfen, nicht angehört. Sie entschied sich, zu versuchen, mit dem Ältestenrat der Puritaner zu verhandeln und sie zu bitten, ihr ihre Kinder zurückzugeben. Als sie die Siedlung erreichte, ignorierten sie die Bewohner und einige lachten sie aus. Die Führer der Puritaner die die Gesetzesgewalt besaßen, sagten ihr, dass sie ihre Kinder nur zurück bekäme wenn sie ihren Glauben annähme. Sie müsse sich für ein Jahr entsprechend kleiden, sich in die Rolle einer bescheidenen Puritanerin fügen, sich den Männern unterordnen und im Anschluss daran würde man ihr, falls sie akzeptiert würde, ihre Kinder zurück geben.

Sie fügte sich, aber die Gemeinschaft wies sie zurück und sie fühlte sich jämmerlich. Einige der Kinder beschimpften sie und warfen mit Steinen nach ihr, aber sie war entschlossen durchzuhalten, um ihre Kinder zurück zu bekommen. Nach Ablauf des Jahres teilten ihr die Ältesten mit, dass die Kinder bei ihrer Pflegefamilie glücklich seien und nicht zu ihr zurück wollten. Sie wurde von Verzweiflung und Trauer überwältigt, aber es gab nichts, was sie dagegen hätte tun können. Sie blieb in der Siedlung, wurde im Alter geisteskrank und war dünn und schmutzig mit verwirrtem Haar. Sie musste, an ihrem Handgelenk angekettet, auf einem mit Stroh bedeckten Boden leben. Als sie starb war sie sehr traurig und sehnte sich nach ihren Kindern.

In der geistigen Welt zögerte sie, ihre Kinder wiederzusehen, da sie dachte, dass diese sich ihrer schämen würden und sie wollte auch die Puritaner nicht sehen, da sie ihnen nicht vertraute. Ihr geistiger Führer kam zu ihrer Unterstützung und im Dialog mit ihren Kindern fand sie heraus, dass diese in der Siedlung aufgewachsen waren und eigene Familien gegründet hatten. Als sie von ihr getrennt wurden, waren sie zu klein gewesen, um sich an die Ereignisse zu erinnern. Nachdem sie dies erfahren hatte, traf sie die Seelen ihrer Kinder und konnte ihnen sagen, wie sehr sie sie liebte. Mit Hilfe eines Kissens konnte sie sie umarmen und ihre Gefühle von Trauer und Sehnsucht loslassen. Mit Unterstützung ihres geistigen Führers konfrontierte sie anschließend den Ältestenrat der Puritaner und berichtete, dass diese ihre Köpfe gesenkt hielten und einer sie um Verzeihung bat. Dies ermöglichte ihr, sie freizugeben.

Die Teilnahme ihres geistigen Führers am Dialog löste ihre Blockade und ermöglichte es ihr mit ihren Kindern wiedervereint zu werden. Anne konnte die Erkenntnisse aus der Sitzung in ihr gegenwärtiges Leben und die Beziehung zu ihrer dominanten

Mutter übertragen. Sie widersetzte sich ihr zum ersten Mal in ihrem Leben und zog nach London wo sie ein neues Leben begann. Während der Arbeit in der geistigen Welt kann ein Therapeut an einen Punkt gelangen, an dem er nicht sicher ist, wie am besten weiter zu verfahren ist. Dies gilt auch dann, wenn ein Klient durch eine Blockade nicht imstande ist, zu verzeihen. Wenn Seelen während einiger Lebenszyklen in Konflikt geraten ohne diese beizulegen, kann es schwierig werden, eine Vergebung zu erlangen. Den geistigen Führer[1] einzubeziehen, ermöglicht eine objektivere Sicht oder eine spirituelle Erkenntnis:

Bitte Deinen geistigen Führer zu Dir zu kommen ... welcher Rat wird Dir angeboten?

Im veränderten Bewusstseinszustand wird der Klient feststellen, dass er auf intuitive Weise mit seinem geistigen Führer kommunizieren kann. Manchmal werden karmische Muster durch einige aufeinander folgende Leben deutlich und erhalten eine offensichtliche und eindeutige Erklärung. In vielen Fällen wandelt sich das Opfer zum Täter und der prügelnde Ehemann wird zur misshandelten Frau. Sie können so die höheren geistigen Stufen erfahren und den Frieden und die Ruhe erhalten, die imstande sind, die Seele zu heilen.

VERGEBUNG ERHALTEN

Einer anderen Person zu vergeben oder sich selbst zu verzeihen schenkt unglaublich viel Kraft. Wahre Vergebung bedeutet ohne Vorbehalt zu verzeihen, so dass weder Schuldgefühle noch Vorwürfe zurückbleiben. Die folgende wunderbare und wahre Geschichte zeigt die Macht der Vergebung:

Die Seele heilen

John war Kriegsgefangener der Japaner während des zweiten Weltkrieges. Er war von einem Mitgefangenen gebeten worden, eine Karte zu verbergen, die unglücklicherweise entdeckt wurde. Er wurde drei Tage lang von einem japanischen Offizier gefoltert, der auf diese Weise die Einzelheiten der geplanten Flucht herausfinden sollte. Er konnte dessen Fragen nicht beantworten und wurde schließlich auf dem Boden liegend zurückgelassen, weil sie dachten, er wäre tot. Seine Kameraden pflegten ihn gesund, er überlebte den Krieg wie durch ein Wunder und wurde schließlich freigelassen.

Als er nach England zurückkam, hasste er die Japaner für ihre Taten. Er war nicht fähig, eine Anstellung zu behalten, seine Ehe litt und ging schließlich in die Brüche. Er wurde zum Trinker und wanderte mittellos durch die Straßen. Zufällig traf er eines Tages einen seiner Mitgefangenen aus dem Gefangenenlager und erfuhr durch ihn von einem Gefangenentreffen, das er mit dessen Hilfe besuchte. Er wusste allerdings nicht, dass einige der japanischen Soldaten eingeladen worden waren und fand sich auf einmal Auge in Auge mit dem Offizier, der ihn gefoltert hatte. Der Offizier erkannte ihn sofort wieder und kam auf ihn zu. Er erklärte ihm, dass er, falls er den Befehl verweigert hätte ihm zu verhören, erschossen worden wäre, und ein anderer Offizier das Verhör durchgeführt hätte. Er hatte sich nie verzeihen können, ihn gefoltert zu haben und bat ihn, ihm zu vergeben. John umarmte den Japaner unwillkürlich und war imstande, ihm zu verzeihen. Im Anschluss daran veränderte sich Johns Leben. Er fand eine Arbeit, begann eine neue Beziehung und gab seinen Hass auf die Japaner auf.

Transformation auf spiritueller Ebene

In Vorleben erfolgt die Vergebung üblicherweise nach der Gegenüberstellung in der geistigen Welt, weil der Antrieb, die Absicht und die Handlungen der anderen Personen nachvollzogen werden können. Vorsicht ist geboten, wenn eine Vergebung sehr schnell erteilt wird, da sie möglicherweise nicht wirklich empfunden wird. Die öffentliche Demütigung einer Person entzieht dieser alle Antriebskraft und der Öffentlichkeit entgegenzutreten und die Worte zu finden, sich endlich verteidigen zu können, gibt einem diese Kraft zurück. Selbst wenn ein Klient erklärt verziehen zu haben, ist es sinnvoll, eine Zusammenkunft mit den Personen des Vorlebens, die an Wendepunkten und Stillständen teil hatten, herbeizuführen. Es kommt vor, dass die Täter keine Anzeichen von Reue dem Opfer gegenüber zeigen. Wenn der Klient das Opfer war, behindert dies oft den Prozess des Vergebens und mögliche, nützliche Empfehlungen wären:

Übermittle Deinen Schmerz auf telepathische Weise an .... (den Täter). Was geschieht jetzt?

Sende einen Funken positiver Energie an ...(den Täter). Was geschieht jetzt?

Eine weitere Möglichkeit wäre, den Täter nach einer von ihm geliebten Person zu fragen und ihn zu bitten, sich vorzustellen, wie er sich fühlte, falls dieser seine Tat zugefügt worden wäre.

In der Regel wird Vergebung ermöglicht, indem man Informationen über die Personen des Vorlebens, weitere gemeinsame Vorleben mit dem Klienten und von geistigen Führern sammelt und auswertet, und die Hintergründe aufdeckt.

Die spontane Vergebung während der Aussprache ist die beste und bedeutsamste Art der Bewältigung dieses Traumas. Die folgende Frage ist ein Beispiel, wie gefragt werden kann:

Brauchst Du noch weitere Fakten.... Oder kannst Du loslassen?

Eine spontane Vergebung bedeutet den Abschluss der unbewältigten Aufgabe. Aussagen wie z.b. „jetzt verstehe ich es" oder „jetzt kann ich endlich loslassen" lassen auf wirkliches Vergeben schließen.

SCANNEN DER ENERGIE AUF UNBEWÄLTIGTE EREIGNISSE

Es ist ratsam den Körper des Klienten vor und nach der Regression auf unbewältigte Ereignisse zu scannen. Maggie war in einer langen Beziehung mit ihrem alkoholkranken Ehemann gefangen, da sie glaubte ihm helfen zu müssen, und ihn nicht verlassen zu dürfen:

> In ihrer Rückführung ging sie in ein Vorleben zurück, in dem sie als junge Frau krank im Bett lag. Ein Geräusch vor dem Haus veranlasste sie, nach draußen zu gehen, wo sie auf einen rothaarigen Mann auf einem Pferd traf. Er hielt ein Schwert in der Hand und schrie sie an. Sie versuchte, davonzulaufen, da sie um ihr Leben fürchtete, aber er holte sie schnell ein und schleifte sie an ihren Haaren über die Erde. Sie fühlte die Hufe der Pferde auf ihrem Körper, als sie zu Tode getrampelt wurde und starb mit ihrem Gesicht nach unten auf dem Boden liegend.
> Bei der Besprechung des Vorlebens stellte sich heraus, dass ihre Mutter bei ihrer Geburt gestorben war und ihr Vater sie absichtlich isoliert von der Außenwelt aufgezogen hatte. Als er krank wurde, kümmerte sie sich um ihn und da sie über keinerlei Wissen verfügte, das ihr

Transformation auf spiritueller Ebene

ermöglicht hätte, ein Leben außerhalb ihres Geburtshauses zu führen, blieb sie nach seinem Tod dort alleine. Bis sie den rothaarigen Mann traf, hatte sie mit dem Geld, das ihr Vater ihr hinterlassen hatte, überleben können.

In der geistigen Welt wurde ihr aufgetragen, die Seele ihres Vaters zu treffen und sie fand heraus, dass er dachte, dass sie auf Grund ihrer übersinnlichen Visionen etwas Besonderes und anders als die Dorfbewohner war. Er befürchtete, dass die Dorfbewohner ihr Schaden zugefügt hätten, wenn sie es herausgefunden hätten. Die junge Frau war danach bereit, ihn gehen zu lassen.

Anschließend konfrontierte sie den rothaarigen Mann, um herauszufinden, warum er sie getötet hatte. Sie fand heraus, dass er betrunken gewesen war und gedacht hatte, dass sie auf Grund ihrer Visionen eine Hexe war. Die Begegnung war eskaliert und er bedauerte seine Tat. Es hatte den Anschein, als ob diese neuen Informationen ausreichend sein würden.

Maggies Körper wurde auf ungelöste Aufgaben dieses Vorlebens gescannt. Sie wies Wut und Anspannung in ihrem Kopf auf, die sich gegen den rothaarigen Mann richtete, in dem sie intuitiv ihren derzeitigen gewalttätigen Ehemann erkannte. Sie wurde zu der Szene zurückgebracht, bevor er sie getötet hatte und ermutigt, ihre Wut zu verbalisieren. Sie schrie *„Ich hasse Dich für dass, was Du getan hast"*. Ihre Energie wandelte sich und ein weiterer Scan ihres Körpers bestätigte, dass ihre Anspannung sich gelöst hatte. Jetzt konnte die junge Frau den rothaarigen Mann bedauern und war bereit, ihm zu vergeben.

Maggie erkannte viele Muster des Vorlebens in ihrem derzeitigen Leben wieder. Das Grundlegendste war das Muster zwischen dem rothaarigen Mann und ihrem gewalttätigen Ehemann. Sie konnte diesmal die entscheidenden Änderungen vornehmen, die sie in ihrem Vorleben nicht bewältigt hatte und ihre Freiheit erlangen, indem sie die gewalttätige Beziehung beendete.

Maggies Vorleben zeigt sehr gut, wie das Scannen der Körperenergie dabei helfen kann sehr schnell und effizient noch vorhandene Spannungen aus dem Vorleben aufzuspüren. Das Vorgehen ist dabei das Gleiche wie auch das Scannen bei der Brückenmethode, in der die aufgespürte Spannung zum Eintritt in ein Vorleben oder ein Ereignis im jetzigen Leben dient. Zu Beginn des Scannens wird die Absicht eine Störung aufzuspüren zwischen Klient und Therapeut klar geäußert. Dann bewegen sich die Hände des Therapeuten, die etwa 10 cm Abstand zum Körper des Klienten haben sollen, langsam von den Füssen zum Kopf, gegebenenfalls auch mehrmals hintereinander. Wenn etwas aufgespürt wird, wird der Klient aufgefordert sich ganz auf das Gefühl und das zugehörige Geschehen einzulassen und zu dem Punkt zurück zu gehen, an dem die Empfindung begann. Nach dem erneuten Bewusstwerden dieser Begebenheit kann diese in der geistigen Welt transformiert und damit beseitigt werden.

Konzentriere Dich auf ... (das Körpergefühl oder das Gefühl das aus der Spannung entsteht) **... wenn ich bis drei zähle, dann gehst Du zu dem Moment bevor das Ereignis, das das Gefühl ausgelöst hat, beginnt ... 1 ... 2 ... 3 ... was geschieht jetzt?**

Es kann sich um eine Katharsis handeln, die nie entlastet wurde oder nur um ein Körpergefühl oder eine Erinnerung, die noch bewältigt werden muss. Möglich ist auch eine Erinnerung aus dem früheren aktuellen Leben, die irgendwie in Verbindung mit dem Vorleben steht. Auch diese sollten angesehen und erforscht,

Transformation auf spiritueller Ebene

und durch die bereits beschriebenen Techniken transformiert und aufgelöst werden.

ZUSAMMENFASSUNG

Das Vorleben und die Erfahrung des Sterbens und des Todes im Vorleben sollten möglichst unbeeinflusst durch den Therapeuten vom Klienten erlebt werden können, da viel verstanden und losgelassen werden kann, wenn der Klient seine Wahrheit so unmittelbar durchlebt. Daran anschließend muss der Klient dazu ermutigt werden, alle relevanten Personen dieses Lebens auf einer höheren Ebene erneut zu treffen, vor allem wenn es im Vorleben zu Shutdowns oder Wendepunkten kam und ein Komplex seinen Anfang nahm. Es ist dann möglich alles zu sagen und alles zu tun, was im Vorleben nicht möglich war. Sich daraus ergebende Fragen und Antworten kommen rasch und intuitiv. Es zeigen sich wichtige Erkenntnisse, Wahrheiten und oft auch karmische Verbindungen oder Kontrakte. Die komplexe Sicht der Dinge, die der Klient mit diesen Konfrontationen erfährt ist sehr heilsam und konstruktiv für das weitere Leben.

Zu vergeben und Vergebung zu finden resultiert aus den Informationen und der erstaunlichen Komplexität, die sich in den Interaktionen während dieser Treffen zwischen Klient, Beteiligten und Lehrer entfaltet. Der Klient kann dann tatsächlich auch den Schmerz und die Verletzung loslassen und den Komplex beenden, der ihn behinderte. Ein Scannen der Energie wird aufzeigen, ob und dass alles beendet wurde.

Die Seele heilen

7

Leben-zwischen-Leben Regression

*Verlasse das Bekannte für eine Weile
und lass Deine Sinne und Deinen Körper sich ausdehnen.
Begrüße Dich selbst in Deinen tausend anderen Formen
während Du mit der verborgenen Strömung nach Hause gelangst.*
Mohammad Hafiz, 14. Jahrhundert, Persien.

Einführung

Während einer Regression in ein Vorleben wird die geistige Welt im *ewigen Jetzt* erlebt. In diesem veränderten Bewusstseinszustand ist es für den Klienten einfach, mit den anderen beteiligten Seelen und ihren Lehrern auf intuitive Art und Weise zu kommunizieren. Die Fallstudien zeigten recht gut, wie durch die interaktive Diskussion Einsichten und Transformationen ermöglicht wird.

Michael Newton hat einen anderen Ansatz verfolgt und seinen Klienten ermöglicht, ihre Seelenerinnerungen zu erfahren. Sein Buch *Die Reisen der Seelen. Karmische Fallstudien*[1] ermöglicht Einblicke in seine Techniken. Seine Bücher und die Arbeit des Michael Newton Institute[2] bilden die Basis für dieses Kapitel. Ich habe seine Methode angepasst und Veränderungen eingeführt, die meiner Meinung nach den Prozess vereinfachen. Die Leben-zwischen-Leben-Regression ermöglicht Menschen zu erfahren,

Die Seele heilen

wie ihre Seele sich auf das jetzige Leben vorbereitete. Sie erfahren multidimensionale spirituelle Aktivitäten, an denen die Seele teilnimmt und erhalten profunde Antworten auf die Fragen „Woher komme ich?" und „Warum bin ich hier?".

Nach dem Tod kehrt die Seelenenergie eines Menschen zurück in die geistige Welt für eine Zeit der Reflexion und um ihre verwandten Seelen zu treffen. Diese verwandten anderen Seelen arbeiten seit vielen Leben in wechselnden Gruppen immer wieder zusammen, um gemeinsam Aufgaben zu lösen und spirituell zu wachsen. Einer der Höhepunkte während der Zeit zwischen den Leben ist das Gespräch mit den Ältesten. Die Ältesten sind Seelen, die einen so hohen Level an Erfahrung und Weisheit erreicht haben, dass sie nicht mehr inkarnieren müssen. Sie bewerten gemeinsam mit der Seele die Fortschritte die gemacht wurden und können dabei alle bereits vergangenen Leben sowie alle bisher erzielten Fortschritte berücksichtigen. Alle wichtigen Aspekte werden dabei diskutiert, bis die Seele versteht, welche Ziele und Werte für ihre Entwicklung wichtig sind. Mit Liebe, Mitgefühl und unter aktiver Beteiligung der Seele werden Ziele unter Berücksichtigung der Erfahrungen aus den Vorleben für die nächste Inkarnation gesetzt. Neue Aufgaben werden gemeinsam erarbeitet, oftmals berichtet die Seele über eine intensive Präsenz, die mit den Älteren gemeinsam erscheint. Für eine genauere Beschreibung wird der Seele jedoch nicht genug Information preisgegeben. Angenommen wird jedoch, dass die Ältesten mit der mächtigen Quelle der universellen Energie verbunden sind und durch sie Unterstützung erhalten.

Vorbereitung

Ein wichtiger Teil der Vorbereitung auf eine spirituelle Regression ist, sicherzustellen, dass tiefe Trancezustände ohne

Probleme erreicht werden können. Etwa 70 Prozent der Bevölkerung sind mäßig rezeptiv und etwa 15 Prozent sprechen nicht auf Hypnose an. Um dies im Vorfeld herauszufinden, versende ich an Interessierte eine Selbst-Hypnose-CD, damit sich potentielle Klienten an meine Stimme gewöhnen können um herauszufinden, wie sie Hypnose empfinden und auf sie reagieren. Je öfter Menschen Trancezustände erreichen, umso tiefer ist das Level der Trance, das sich aufbauen lässt. Mit dieser Methode lässt sich nicht nur sehr gut herausfinden, wie Interessierte auf Hypnose reagieren, Kosten und Enttäuschung können denen erspart werden, die nicht in der Lage sind, in Trance zu gehen.

Für diejenigen, die noch keine Hypnose erlebt haben, kann eine separate Regression in ein Vorleben arrangiert werden, bevor die LBL-Sitzung stattfindet. Nach meiner Erfahrung ist ein solches Vorgehen gerade für sehr analytische Menschen nützlich, damit sie sich an den intuitiven Informationsfluss gewöhnen können, der während einer Hypnosesitzung üblich ist. Dieses Vorgehen ist auch sinnvoll, wenn blockierte Gefühle, die ansonsten interferieren können, vor der LBL-Sitzung beseitigt werden müssen.

Während der Vorbereitungszeit sollte der Klient darüber nachdenken, worüber er Informationen während der Sitzung erhalten möchte. In der Regel möchten die Menschen etwas über den Sinn und die Aufgabe ihres Lebens wissen und wo sie in ihrer karmischen und spirituellen Entwicklung stehen. Manche jedoch möchten einfach eine Reise in ihr Seelenleben unternehmen und die höheren Ebenen des Bewusstseins erfahren. Ich frage immer nach einer Liste mit den Namen der wichtigsten Menschen aus dem jetzigen Leben des Klienten. Zwischen 6-10 Menschen, die einen großen Einfluss im positiven wie im negativen auf den Klienten haben samt einer kurzen Beschreibung in Form von Adjektiven sollten auf dieser Liste stehen. Beispielsweise könnte dort zu lesen sein: Mutter, liebevoll, kontrollierend, unnahbar. Diese Menschen werden während der Regression oft vom Klienten wiedererkannt daher ist es wichtig für den Therapeuten, dass er Anhaltspunkte hat um sich zu orientieren.

Es ist wichtig, dem Klienten mitzuteilen, dass die Sitzung durchaus anders laufen kann, als er es erwartet. Nicht zwei Sitzungen ähneln einander, jede Seele ist einzigartig und ihr Verstand verarbeitet Erinnerungen auf unterschiedliche Art und Weise. Ich rate den Klienten immer, offen für Überraschungen zu sein die das Universum für sie bereit hält, und das Erlebnis so anzunehmen, wie es sich präsentiert. Sobald die unterbewussten Seelenerinnerungen angezapft werden können, zeigt sich immer die Wahrheit, und das ist für den Klienten das überzeugendste Argument.

Ich erkläre immer, was vor und während einer Hypnose geschieht, z.b. dass zunächst Entspannungs- und Visualisierungsübungen stattfinden, die dann schrittweise in eine Trance führen. Wenn die Klienten bereits Hypnosesitzungen hatten, so frage ich nach ihrer bevorzugten Art und Weise die Hypnose zu beginnen. Das Gefühl die Kontrolle zu behalten ist durchaus hilfreich für den Ablauf der Sitzung und hilft auch beim Vertiefen des Trancezustandes.

Da eine LBL-Sitzung etwa vier Stunden dauert, ist es erforderlich, dem Klienten eine gute Liege- oder Sitzposition anbieten zu können. Während tiefer Trance ist eine Veränderung der Körperhaltung nicht möglich, so dass vorher sichergestellt werden sollte, dass der Klient bequem liegt; zusätzlich sollte eine Decke bereit gehalten werden da sich die Blutzirkulation unter Hypnose verlangsamt und dem Klienten kalt werden könnte.

Auch nach der Sitzung sollte genügend Zeit vorhanden sein, dass der Klient stressfrei über die Sitzung nachdenken kann und die wichtigsten Ergebnisse besprochen werden können. Die Sitzung ist auch für den Therapeuten sehr anstrengend, da man während dessen intuitiv mit dem Klienten und mit verschiedenen Helfern, die sich präsentieren können, verbunden ist. Um einen Burnout des Therapeuten zu verhindern, rate ich dazu, nicht mehr als eine LBL-Sitzung pro Tag zu planen. Ich fühle mich nach solchen Sitzungen immer sehr angestrengt und verbringe anschließend Zeit im Garten oder mache einen Spaziergang um mich wieder zu erden.

Die Sitzungen sollten aufgezeichnet werden, da viele Klienten diese Aufzeichnungen wieder und wieder anhören und jedes Mal neue Informationen aus der Rekapitulation ziehen. Ich halte es für wichtig klar zu stellen, dass Partner oder Freunde während der Sitzung nicht anwesend sein sollten, da sie zum Einen Teil eines karmischen Musters sein können, das sich präsentiert, und zum Anderen möglicherweise Informationen erhalten werden, die in der unmittelbaren Form die Anwesenden unnötig belasten könnten. Kontraindikationen sind immer vorab zu prüfen, so zum Beispiel Medikamenteneinnahme, Drogen oder emotionale Überbelastungen. Eine LBL-Sitzung beabsichtigt nicht, Komplexe zu erkennen und zu beseitigen. Dies wird mittels der klassischen Regressions-Therapie erreicht.

DIE HYPNOSE VERTIEFEN

Für eine Leben-zwischen-Leben Regression ist ein sehr tiefer Hypnosezustand erforderlich. Ein Beispiel für eine Induktion findet sich in Anhang III. Es dauert bis zu 45 Minuten um die Trancetiefe zu erreichen, die benötigt wird um Seelen-Erinnerungen abrufen zu können. Das Testen der Trancetiefe ist nicht immer genau. Es gibt Skalen, wie zum Beispiel *LeCron-Bordeaux* und *Arons* die durchaus nützlich sind, aber sie sind nicht in jedem Fall anwendbar. Während einer tiefen Trance verlangsamt sich die Blutzirkulation, was sich in einer

Veränderung wie z.B. Blässe zeigen kann. Die Atmung wird flach und die Körperbewegungen werden spärlich. Es kann recht lang dauern, bis eine Antwort gegeben wird, die Ideomotor-Signale können ruckartig oder sehr diskret ausfallen. Der Mund öffnet sich und die Gesichtsmuskulatur entspannt sich. Der Schluckreflex ist verstärkt, daher wird vermehrt geschluckt.

Ich bevorzuge die Ideomotor-Fingersignale zum Überprüfen der Trancetiefe. Während tiefer Trance werden Kommandos sehr wörtlich genommen, daher wird ein Finger so lange nach oben gehen, bis die Bewegung bestätigt worden ist:

„**Stell Dir eine Skala vor ... 10 bedeutet, dass Du ganz wach bist ... und 1 bedeutet, dass Du so tief entspannt bist, wie es irgendwie möglich ist ... wenn ich jetzt von 10 bis 1 zähle ... wird sich Dein Ja-Finger heben, um mir die Tiefe Deiner Trance anzuzeigen ... 10 ... 9 ... 8 ... 7 ... usw.**"

(Wenn sich der Finger hebt) „**sehr gut**"

Abhängig von der Rückmeldung müssen weitere Vertiefungs-Techniken wie Treppen oder ähnliche Techniken angewandt werden. Manchmal kommt es vor, dass der Klient keinen tiefen Trancezustand erreichen kann, dann ist es sinnvoll ihn aus der Hypnose zu holen und herauszufinden, was die Ursache für das Nichtansprechen war. Es können andere Induktionen versucht werden, um erfolgreich sein zu können. Wenn auf Ideomotor-Signale nicht reagiert wird, kann das auch daran liegen, dass die Trance so tief ist, dass die Bewegungen nur sehr schwach sind.

Michael Newtons Beitrag zur Vertiefung einer Trance ist seine Art der Alters-Regression. Es ist eine Variation der Treppen-Methode, bei der der Klient aufgefordert wird eine Treppe in seine Kindheit hinunter zu steigen, wobei jede der Stufen die Trance vertieft. Anhand der Stimme des Klienten und auf Grund der Erinnerungen, die wiedererlangt werden, kann beurteilt werden, ob die Induktion erfolgreich ist. Weitere Faktoren, die immer berücksichtigt werden sollten sind, dass der Klient sehr langsam antwortet, eine leise Stimme hat und die Fragen des Therapeuten sehr wörtlich genommen werden. Die Qualität der Antworten entspricht dem Wissenstand und Alter des damaligen Kindes. Oftmals werden Dinge erinnert, die dem bewussten Denken nicht mehr zugänglich waren. Es sollten nur neutrale oder angenehme Erinnerungen abgefragt werden. Falls Probleme bekannt sind, die in einem bestimmten Alter auftraten, sollte dieser Zeitraum vermieden werden.

Der tiefste Trancezustand sollte gemeinsam mit einer Phrase verankert werden, damit zu einem späteren Zeitpunkt, wenn eine erneute Vertiefung erforderlich wird, rasch auf diesen Zustand zurückgegriffen werden kann. Statt einer Phrase kann der Anker ein besonderer Platz, ein Schnippen mit den Fingern oder eine Berührung an der Stirn oder dem Oberarm sein. Während des Sprechens können die Klienten aus der Trance herausgleiten und dann kann der Anker sehr wirkungsvoll eingesetzt werden. Fokussierungsanleitungen sollten immer wieder in den Dialog eingebaut werden. Hilfreich ist ebenfalls, den Klienten für kurze Zeit seine innere Welt erleben zu lassen ohne zu sprechen:

„Sei Dir aller Einzelheiten bewusst, die Du gerade erlebst. Wenn ich wieder zu Dir spreche, wirst Du alles berichten können, was Du jetzt gerade wahrnimmst."

Der Anker und die Visualisierungen können jederzeit wiederholt werden während der Klient ein Vorleben erlebt oder auf einer höheren Ebene kommuniziert. Wenn man jedoch von vorne herein genug Zeit investiert um die Trance zu vertiefen, wird dies selten nötig sein.

Ein tiefer Trance-Level beschützt den Klienten auch vor unangenehmen Erinnerungen in Vorleben, bevor die spirituelle Ebene nach dem Tod im Vorleben erfahren wird. Falls erforderlich, kann es sehr hilfreich sein, den Klienten vor solchen Erfahrungen zu schützen, indem wir ihn Folgendes visualisieren lassen:

„Ich möchte, dass Du ein machtvolles goldenes Schild aus Lichtenergie um Dich herum visualisierst. Dieses Schild umgibt Dich vom Kopf bis zu den Zehen, es verleiht Dir Kraft und Licht. Keine Deiner negativen Erinnerungen wird die Kraft haben zu Dir durchzudringen und Du bist völlig durch Dein Schild aus Energie geschützt."

Um die praktische Seite nicht außer Acht zu lassen, sei noch erwähnt, dass einige Klienten während der Sitzung auf die Toilette gehen müssen. Dieses Bedürfnis kann auch in tiefster Trance gespürt und ausgesprochen werden. In diesem Fall bringen wir den Klienten nicht völlig aus der Trance zurück, sondern etablieren einen leichten Trance-Level. Dies ermöglicht ihm, mit Unterstützung zur Toilette zu gehen und dort selbständig zu agieren:

„Ich werde nun die Trance etwas aufheben, gerade genug, dass es gut möglich sein wird, auf die Toilette zu gehen. Ich werde Dich begleiten und anschließend wirst Du Dich wieder hinlegen und sofort wieder in eine tiefe Trance gehen, und problemlos weiter Seelenerinnerungen erfahren. Wenn ich von eins bis drei zähle, wirst Du langsam so weit aus der Trance erwachen, dass Du problemlos auf die Toilette gehen kannst."

Mit dieser Vorbereitung ist es immer problemlos möglich, den Klient nach seiner Rückkehr genau zu dem Zeitpunkt zu führen, an dem die Sitzung unterbrochen wurde.

IN DIE GEISTIGE WELT EINTRETEN

Der Zugang zur geistigen Welt während einer Leben-zwischen-Leben Rückführung erfolgt durch den Tod des Klienten im Vorleben. Die Rückführung von Oscar ist ein gutes Beispiel. Er wurde in ein Vorleben zurückgeführt, in dem er ein großer, starker Hufschmied war, der eine Rüstung trug. Er kämpfte gemeinsam mit anderen Dorfbewohnern gegen eine Bande eindringender Römer, wurde schließlich überwältigt und, seine Hände auf den Rücken gebunden, in eine Waldlichtung gebracht. Er sah einen seiner Mitkämpfer, der mit auf den Rücken gefesselten Händen auf dem Boden kniete und den Kopf gesenkt hielt. Er sah, wie diesem der Kopf abgeschlagen, und der Körper auf einen Scheiterhaufen geworfen wurde. Als er an der Reihe war, vermied er es eisern, den Henker anzusehen und wurde auf dieselbe Weise hingerichtet.

Ich höre nur das sausende Geräusch der Klinge [Pause].
Ich höre nichts mehr. Ich kann auch nichts sehen.
Stell fest, ob Dein Herz aufgehört hat, zu schlagen. Bleibst Du bei Deinem Körper oder bewegst Du Dich weg davon?
Ich bleibe. Ah, jetzt sehe ich das ganze Schlachtfeld, Pferde und Leute und eine lange Reihe von Gefangenen, die darauf warten, ihrem Ende zugeführt zu werden.
Willst Du noch weiter auf dem Schlachtfeld bleiben oder kannst Du jetzt weiter ziehen?
Hier ist nichts mehr, was mich hält.

Die Seele heilen

Nimmst Du irgendwelche Gefühle oder Empfindungen mit Dir?
Ich fühle es immer noch, es ist so eine Verschwendung, besiegt worden zu sein. Ich hätte noch in so vielen Schlachten kämpfen können. Es ist so ungerecht.
Bleibst Du oder ziehst Du weiter?
Ich entferne mich.
Zieht Dich etwas, oder entfernst Du Dich selbst davon?
[Pause]. Beides.
In welche Richtung blickst Du? Zurück auf die Erde oder nach vorne?
Ich schwebe durch Wolken hindurch. Sehr schnell.
Sag mir was Du siehst?
Ein riesiges helles Licht. Es ist überall um mich herum. Es ist weißes und gelbes Licht.
Erkennst Du dieses Licht?
Nein. [Pause]. Ich glaube, ich bin zu Hause.
Was passiert als nächstes?
[lange Pause]. Jemand kommt auf mich zu.
Schau Dir die Gestalt an und beschreibe sie mir. Ist sie in Energieform oder in Menschengestalt?
Schwer zu sagen. Es ist eine golden-gelb-weiße Erscheinung. Sie hat eine Art Arme und Beine, aber undefiniert, flirrend und sie ist gekommen, um mich zu begrüßen. Sie ist nicht ganz so hell wie das umgebende Licht.
Erkennst Du die Erscheinung, die Dich in Empfang nimmt wieder?
Sie verwandelt sich in eine Frau. [überraschte Stimme]. Es ist meine geistige Lehrerin.
Wie heißt Deine Lehrerin?
Ihr Name fängt mit einem Z...Z.
Versuch ihn auszusprechen?

Zenestra.
Wie fühlte sich die Energie an die Du spürtest, vor Zenestra erschien?
Das war nur helles Licht. Zenestra hat mich gerade umarmt, sie schaut mich erleichtert und liebevoll an.
Besprecht ihr dieses Leben?
Noch nicht, aber die Gefühle von Vergeudung und Sinnlosigkeit sind weg. Ich fühle mich wieder normal.
Hast Du heilende Energie erhalten?
Ja.

Dieser Teil von Oscars Rückführung folgte seinem Vorleben als Hufschmied und seinem Tod, der als Übergang in die geistige Welt diente. Der übliche Eintritt in eine Rückführung in ein Zwischenleben ist durch den Tod des Klienten in seiner *vorhergehenden* Inkarnation. Gelegentlich wird aber ein anderes Vorleben gewählt, das als bedeutsamer empfunden wird. Im Fall von Oscar war dies das Leben während der Besatzung durch Rom. Im Allgemeinen sollte versucht werden den Klient zügig durch das Vorleben zu steuern und an den Todeszeitpunkt zu gelangen da das Vorleben in der geistigen Welt üblicherweise mit dem geistigen Lehrer gründlich besprochen wird. Dadurch verbleibt auch mehr Zeit, um sich mit den Seelenerinnerungen der geistigen Welt zu befassen. Sollte eine spontane Katharsis während des Todes im Vorleben erfolgen kann der Klient schnell durch die Todesszene geführt werden um den Eintritt in die geistige Welt nicht zu unterbrechen.

Einige Klienten erinnern sich, auf die Erde zurückgeblickt zu haben, während die Anderen nach vorne schauten. Oscar beobachtete das Schlachtfeld und nahm die Emotionen und das Gefühl, dass ihm Unrecht getan worden war mit sich. Einige Klienten haben Erinnerungen daran, dass sie Schwierigkeiten hatten, wieder im Seelenzustand zu sein oder waren durch einen unerwarteten Tod verwirrt. Deshalb eignen sich zielgerichtete Fragen besser, um sie zügig durch diesen schwierigen Teil ihrer Reise zu leiten:

Geh zu dem Augenblick, an dem Du Deinen Körper verlässt. Fühlst Du, dass Dich etwas anzieht, oder gehst Du aus eigenem Antrieb?

Schaust Du auf die Erde hinunter oder schaust Du nach vorne?

Nachdem sie in der geistigen Welt heilende Energie empfangen haben, werden die Seelenerinnerungen klarer und es ist möglich, offene Fragen zu stellen. Es kann zu Verzögerungen bei der Beantwortung kommen, deshalb ist es am besten geduldig zu warten bis die Antwort kommt bevor die nächste Frage gestellt wird.

Alle Klienten berichten zu einem bestimmten Zeitpunkt, Lichter zu sehen. Das sind die Seelen, die sie willkommen heißen, um ihnen beim Übergang in die geistige Welt zu helfen. Zu diesem Zeitpunkt ist es nicht nötig Details zu erfragen. Der geistige Lehrer des Klienten ist üblicherweise ein größeres einzelnes Lichtwesen:

Du kommst jetzt näher, siehst Du ein einzelnes Licht oder mehrere Lichter in der Ferne?

Kommt eines der Lichter auf Dich zu oder schwebst Du in ihre Richtung?

Wenn die Seele einen traumatischen Tod im Vorleben durchlitt berichten Klienten davon, dass sie sich an einen Ort zur Energieheilung begeben. Manchmal erzählen sie, dass sie sich in eine kristalline Kapsel begeben, um ihre Energien in Balance bringen zu lassen. Oscar nahm nur kurz wahr, dass ihn Heilungsenergie umgab, die bewirkte, dass seine negativen Gedanken und Gefühle über das Vorleben verschwanden. Dieser Vorgang erneuert die Energie und bewirkt eine Reduzierung der dichten niedrigen negativen Energie, vor die Seele andere Seelen in der geistigen Welt wiedersieht. Die traumatischen Erinnerungen gehen nicht verloren, ihnen wird nur die dichte niedrige Energie entzogen. Durch den Heilungsprozess erhält die Seele erhöhte Energievibrationen, so dass ihre Schwingung der ihrer Mitseelen entspricht:

Beschreibe den Ort, der Dich anzieht?

Wird Dir Energie zugeführt oder entzogen?

Diese Heilungsenergie zu erfahren hat eine tiefgreifende Wirkung auf das Bewusstsein und in manchen Fällen kann es einige Minuten dauern, bis berichtet wird, dass die Energieübertragung abgeschlossen ist. Manche Therapeuten führen ihren Klienten zu dem Zeitpunkt, an dem die Übertragung abgeschlossen ist, damit dieser mit seiner Geschichte fortfahren kann. Ich ziehe es vor, den Klient dieses Erlebnis vollständig auskosten zu lassen. Häufig berichten sie davon, dass sich die Farbe ihrer Seelenenergie verändert, oder dass sie von mehreren Geistwesen umgeben sind, die sie mit unterschiedlich farbiger Heilungsenergie umgeben. Manchmal fühlte ich mich intuitiv dazu hinzugezogen, meine Hände um das Energiefeld des Klienten zu legen und Heilungsenergie zu kanalisieren. Dies erlaubt dem Klient, die Erfahrung unmittelbar physisch zu erfahren und vertieft seine Trance, vor die Sitzung weitergeführt wird:

Die Seele heilen

Welche Farbe hat Dein Energiefeld und hat es sich verändert, seit Du eingetroffen bist?

Wenn die erforderliche Tiefe der Trance vorher erreicht wurde, ist es im Allgemeinen sehr unkompliziert diesen Abschnitt der Sitzung zu erreichen. Falls der Klient angibt, nur Dunkelheit wahrzunehmen, kann ihn der Therapeut anleiten sich vorzustellen, eine unsichtbare Hand würde ihn zu einer wundervollen spirituellen Welt leiten. Wahlweise kann man den Klient bitten, sich an den Ort zu begeben, an dem sein geistiger Lehrer sich aufhält und damit den Eintritt in die geistige Welt umgehen. Falls der Klient berichtet, dass er sich an nichts weiter nach seinem Tod im Vorleben erinnern kann könnte dies darauf hindeuten, dass die erforderliche Trancetiefe noch nicht erreicht wurde. Es kann vorkommen, dass der Geistführer den Zugang zu weiteren Erinnerungen der Seele blockiert. Das bedeutet im Allgemeinen, dass die fragende Person noch nicht an dem Punkt in ihrem Leben angelangt ist an dem die Information zugänglich gemacht werden kann. Möglicherweise ist der Klient gerade dabei, eine wichtige Entscheidung in seinem derzeitigen Leben zu treffen. Falls der Geistführer davon ausgeht, dass durch die gegebene Information der freie Wille beeinflusst werden könnte, wird die Aufhebung der Amnesie blockiert. In solchen Fällen führt man den Klient aus der Trance heraus und bespricht mit ihm die Informationen, die er erhalten hat. Es ist wichtig ihnen klar zu machen, dass dies kein Versagen ihrerseits darstellt, sondern aus guten Gründen geschehen ist. Sollte vor der Sitzung mit dem Klient besprochen worden sein, dass in so einem Fall das Vorleben genauer erforscht und eventuell umgewandelt werden soll, kann dies geschehen.

Leben zwischen Leben Regression

Besprechung eines Vorlebens mit dem Geistführer

Der Rückblick auf ein vergangenes Leben erfolgt im Allgemeinen kurz nachdem die heilende Energie aufgenommen wurde entweder alleine oder mit anderen Lichtwesen, üblicherweise mit dem geistigen Lehrer. Das folgende Beispiel von Heather beschreibt die Bewertung ihres Vorlebens mit ihrem geistigen Lehrer. Sie wurde in ein Leben als Lehrerin in Viktorianischer Zeit zurückgeführt, in dem sie im Alter von fünfzig Jahren begann, als Gouvernante für eine reiche Familie zu arbeiten. Sie unterrichtete die große Zahl von Kindern der Familie, und starb friedlich und glücklich, da sie, die vorher immer alleine gewesen war, eine liebende Familie gefunden hatte. Während sich alle Familienmitglieder um ihr Bett versammelten, versagte ihre Atmung und sie starb friedlich:

Ich schwebe nach oben.
Schaust Du nach oben oder hinunter?
Ich schaue nach unten. Ich sehe Mary und Charles und den Arzt, die sich um mich kümmern während ich immer höher steige. Ich glaube, sie weinen.
Kannst Du sie verlassen und Deine Reise weiterführen?
Ja.
Siehst Du Lichter in der Ferne?
Vor mir scheint es heller zu sein, sehr hell.
Schwebst Du in diese Richtung?
Ja.
Sag mir was passiert, als Du zu dem Licht kommst?
 [lange Pause]
Ich fühle mich von dem Licht umgeben.
Wie fühlt sich das an?

Die Seele heilen

Ich fühle mich.... sehr sicher [lange Pause] Ich fühle eine Präsenz. Ich kann es nicht in Worte fassen.

Erkennst Du die Präsenz, ist es ein Verwandter, Führer oder Lehrer?

Ich fühle nur eine Anwesenheit ich kann es nicht beschreiben.

Weißt Du, wer diese Präsenz ist?

Ich glaube, es ist ein Führer.

Was passiert jetzt?

Ich habe den Eindruck, dass wir unterwegs sind. Wir schweben weiter.

Was passiert als nächstes?

Ich befinde mich in einem Tunnel und schwebe hinterher. Es geht mir wunderbar gut. Ich werde mitgenommen. Jetzt bin ich da und es ist unglaublich voll. So viele Energiegestalten, die in Gruppen versammelt sind.

Wie viele verschiedene Gruppen siehst Du?

Mehr als zwanzig, dieser Ort ist riesig.

Wie viele dieser Energieformen siehst Du?

Mir kommt 693 in den Sinn. [Pause] Jetzt bin ich in einem kleineren Raum mit meinem geistigen Führer.

Ist noch jemand dabei?

Nein.

Ist Dein Führer in Energie oder in menschlicher Gestalt?

In Energiegestalt.

Welche Farbe hat diese Energie?

Verschiedene gelb und gelb-rote Töne.

Befinden sich Gegenstände in diesem Raum?

Ein Schreibtisch. Ich sitze an einem Schreibtisch und er steht. Nein, jetzt hat er sich hingesetzt, oder er ist irgendwie tiefer.

Wird er Dein vergangenes Leben mit Dir besprechen?

Ja, das ist was wir gerade machen.

An welchem Punkt des Vorlebens fangt ihr an?
Mit meinem Tod. Wir sehen es gemeinsam, auf telepathische Weise.
Was passiert als nächstes?
Wir machen an verschiedenen Stellen Pausen.
Was besprecht ihr?
Als ich mein Zuhause verließ. Meine Eltern starben und ich lief davon und er sagt, ich hätte nicht weglaufen müssen. Es wäre in Ordnung gewesen zu bleiben.
Verstehst Du, was gemeint ist oder brauchst Du weitere Informationen?
Ich verstehe es. Ich war sehr jung und lief davon, weil mir niemand geblieben war. Ich glaube, mein geistiger Führer ist zufrieden, wie ich mein Leben lebte. Er schätzte, wie ich sprach. Er sagt ich hätte liebevoll gesprochen und das war gut für mich.
Worum ging es bei dem Weglaufen?
[Pause] *Der Tod meiner Eltern war ein Unfall, an dem ich keine Schuld hatte. Ich lief davon, weil ich nicht wollte, dass andere denken könnten, dass ich Schuld hatte. Er weiß das. Ich entschied, mein Leben der Unterstützung anderer zu widmen.*
Frag Deinen Führer, welche Ereignisse geplant waren, als Deine Eltern starben?
Ich sollte lernen, auf meinen eigenen Füssen zu stehen. Ich sollte Unabhängigkeit lernen.
Es war also nicht entscheidend, ob Du geblieben wärst oder nicht?
Nein. Ich habe die Aufgabe ja gemeistert. Ich hatte ein schönes Leben und ich habe viel gelernt, war unabhängig, aber ich brauchte diese Familie dazu.
Geschieht sonst noch etwas bei diesem Treffen mit Deinem Führer?

Die Seele heilen

Wenn ich bei ihm bin, fühle ich mich so wohl.

Klienten einer Leben-zwischen-Leben Rückführung berichten, dass die Seele unsterblich ist und eine schwingende, wirbelnde Energie in unterschiedlichen Farben aufweist: junge Seelen weisen graue Schattierungen auf, je nach Erfahrungsgrad variieren die Farben von Gelb, Orange, Grün bis zu Violett, das die am höchsten entwickelten Seelen zeigen. Die Seelen zeigen sich in menschlicher oder halbmenschlicher Gestalt, indem sie die Energie mit ihren Gedanken formen. Gleichermaßen kann die Umgebung entweder in Energieform, oder in einer dem menschlichen Auge angenehmen Form, wie z.b. einem Garten oder einem Tempel dargestellt werden. In Heathers Rückblick mit ihrem geistigen Führer war das der Tisch, an dem sie saßen.

Jede geistige Rückführung wird sich von allen anderen bis zu einem gewissen Grad unterscheiden. Sie zu erkunden weist Übereinstimmung mit dem Ablauf einer Rückführung in ein Vorleben auf, da es im Allgemeinen am besten ist, die Erinnerungen der Seele in chronologischer Abfolge vom Tod in einem Leben bis zur Geburt im nächsten Leben erinnern zu lassen:

Was geschieht dann?

Gibt es noch andere wichtige Ereignisse, die hier geschehen werden, oder können wir weiter gehen?

Obwohl diverse Vorschläge für Fragen in diesem Buch angeboten werden, ist es normalerweise so, dass weitere Fragen auf den Bericht des Klienten eingehen werden. Genaues Zuhören ist erforderlich. Wenn also der Klient berichtet, dass er Energieformen wahrnimmt, wäre „Beschreibe diese Energieformen" oder "erkennst du diese Energiegestalten?"

günstiger als „Wer sind diese Helfer?" Es sollten also am besten offene Fragen klar formuliert werden. Das Bemerkenswerte an Seelenerinnerungen ist der hohe Grad an visuellen Inhalten. Ein Beispiel, das dies schön verdeutlicht ist ein Klient, der im gegenwärtigen Leben farbenblind ist und daher die Farbe Violett nicht von Blau unterscheiden kann, ebenso nicht die Farbe Braun von Rot. In seinen Seelenerinnerungen überraschte es ihn daher sehr, dass er all diese Farben sehen und voneinander unterscheiden konnte. Häufig erleben Klienten sehr viel mehr, als sie berichten können, deshalb ist es am sinnvollsten, ihnen viel Zeit für die Beantwortung einer Frage zuzugestehen.

Heather wurde von ihrem geistigen Führer begrüßt und zu einem Sammelplatz mit vielen anderen Seelen gebracht, vor sie die Besprechung ihres Lebens durchführten. Einige Seelen gehen direkt in ihre Rückschau, während die schon fortgeschrittenen Seelen diesen Teil oft überspringen, und das vergangene Leben in einem Lebensbuch in der Bibliothek bewerten. Dies wird meist alleine erledigt, der Rückblick mit dem geistigen Führer wird später nachgeholt. Obwohl Heathers vergangenes Leben friedlich und erfolgreich gewesen war, wurde die Rückschau gleich durchgeführt, da sie die Basis vieler Aktivitäten der Seelen bildet, bevor sie ihre nächste Inkarnation in Angriff nehmen.

Für Klienten, die zuvor noch nie mit ihrem geistigen Führer in Verbindung standen, wird diese Erfahrung zu einem unvergesslichen Erlebnis:

Weißt Du, wer Dich begrüßt hat?

Wie Heather sagte, war es eine tiefgreifende Erfahrung, für die sie keine Worte fand. Diese Geistwesen, die auch Lehrer genannt werden, haben eine sehr enge Verbindung mit der Seele des Klienten. Sie kennen die für dieses Leben geplanten Aufgaben und bieten intuitive Hilfe und Anleitung während der physischen

Inkarnation. Manchmal zeigen sie sich in menschlicher Gestalt damit es für die heimkommende Seele so angenehm wie möglich ist:

Zeigt sich dein geistiger Lehrer in physischer oder in Energieform?

Beschreibe das Gesicht oder die Energieform so genau es geht.

Die spirituellen Namen sind unveränderbar und haben eine besondere Bedeutung. Der Name von Oscars geistiger Führerin ist Zenestra, ein Name, den er zuerst kaum aussprechen konnte. Das ist relativ häufig, deshalb ist es nötig, ermutigend zu reagieren.

Üblicherweise wird der Rückblick auf das vergangene Leben gemeinsam mit dem geistigen Führer absolviert. Es wird telepathisch kommuniziert, obwohl manche Seelen berichten, dass es dem Betrachten eines Videos oder Films gleicht. In manchen Fällen empfinden es die Seelen, als ob sie tatsächlich zurück in dem vergangenen Leben wären, was es ihnen möglich machte, sich die Gefühle erneut genau in Erinnerung zu bringen. Die Rückschau auf das vergangene Leben bietet die Gelegenheit, dem Klienten karmische Lektionen bewusst zu machen:

Bespricht Dein geistiger Lehrer Dein vergangenes Leben mit Dir?

Konntest Du Deine Ziele erreichen?

Welche Schwierigkeiten hattest Du?

Leben zwischen Leben Regression

Es kann vorkommen, dass der Klient während der geistigen Begegnung mit seinem Geistführer aufhört zu sprechen, und sich ganz in dieser profunden Erfahrung verliert. Damit dieser bedeutsame Teil der Sitzung aufgezeichnet werden kann, sollten die Klienten ermutigt werden, über ihre Eindrücke zu sprechen.

In Fällen, in denen der Grad der Trance nicht tief genug ist, kann es vorkommen, dass die derzeitige Persönlichkeit des Klienten versucht, die Fragen zu beantworten. Dies hat zur Folge, dass berichtet wird, man sähe Christus oder einen Engel vor sich. Lichtwesen können sich in vielen unterschiedlichen Formen präsentieren, im Allgemeinen interpretieren die Klienten diese spirituelle Erfahrung auf der Basis ihres religiösen Wertesystems. Es ist von größter Bedeutung, die Weltanschauung einer Person zu respektieren, deshalb sollten sie ermutigt werden, sich Zeit zu nehmen, die Szene genau zu betrachten und zu beschreiben, um kein vorschnelles Urteil zu fällen.

Falls es erforderlich sein sollte, die Trance zu diesem Zeitpunkt zu vertiefen, kann der Therapeut über den Klient eine, von allen Zeiteinflüssen unabhängige, Diskussion mit dem geistigen Führer beginnen:

Ich werde Deinen Geistführer bitten, unmittelbar mit mir zu kommunizieren.

Wenn der Klient als Übermittler der Informationen seines Geistführers eingesetzt wird, löst er sich von seinem Bewusstsein. Eine weitere Möglichkeit ist es, nach dem Seelennamen des Klienten zu fragen und anschließend einige der Fragen direkt an diesen zu richten. Dies vertieft die Erfahrung und trennt den Klienten etwas mehr von seinem Bewusstsein.

Die Seele heilen

Seelengruppen treffen

Nach der Besprechung des Vorlebens traf Heather im Verlauf ihrer LBL-Sitzung mit ihrer Seelengruppe zusammen. Die Seelengruppe sind die Seelen, mit denen sie in vielen Inkarnationen zusammenarbeitete, und sie erkannte einige von ihnen wieder, die in ihrem derzeitigen Leben eine Rolle spielen, wenn auch unter anderen Namen:

Wohin gehst Du als nächstes?
Ich bin mit meiner Gruppe zusammen.
Meiner Gruppe?
Meine Mutter ist dabei. Es ist so schön, sie wiederzusehen.
Zeigen sie sich in Menschengestalt?
Nein. Ich weiß einfach, wer sie sind.
Beschreib mir ihre Farben?
Sie sind blass gelb, einige sind rosa-gelb.
Wie viele sind es?
Ich glaube 20 ungefähr, aber es sind noch einige andere in der Nähe.
Bleib bei dieser Gruppe. Wen kannst Du erkennen?
Greg [Sohn in diesem Leben]. *Jetzt geben sie sich zu erkennen. John ist da* [Freund]. *Mein Vater. Grant* [Ex-Ehemann]. *Meine Eltern. Meine Schwiegereltern. Bob* [erster Freund] *und Stuart* [anderer Sohn].
Was ist mit Janet? Lesa? Carla? [weitere Personen auf ihrer Liste mit Bezugspersonen]
Ja. Es ist schön, Carla zu sehen.
Welche Energiefarben zeigst Du?
Ich bin rosafarben.
Ist sie ähnlich oder unterschiedlich zu den Farben Deiner Gruppe?
Ähnlich.

Leben zwischen Leben Regression

Wie viele Leben hast Du mit dieser Gruppe schon verbracht?
Viele, mir kommt 46 in den Sinn.
Welches Lernziel teilt ihr?
Frieden.
Hatte das vergangene Leben, das Du gerade erfahren hast, mit Frieden zu tun?
.Ja, die Unabhängigkeit brachte mir tiefen Frieden. Ich war friedlich.
Waren einige Deiner Seelengefährten mit Dir in diesem Vorleben?
Bob war Charles. Meine Mutter war Mary.
Passiert etwas Bedeutsames mit Deiner Seelengruppe, vor Du sie wieder verlässt?
Nein.
Arbeitest Du noch mit anderen Seelengruppen?
Ja. Sie sind alle gelb, farbenmassig etwas unterschiedlich zu unserer Gruppe.
Geh dorthin. Wen aus dieser Gruppe erkennst Du?
Ian [Ehemann]. *Ruby* [neue Ehefrau des Ex-Mannes].
Welche Ziele hat diese Seelengruppe?
Sie sind Herausforderungen.
Finde Ruby. Was sagst Du zu ihr?
[lächelt] *Sie hat ihre Aufgabe gut gemacht.*
Habt ihr nur in diesem Leben mit ihr zusammen gearbeitet?
Sie ist schon eine ganze Weile dabei.
Welche Herausforderungen hat sie Dir in diesem Leben gestellt?
Sie erinnert mich?
Woran erinnert sie Dich?
Sie arbeitet daran, mich in gewisser Weise zu balancieren.
Wie ist es, ihr in Seelenform zu begegnen?

Sie ist mein Gegensatz. Es ist fast als ob wir miteinander lachen. Sie macht ihre Sache gut.

Frag nach, ob das etwas ist, worum Du sie gebeten hast?

Ja. Als ich Grant verließ, nahm ich ihm seine Kinder weg und sie nahm mir meine Kinder Stuart und Greg weg. Sie arbeitet viel mit Greg. [klingt überrascht]. *Es war Gregs Idee.*

Wenn im Verlauf einer Rückführung ein Treffen mit der Seelengruppe stattfindet berichtet der Klient sehr häufig, sich einer Gruppe von Lichtern zu nähern. Für viele Klienten ist dies eine tiefgreifende Erfahrung und sie sprechen davon, wieder „zu Hause" zu sein.

Seelen zeigen unterschiedliche, wechselnde Energiefarben, die als permanent in Bewegung beschrieben werden. Wenn der Klient aufgefordert wird, den Kern der Energieform genauer anzusehen, kann er die Energiefarben besser erkennen.

Manchmal kann es sogar erforderlich sein, um eine Verlangsamung der Bewegung der Energie zu bitten, damit die unterschiedlichen Farben identifiziert werden können. Da die Farben die Erfahrungen und den Entwicklungsstand der Seele repräsentieren, kann dies nützlich sein. Das Wissen um diese Farben hilft herauszufinden, welche Eigenschaften die Seelengruppe aufweist, die der Klient getroffen hat. Seelen mit ähnlichen Farben gehören zur *primären Seelengruppe* des Klienten. Üblicherweise haben die Seelen innerhalb dieser Gruppe viele Lebenszyklen miteinander verbracht und das Wiedersehen ist sehr innig. Da die Entwicklung der Seele nicht bei allen Mitgliedern einer Gruppe gleich verläuft, können sich die Farben unterscheiden. Die sich schneller entwickelnden Mitglieder einer Gruppe verbringen immer weniger Zeit mit ihrer ursprünglichen, und mehr Zeit mit anderen Seelengruppen. Wenn sie gemeinsam mit ihrer primären Gruppe erscheinen, können sie dunkler als diese wirken oder ihre Farben weisen möglicherweise unterschiedliche Schattierungen auf:

Konzentriere Dich auf jeden Einzelnen und beschreibe ihre Farben?

Gleicht sie Deiner Farbe?

Was fühlst Du, als Du Dich ihnen anschließt?

Manchmal schließen sich Seelen verschiedener Gruppen zusammen um gemeinsam bestimmte karmische Aufgaben zu bearbeiten. Die Mitglieder dieser Gruppen weisen unterschiedliche Seelenenergiefarben auf. In Heathers Fall nannte sie diese zweite Gruppe ihre Herausforderer-Gruppe. Die Liste der Personen, besonders die derjenigen, mit denen der Klient negative Erfahrungen in diesem Leben gemacht hat, ist sehr hilfreich, da viele dieser Seelen bei diesen Begegnungen wiedererkannt werden. Heather erkannte Ruby, mit der sie in diesem Leben wiederholt in Auseinandersetzungen gerät. Sie erhielt neue Einsichten, als sie sich daran erinnerte, dass es ihr Sohn Greg gewesen war, dessen Idee – mit ihrer Zustimmung als Seele - zu den Konfliktsituationen in ihrem Leben geführt hatte. Die Entdeckung, dass Schlüsselereignisse in unserem Leben vorgeplant sind, hat enorme Auswirkungen auf unser Bewusstsein:

Konzentriere Dich nacheinander auf die Mitglieder Deine Seelengruppe und sag mir die Namen derjenigen, die Du in Deinem gegenwärtigen Leben wieder erkennst.

Die Seele heilen

BESUCH BEIM ÄLTESTENRAT

Wir nehmen Oskars Leben-zwischen-Leben Rückführung seines Lebens als Hufschmied, der von den römischen Truppen getötet wurde an dem Punkt wieder auf, als er mit seiner Geistführerin Zenestra seinen Ältestenrat besucht:

Geh zu dem Treffen mit den Lichtwesen, die Dein gegenwärtiges Leben geplant haben.
Ich stehe vor einem Tisch in Bogenform.
Schau Dich im Zimmer um und sage mir, ob er in Energie- oder materieller Form ist?
Es ist nur ein Zimmer, ein weißes Zimmer.
Schau nach oben und sag mir, was du siehst?
Violett schimmernde Energie. Wie Wellen.
Erkennst Du die Bedeutung dieser Energie?
Sie ist allmächtig, allwissend. Ich bin nur ein Tropfen in ihrem Meer.
Kannst Du Dich mit dieser Energie verbinden oder sind andere mit dieser Energie verbunden?
[Pause] Die Anderen, glaube ich. Ich bin damit verbunden, aber nicht telepathisch.
Wer befindet sich sonst noch in diesem Raum?
Zenestra.
Steht sie neben oder hinter Dir?
Sie schwebt zwischen, hinter und neben mir.
Schau nach vorne und sag mir, wie viele Lichtwesen da sind?
Sechs.
Wie zeigen sie sich, als Energie oder in menschlicher Gestalt?
Menschlicher Gestalt.

Beschreibe sie bitte und beginne mit demjenigen, der am auffälligsten ist?
Ein schwarzer Mann mit einer Menge schwarzer Haare auf seinem Kopf. Neben ihm sitzt eine ältere Dame mit hellem Haar und hellblauen Augen. Noch eine Dame mit einer Art Lehrerinnenlächeln, ein wohlwollendes Lächeln. Ihr Haar ist in einen Knoten gebunden. Und noch ein älterer Mann, er ist kahlköpfig.
Und die anderen?
Orientalisch aussehend mit großen buschigen Augenbrauen und kurzem schwarzem Haar und eine ältlich aussehende Dame am Ende des Tisches mit einer Art schwarzem Schleier um ihren Kopf und vielen Falten im Gesicht.
Wer von ihnen kommuniziert mit Dir?
Die, die wie eine Lehrerin aussieht.
Schau genau hin, siehst Du irgendwelche Ornamente oder etwas Dekoratives?
Sie trägt etwas in ihrem Haar. Frauen befestigen es in ihrem Haar, wenn sie einen Knoten tragen.
Eine Haarnadel?
Ja, wie eine große Haarnadel, eine goldene Haarnadel.
Welche Bedeutung hat diese goldene Haarnadel?
Es sieht aus wie ein Violinschlüssel, ein Musikschlüssel.
Welche Bedeutung hat das für Dich?
Musik ist meine Leidenschaft im Leben. Immer gewesen. Musik ist mein engster Begleiter im Leben und ergänzt meine Stimmungen oder wirkt ausgleichend auf mich.
Worüber sprecht ihr?
Sie fragen, warum ich mich fürchte.
Beziehen sie sich auf dieses oder andere Leben?
Dieses Leben.
Was sagst Du darauf?

Die Seele heilen

Ich werde nicht erfolgreich sein.
Was antworten sie?
Was willst Du erreichen?
Was antwortest Du ihnen?
Etwas zu hinterlassen, wovon Menschen noch lange profitieren und wofür sie sich an mich erinnern.
Was antworten sie Dir darauf?
Hast Du das nicht schon getan?
Bitte sie, dieses Leben zu prüfen und diesen Punkt genauer auszuführen. Sag mir, was sie sagen?
Du hast Liebe, Wärme und Schutz von Deiner Mutter erhalten, deren Aufgabe es war, Dir das zu geben. Du gabst jedem, dem Du begegnet bist, diese Liebe, die Wärme und den Schutz. Dein Glück bestand darin, andere Menschen glücklich zu machen und das überwog wer oder was Du sein wolltest. Du hast begonnen Dich und Deine Handlungen durch anderer Leute Augen zu sehen, obwohl das nicht von Dir erwartet wurde. Auf diesen Weg, diese Entwicklung, bist Du auf Kosten deiner Identität und Deiner eigenen Bedürfnisse geraten. Du bist jetzt an dem Punkt angelangt, an dem Du nicht nur andere glücklich machst, sondern zur Abwechslung darauf achtest auch Dich glücklich zu machen. Es ist möglich, diese beiden Ziele zu verbinden, und Du kannst das erreichen. Also sei tapfer und lerne weiter.
Verstehst Du es jetzt?
Ich verstehe es.
Kann die Angst verschwinden?
Ja.

Der wichtigste Teil einer Seelenerfahrung zwischen den Leben ist das Treffen mit den Lichtwesen, die einen Grad an Erfahrung und Weisheit besitzen, der eine weitere physische Inkarnation unnötig macht. Diese beurteilen den Fortschritt der Seele, die vor ihnen erscheint, und können jedes ihrer Vorleben abspielen lassen, um Aspekte zu diskutieren, bis der Seele klar ist, was im nächsten Leben von ihr erwartet wird. Im Allgemeinen wird zwischen den Leben mindestens ein solches Treffen stattfinden. Einige der Namen für diese Lichtwesen sind *Ältestenrat, die Höheren, Meister* oder *die Weisen*. Manchmal wird der Klient sie nicht namentlich erwähnen, sondern nur berichten, dass er zu einem wichtigen Treffen gehen muss. Autoren haben sie den *Ältestenrat*[3] oder *Karmische Kommission*[4] genannt. Falls der Klient einen speziellen Namen benutzt, kann dieser verwendet werden. Falls keine Bezeichnung angegeben wird, nenne ich sie während einer spirituellen Rückführung „die Lichtwesen, die die nächste Reinkarnation planen". Im folgenden Text wird die Bezeichnung *Ältestenrat* verwendet wenn auf sie Bezug genommen wird.

Häufig wird der Klient berichten, dass sein Geistlehrer zu ihm gekommen ist, und sie sich gemeinsam an einen anderen Ort begeben, dies kann als Hinweis dienen, dass sie den Ältestenrat treffen werden. Dieses Treffen kann zu jedem Zeitpunkt während der Leben-zwischen-Leben Rückführung stattfinden, aber meistens findet es nach der Zusammenkunft mit den Seelengruppen statt. In Oskars Fall war dies ausgesprochen nützlich, da es eine Möglichkeit eröffnete, seine Seelenerinnerungen an das Leben in der Zeit der römischen Besatzung zu verlassen, und zu den Seelenerinnerungen vor seiner derzeitigen Inkarnation zu gelangen:

Geh zu dem Ort, an dem Du die weisen Lichtwesen triffst, die Deine derzeitige Inkarnation planten.

Zu diesem Zeitpunkt bietet es sich an, Fragen zu dem Ort zu stellen und außerdem eine Beschreibung der Lichtwesen, die getroffen werden, zu erhalten. Eine Beschreibung des Orts und der Teilnehmer verstärkt die Tiefe der Erfahrung wenn der Klient später die Aufzeichnung der Sitzung wieder abspielt:

Wie gelangt Ihr zu dem Ort? Lass mich wissen, was Du siehst und was geschieht wenn ihr angekommen seid?

Beschreibe die Umgebung, in der Du Dich befindest?

Die Anzahl und das Auftreten der Ältesten sind wichtig. Ihr Äußeres oder was sie tragen, z.b. eine Brosche oder ein Ornament, hat oft eine symbolische Bedeutung für den Klienten. Diese Erfahrung kann sehr tiefgreifend sein. Eine Klientin ließ eine Brosche von einem Juwelier anfertigen, die derjenigen glich, die sie gesehen hatte, um sich an die Botschaft zu erinnern.

Es ist sehr wichtig genügend Zeit aufzuwenden, und genaue Fragen zu stellen. Bei Oskars Treffen mit den Ältesten trug eine von ihnen eine goldene Haarnadel in Form eines Violinschlüssels um ihn daran zu erinnern, wie wichtig Musik für die Ausgeglichenheit seiner Gefühle ist. Mögliche Fragen sind:

Schau genau hin. Sind sie in Energiegestalt oder in physischer Gestalt?

Beschreibe die Gesichter jedes einzelnen.

Beschreibe, wie sie gekleidet sind, und jedes Ornament (oder Abzeichen), das Dir auffällt.

Welche Bedeutung hat das Ornament (oder Abzeichen) für Dich?

Was wird Dir in diesem Treffen mitgeteilt?

Leben zwischen Leben Regression

Diese Art Rückschau ist breiter gefächert, als die erste Besprechung mit dem Geistlehrer nach der Rückkehr in die geistige Welt, und bildet die Basis für das nächste Leben des Klienten. Manchmal findet ein Rückblick auf etliche Vorleben des Klienten statt, um ihm klarzumachen, was im nächsten Leben von ihm erwartet wird.

Während Oskars Treffen mit dem Ältestenrat wurde das Thema gewechselt, um herauszufinden, wovor er sich in seinem gegenwärtigen Leben fürchtet. Dass dies möglich ist beruht auf der Tatsache des ewigen Jetzt und kommt später noch zur Sprache. Nichts bleibt verborgen und die Seele ist sich darüber absolut klar. Auffallend ist die mitfühlende Weise in der Oskar Rat angeboten wurde und die überwältigende Liebe, die dieses Treffen auszeichnete.

Auswahl des Körpers für das jetzige Leben

Kehren wir zurück zu Heathers Leben-zwischen-Leben Rückführung, das wir an dem Punkt wiederaufnehmen, als Vorbereitungen für ihr gegenwärtiges Leben getroffen werden:

Geh zu dem Ort, an dem Du Deinen Körper für dieses Leben auswählst und beschreibe, was Du siehst.
Es hat den Eindruck, als ob da Bildschirme und Wählschalter wären. Große Bildschirme. Mein Geistlehrer ist auch da.
Aus wie vielen Körpern kannst Du auswählen?
Drei.
Erzähl mir von den anderen beiden Körpern, die Du nicht gewählt hast?
Einer ist ein großgewachsener Mann.

Die Seele heilen

Welche Art Leben wäre das gewesen?
O nein. Den möchte ich nicht.
Was war mit dem Körper nicht in Ordnung?
Ich wollte nicht so groß sein. Ich wäre dauernd in gebeugter Haltung herumgelaufen, aber es wäre ein sanfter Körper gewesen.
Was ist mit dem zweiten Körper?
Er scheint mir sehr gewöhnlich.
Ist es ein Mann oder eine Frau?
Eine Frau. Sehr unscheinbar und etwas einfältig. Ich verstehe nicht, warum das eine Option gewesen sein sollte. Nein, dieses Leben möchte ich nicht.
Wie wären die familiären Verhältnisse dieses Lebens gewesen?
Es war eine eng verbundene Familie.
Hätte sie Dir eine starke Ausgangsbasis geboten?
Ja. Es gab viel Liebe in dieser Familie. Ein einfaches, schlichtes Leben.
War der dritte Körper der, den Du gewählt hast?
Ja.
Warum hast Du ihn gewählt?
Wegen derjenigen, die meine Eltern sein würden und weil mein Vater als Lehrer und meine Mutter als Krankenschwester Leben führen würden, die meinen Lebensplan ergänzen. Ich wusste, dass sie mir eine glückliche Kindheit und eine starke Basis bieten würden.
Hattest Du eine Auswahl bezüglich Intelligenz oder Gefühlen?
Ich brauchte nicht zu viel Intelligenz.
War das Deine Wahl?
Ja.
Was wäre gewesen, wenn Du sehr intelligent gewesen wärst?

Ich wäre abgelenkt worden und hätte mich konsumorientiert entwickelt.
Und die Gefühle?
Ich entschied mich dafür, sehr bodenständig und ausgeglichen zu sein.
War das Deine Wahl oder die Deines Geistlehrers?
Meine.
Ist Dein Lehrer mit Deiner Wahl einverstanden?
Ja.
War Dir klar, als Du diesen Körper gewählt hast, dass Du Gewichtsprobleme haben würdest? [Gewichtsprobleme waren vor der Sitzung angesprochen worden]
Ja.
Du hast also von diesem Problem gewusst, bevor Du wiedergeboren worden bist?
Ja, auf Grund der Eltern dieses Körpers entschied ich mich dafür, Gewichtsprobleme zu haben. Da so viele andere Parameter stimmten, war das weniger entscheidend.

An diesem Ort kann die Seele einen Körper für das nächste Leben testen. Manchmal kann sie auch zwischen mehreren Körpern wählen. Einige Klienten beschreiben, dass sie die Körper vor sich sehen, andere als ob sie ein Video oder einen Bildschirm beobachteten. Die Erinnerung an diese telepathische Erfahrung verschafft den Klienten ein besseres Verständnis über ihre Ursprünge und sie selbst. Häufig wird der Ort zur Lebensauswahl während des Besuchs beim Ältestenrat aufgesucht, auf jeden Fall findet der Besuch während des Aufenthalts zwischen den Leben statt. Der Klient kann auch aufgefordert werden, sich direkt dorthin zu begeben:

Geh zu dem Ort, an dem Du Deinen Körper für dieses Leben auswählst.

Die Seele heilen

In welchem Maß die Seele an diesem Auswahlprozess beteiligt ist, hängt von ihrer Erfahrung ab. Zu begreifen, warum dieser Körper und diese Familie für das derzeitige Leben ausgewählt wurden, ist vor allem für Klienten mit körperlichen Einschränkungen oder mit schwierigen Familienverhältnissen außerordentlich wichtig:

Wie viele Körper hast Du zur Auswahl?

Was bietet Dir der jeweilige Körper an Erfahrungen?

Wird Dir eine Wahl bezüglich des Lebens, der Familie oder der Gegebenheiten für jeden Körper geboten?

Falls Du unter verschiedenen Körpern wählen konntest, welche Gründe hattest Du, Dich für diesen zu entscheiden und die anderen abzulehnen?

ZUR WIEDERGEBURT BEREITMACHEN

Dies ist ein kurzer Auszug der Rückführung einer Klientin, die ich Anne nenne. Anne wollte mit ihrer Leben-zwischen-Leben Rückführung vor allem herausfinden, wie sie wiedergeboren wurde, deshalb beginnen wir hier zum Zeitpunkt der Planung für ihr gegenwärtiges Leben:

Wohin gehst Du als nächstes?
Ich gehe jetzt, mein nächstes Leben planen. Mein Geistführer bringt mich zu einer Art Kino, in dem ich schauen und auswählen kann.
Ist das Dein derzeitiges Leben, für das Du planst?

Ja, darum geht es. Wir haben besprochen, dass ich dieselben Themen erneut bearbeiten muss. Deshalb weiß ich, worum es in diesem Leben gehen wird.

Sag mir noch mal, worum es sich dreht.

Ich muss meiner Seele in ausgeglichener Weise Ausdruck verschaffen.

Wie funktioniert dieser Auswahlprozess?

Ich glaube, ich kann zwischen zwei Leben auswählen.

Schau Dir den ersten Körper an. Erzähl mir von ihm.

Es ist ein Mädchen.

Welche Art Körper ist es?

Ein ganz normaler Körper.

Welche Art Leben würdest Du führen?

.Das Mädchen wird alleine sein. Es werden wenige Mitglieder meiner Seelengruppe anwesend sein, aber ich werde eine gute Ausbildung erhalten.

Welche Art gute Ausbildung wirst Du erhalten?

Ich werde Recht studieren und Karriere machen und zu einem bestimmten Zeitpunkt meiner Seele erlauben, sich durchzusetzen.

Was gefällt Dir an diesem Leben nicht?

Es ist ein sehr kontrolliertes kopfgesteuertes Leben. Es ist schwierig, Gefühle zu empfinden.

Was bedeutet das?

Es wird für die Seele sehr schwierig werden, durch dieses durch den Verstand gesteuerte Gehirn in den Vordergrund zu treten. Es wird nicht viel Unterstützung geben, da das komplette Umfeld intellektuell geprägt ist.

Würde es ein schweres Leben?

Ja. Ich bin nicht sicher, ob ich mich mit meiner Seelenenergie durchsetzen könnte.

Wirst Du viel Seelenenergie mitnehmen müssen?

Ja.

Habt ihr besprochen, wie viel?
Mindestens 70 Prozent.
Hast Du jemals vorher so viel Seelenenergie mitgenommen?
Nein.
Welche Risiken birgt es, so viel Seelenenergie mitzunehmen?
Ich werde meine Arbeit zu Hause in der geistigen Welt nicht fortsetzen können.
Du kannst also zur selben Zeit in der geistigen Welt und in inkarnierter Form auf der Erde arbeiten?
Ja.
Schau Dir den anderen Körper an. Den, den Du Dir für dieses Leben ausgesucht hast. Welchen ersten Eindruck hattest Du?
Einige Schwächen.
Welche Schwächen?
Es ist eine sanfte Persönlichkeit, die sich nach dem Wind dreht.
Weitere Eindrücke?
Aber ein netter Körper, normale Größe und normale Intelligenz.
Waren die Umstände bezüglich Deiner Familie entsprechend geplant oder hattest Du das selbst zu entwickeln?
Ich wusste, dass einige Mitglieder meiner Seelengruppe dabei sein würden.
Welche Vorteile hatte es, mehrere Mitglieder Deiner Gruppe dabei zu haben?
Wir können einander helfen.
Hast Du mit Deinem Lehrer besprochen, wie viel Energie für diesen Körper mitgenommen werden müsste?
Ja. Ich könnte mit 35 Prozent auskommen.

Sind Risiken damit verbunden?
Ja. Es besteht die Möglichkeit, dass ich es nicht schaffe meine Ziele zu erreichen. Das ist der Grund, warum es wichtig war, Mitglieder meiner Gruppe zur Unterstützung dabei zu haben.
Welcher Körper bot Dir die beste spirituelle Weiterentwicklung?
Dieser. Dieser Körper ist an ein Leben in Dänemark geknüpft, das eine aufgeschlossene Gesellschaft bietet, außerdem bestand keine Gefahr durch Krieg oder Naturgewalten. Es ist ein beschütztes Leben, das mir ermöglicht, mich auf meine Ziele zu konzentrieren.
[Wir überspringen hier einen Teil der Sitzung]
Ich möchte, dass Du jetzt zu dem Punkt gehst, an dem Du Deine Vorbereitungen für den Beginn dieses Lebens triffst. Bist Du alleine oder ist Dein Geistführer bei Dir?
Ich verabschiede mich von meinem Lehrer [seufzt] *und gehe alleine weiter.*
Wohin gehst Du?
In einen Raum mit vielen verschiedenen Farben. Es ist so entspannend und harmonisch. Ich glaube, ich erhalte noch einmal Heilungsenergie.
Diese Heilungsenergie. In welcher Weise wird sie Dir bei den Ereignissen in Deinem Leben helfen?
Es wird eine schwierige Geburt werden und ich brauche zusätzliche Hilfe, um in den kleinen Körper eintreten zu können.
Nimmst Du etwas zusätzliche Energie mit?
Ja. Es wird auch der Mutter helfen, es durchzustehen.
Wie weißt Du, wann es Zeit ist, sich mit dem kleinen Körper zu verbinden?
Die Anderen geben mir ein Zeichen.
Sind Energiegestalten mit Dir in diesem Raum?

Die Seele heilen

Ja. Sie wissen, wann es losgeht. Wenn das Baby soweit ist.
Geh zu diesem Moment und sag mir, was passiert?
Ich betrete einen Tunnel aus Licht und bewege mich durch ihn hindurch. Ich bin weit entfernt und ich fühle den Körper des kleinen Kindes und versuche, in ihn einzudringen.
Durch welchen Körperteil dringst Du ein?
Kopf. Ich versuche, in den Kopf hineinzukommen.
Weißt Du, in welchem Entwicklungsstadium der Embryo ist?
Ich denke, er ist sechs Monate alt?
Was geschieht, während Du eindringst?
Wir versuchen, miteinander zu verschmelzen. Es ist eine sehr sanfte Begegnung.
Wie fühlt es sich an im Vergleich zu anderen Babys, mit denen Du Dich verbunden hast?
Es wird diesmal einfach, dieses Baby ist sehr kooperativ.
Verbindest Du Dich immer, wenn es sechs Monate alt ist, oder geschieht es manchmal früher oder später?
Ich denke, ich verbinde mich manchmal früher mit ihm.
Was war der früheste Zeitpunkt einer Vereinigung?
Drei Monate. Ich musste so viel vorbereiten, um in den Embryo eindringen zu können.
Gibt es Probleme, wenn man sich verbindet, bevor der Embryo drei Monate alt ist?
Ja. Das Kind ist noch nicht sehr weit entwickelt. Die Entwicklung ist noch nicht abgeschlossen und es kann immer noch etwas passieren.
Was war der späteste Zeitpunkt?
Sieben Monate.
Was passiert nachdem es sieben Monate alt ist?
Es wird schwieriger, sich zu verbinden. Du musst mehr Kraft aufwenden.

Gibt es Probleme, wenn mehr Kraft aufgewendet wird?
Es liegt mir nicht besonders. Ich bin lieber behutsam.
Gibt es physische Schwierigkeiten mit dem Embryo, wenn Du mehr Kraft aufwenden musst?
Könnte es, aber ich würde keine Risiken eingehen, die nicht vorher geplant waren.

Jeder Mensch hat seine eigene, unverwechselbare Seele, die geteilt werden kann. Ein Teil dieser Seelenenergie wird in die nächste Inkarnation mitgenommen und der andere Teil verbleibt in der geistigen Welt. Die Menge an Energie, die in die Reinkarnation mitgenommen wird, beeinflusst, wie sich das Leben entwickeln wird.

Je weniger Energie mitgenommen wird, umso weniger wird die Seele in der Lage sein das Leben zu beeinflussen und den karmischen Sinn dieses Lebens zu erfüllen. Die Seelen-Energie, die in der geistigen Welt verbleibt kann sich dort weiter ihren Aktivitäten widmen und mit verschiedenen Gruppen arbeiten und künftige Leben planen. Der Level der Energie hängt davon ab, wie viel Energie hier wie dort vorhanden ist, und je höher der Anteil ist, umso möglicher sind Aktivitäten, hier wie dort. Man kann sich das wie eine multidimensionale Realität vorstellen, bei der die Seele auf beiden Ebenen operiert:

Wo bist Du während Du darauf wartest die geistige Welt zu verlassen um in Dein jetziges Leben einzutreten?

Wie viel Prozent Deiner Seelen-Energie nimmst Du mit in diese Inkarnation?

Die Seele heilen

Warum nimmst Du dieses Maß an Energie mit in diese Inkarnation?

Die Teilung der Energie ist nie absolut, da immer energetische Verbindungen zwischen den beiden Teilen intakt bleiben. Eine dieser Verbindungen nennt man Intuition, und auch sie behält, wie ein Hologramm, ein Echo des Ganzen. Das Level an Energie, das mitgenommen wird, ist vorher zwischen der Seelen, den Lehrern und den Ältesten abgesprochen worden, die ja über das ganze Wissen verfügen in Bezug auf die geplanten Aufgaben der kommenden Inkarnation. Die Wiedervereinigung der Energie nach dem Tod kann entweder während einer Energie-Auffrischung oder zu einem späteren Zeitpunkt stattfinden. Manche Klienten beschreiben es wie eine Dusche aus Energie oder eine Erweiterung ihrer selbst oder dem Gefühl endlich wieder ganz zu sein.

Die Verbindung zwischen Seele und Körper für diese Inkarnation findet in der Regel zu einem Zeitpunkt statt, an dem der Körper bereits ein Minimum an Substanz erhalten hat, sich aber trotzdem in einem sehr beeinflussbaren Zustand befindet. Die Klienten geben den vierten bis sechsten Monat nach der Befruchtung an. Die Seele bringt einen Teil der unverarbeiteten Probleme aus Vorleben mit, ebenso wie Handicaps, die als Aufgabe für diese Inkarnation festgelegt wurden. Je größer dieser Anteil an Problemen ist, umso schwieriger kann das Leben in manchen Phasen werden. Die Verschmelzung bringt außerdem die spezifischen Eigenschaften des Kindes und vererbte Eigenschaften mit in die Verbindung, die schlussendlich die gesamte Persönlichkeit für diese Inkarnation ausmachen wird:

Welche Gefühle oder Körper-Erinnerungen aus Vorleben nimmst Du mit Dir in Dein jetziges Leben?

Wie viel Prozent von .... (Eigenschaften, Gefühle, Handicaps usw.) **...nimmst Du mit Dir?**

Gibt es einen Grund dafür, dass Du diese Menge mitnimmst?

Wenn die Seelenenergie mit der Energie des Kindes verschmilzt setzt auch die Amnesie in Bezug auf das Wissen der Seele ein. Dieser Block verhindert, dass wir von Dingen überwältigt werden, die in unserer Vergangenheit, in anderen Leben, mit anderen Personen auf einem Level konfrontiert werden, das uns überfordern würde. Der Block gibt uns außerdem die Möglichkeit nochmals ganz von vorne anzufangen und neue Lösungen für alte Probleme zu finden, die bisher unlösbar erschienen. Die geblockte Erinnerung ist während der frühen Kindheit oft noch nicht vollständig, daher erinnern sich manche Kinder noch an Dinge, die nicht aus dieser Inkarnation stammen:

Geh zu der Zeit, in der Deine Seelenenergie mit dem Baby im Mutterleib verschmilzt und erzähle mir von diesem Erlebnis.

Wie wirst Du Menschen erkennen, die in diesem Leben eine wichtige Rolle spielen werden?

Zu entdecken, dass man selbst auf der Seelenebene die Entscheidung über die jetzige Inkarnation getroffen hat, welchen Körper man haben würde, welche Lebensumstände herrschen würden, und welche Schwierigkeiten man durchstehen würde, gibt dem Klienten eine völlig neue und gute Sicht auf sein derzeitiges Leben. Ein Klient sagte:

Die Seele heilen

„Ich habe das Gefühl, dass ich jetzt immer noch auf einer völlig anderen Ebene operiere. Was ich aus Vorleben erfahren habe ist völlig anders, als das Wissen, das ich auf der geistigen Ebene erhielt. Zu verstehen warum Vorgänge in meinem Leben geschehen sind und die dahinter liegende Bedeutung zu erfahren, hat mir eine völlig neue Sichtweise eröffnet. Es ist, als ob ich einen Hinweis auf etwas viel Größeres erhalten hätte, und als ich schließlich alles verstanden hatte, war meine ganze Wahrnehmung eine völlig andere."

WEITERE SPIRITUELLE AKTIVITÄTEN

Nach vielen Reinkarnationen beginnen die Seelen, sich auch außerhalb ihrer Gruppe und der Gruppenarbeit einzubringen. Sie verbringen Zeit mit verschiedenen Tätigkeiten auf der geistigen Ebene[5] und sind auch mehr in die Planung ihrer künftigen Inkarnationen eingebunden. Ein Klient berichtete, dass er über die verschiedenen Arten der Verschmelzung von Körper und Seele Forschung betrieb, und dass er experimentierte, indem er verschiedene Reinkarnationen mit verschiedenen Energielevel und unterschiedlichen Körpertypen unternahm. Ein anderer Klient berichtete darüber, dass er in einem anderen Sonnensystem über Energiearbeit unterrichtet wurde. Manchmal begeben sich Seelen an einen Ort der Kontemplation um in Einsamkeit zu studieren und Rückschau zu halten. Einige berichten über verschiedene Lehrtätigkeiten die sie aufgenommen haben, und auf welchem Gebiet sie ihre Erfahrungen an andere Seelen weitergeben.

Eine Hybrid-Seele ist eine Bezeichnung für eine spezielle Form von Energie, die Michael Newton[6] beschrieben hat. Diese meist alten Seelen sind entweder auf der Erde inkarniert, weil die Planeten, auf denen sie zuvor Leben führten, zerstört wurden oder sie haben sich aus verschiedenen Motiven heraus für Lernaufgaben freiwillig für ein oder mehrere Leben auf der Erde zur Verfügung gestellt. Auch ihre Energie kann sich mit den Körpern der Babys zusammenschließen, es gibt jedoch gelegentlich Probleme bei der Adaptation die sich in psychischen Schwierigkeiten äußern können. Die meisten von ihnen passen sich jedoch gut an und führen produktive Leben. Wenn man an einen solchen Klienten gerät, kann er einem mitteilen, dass seine früheren Leben auf anderen Planeten stattfanden, nicht unbedingt in einer ähnlichen körperlichen Form wie auf der Erde. Natürlich sind dann auch die Gespräche mit den Seelengruppen und dem Ältestenrat etwas anders als ansonsten und die Körperselektion ist ebenfalls etwas anders als zuvor beschrieben. Ich möchte hier nicht sehr in Details gehen, da diese Seelen sehr selten angetroffen werden, aber falls es doch einmal geschieht, ist es das Beste, den Klienten unvoreingenommen erzählen zu lassen, aufgeschlossen zu bleiben, neugierig nachzufragen und die Geschichte sich entfalten zu lassen.

IM "EWIGEN JETZT" ARBEITEN

Der Therapeut kann den Klienten im Verlauf einer Regression jederzeit zu dem Treffen mit dem Ältestenrat führen und einen Dialog im *Ewigen Jetzt* eröffnen, das ganz spezielle Fragen ermöglicht, die dem Klienten auch in seiner jetzigen Inkarnation enorm nützlich sein können. Dies kann nach dem Erleben der Seelenerinnerungen geschehen, wenn der Klient später die Aufzeichnungen abhört:

Die Seele heilen

Gehe jetzt zu dem Treffen mit dem Ältestenrat (wir benutzen immer den Namen für den Rat, den der Klient selbst liefert, es könnte also auch heißen: den Weisen, den Prüfern etc.)

Da das intuitive Wissen und die Verbindung während des veränderten Bewusstseinszustandes in einer Leben-zwischen-Leben Hypnose eine hervorragende Gelegenheit bietet sicherzustellen, dass der Klient das maximal mögliche Wissen und so viel Informationen wie möglich erhält, sollte immer Folgendes versucht werden:

Frage nach den Aufgaben und Bestimmungen für Dein derzeitiges Leben.

Was sagen sie über Deine Fortschritte in diesem Leben?

Welche Hilfe und Hinweise bieten sie Dir, die Dir in Deinem jetzigen Leben weiterhelfen werden?

Es ist durchaus legitim, Fragen nach der möglichen Zukunft des Klienten zu stellen, jedoch sollte man sich immer darüber im Klaren sein, dass der Informationsfluss abreißen oder stocken kann, da zum Einen nicht alle Parameter absolut festgelegt sind, zum Andern die Ältesten finden, dass genug Information preis gegeben wurde, oder sie möglicherweise dem freien Willen des Klienten nicht vorgreifen möchten.

Sagen sie Dir etwas über Deine zukünftigen Aktivitäten?

Wenn der Klient sich wünscht, besser mit seinem Lehrer kommunizieren zu können, sollte diese Vermittlung im Ewigen

Jetzt stattfinden. Der Therapeut kann die Regression zu einem Treffen mit dem Lehrer und Führer navigieren und eine Form der Kommunikation vermitteln, die dem Klienten auch später während Meditationen helfen kann die Verbindung herzustellen:

Frag Deinen Lehrer/Führer um Rat, wie und womit Eure Kommunikation verbessert werden kann.

Bevor die Regression beendet wird sollte sichergestellt werden, dass der Klient alles erfahren hat, was ihm wichtig war:

Bevor wir jetzt die geistige Welt verlassen, möchte ich gerne wissen, ob es noch dringende/letzte Fragen gibt, die Du den Lichtwesen hier stellen möchtest?

EINE VOLLSTÄNDIGE LZL-REGRESSION

Meine Klientin Claire ist eine 32-jährige Rechtsanwältin, die ihr Leben sechs Monate zuvor radikal verändert und eine Ausbildung als Komplementär-Therapeutin begonnen hatte. Sie kam zu mir, weil sie nach verschiedenen Regressionen in Vorleben mehr über ihre karmischen Fortschritte erfahren und herausfinden wollte, ob sie auf dem richtigen spirituellen Weg war. Sie hatte eine Liste mit acht wichtigen Personen ihres Lebens mitgebracht, einschließlich ihres Ehemannes, Familienmitgliedern, früherer Freunde und ihrer Schwiegermutter. Ein großer Teil ihrer Sitzung findet sich gleich im Anschluss.

Sie ging sehr rasch in eine tiefe Trance und erlebte ein Vorleben als Soldat in Russland. Der Soldat eskortierte eine wichtige Persönlichkeit des russischen Adels. Die Gruppe wurde

Die Seele heilen

von Mongolen umzingelt, und während dieses Kampfes wurde sie getötet:

Es ist ein wundervolles Licht.
Kommt das Licht auf Dich zu oder gehst Du zu dem Licht?
Wir bewegen uns aufeinander zu.
Was genau geschieht dabei?
Ich fühle mich umarmt, obwohl es keine menschliche Gestalt hat. Es dehnt sich aus und ich fühle mich zu einem Gefühl der Liebe hingezogen.
Fühlt es sich sanft oder stark an?
Es fühlt sich an, als ob mein Herz mich dorthin zieht und eine Hand mich von hinten führt.
Nimmst Du sonst noch etwas wahr?
Ich entferne mich von der Erde, ich bin ein wunderschönes Licht, das sich von der Erde fortbewegt. Ich bin jetzt ganz weit entfernt. Farben.
Welche Farben kannst Du an der Energieform erkennen, die Dich begrüßt hat?
Nuancen von blauen, violetten und grünen Farben.
Weißt Du, wer diese Energieform ist?
Es ist... es ist mein Lehrer.
Hat Dein Lehrer Dich in diesem vergangenen Leben betreut?
Er hat mir Nachrichten gesandt. Hinweise.
Was übermittelt er Dir?
Er wirkt zufrieden. Es scheint, als ob es wirklich gut gelaufen ist.
Überprüfe, was Deine Ziele in diesem Leben waren und geh zu dem Ort, an dem Ihr Eure Besprechung abhaltet.
Es ging um Pflicht, Ehre, Respekt und Zusammenarbeit.
Was fällt Dir während der Besprechung auf?
Wir sitzen an einem Tisch. Er sieht jetzt anders aus.

Leben zwischen Leben Regression

Wie sieht er aus?
Er ist ziemlich jung, nur etwas älter als ich. Er ist stark, männlich.
Trägt er eine spezielle Art Kleidung?
Er trägt eine Art Holzfällerbekleidung, sehr leger.
Warum präsentiert er sich in dieser Weise?
Ich fühle mich wohl mit ihm in dieser Gestalt. Ich kann viel leichter mit ihm sprechen, wenn er so aussieht, es ist nicht so überwältigend wie seine Energieform.
In welcher Weise besprecht ihr das vergangene Leben?
Zum Teil telepathisch und zum Teil verbal. Alles, was für die Rückschau relevant ist wird besprochen, und über alles andere kommunizieren wir telepathisch. Er lässt mich wissen, dass alles gut gelaufen ist.
Mit welchem Teil des vergangenen Lebens beginnt er?
Retrospektiv, er beginnt mit meinem Tod.
Wie ist Deine Einschätzung dieses Lebens jetzt, nachdem Du es mit Deinem Lehrer besprochen hast?
Ich bin ziemlich glücklich. Ich habe zwar einige falsche Entscheidungen getroffen, aber das Endergebnis stimmte. Ich bin nicht glücklich darüber, getötet zu haben.
Wie verlief die Besprechung mit Deinem Lehrer als ihr über das Töten gesprochen habt?
Er sagt, es gehört zu dem Leben das ich wählte. Er fragt mich, wie ich erwarten konnte, in der Armee zu dienen und nicht töten zu müssen.
Was sagst Du dazu?
Ich dachte während dieses Lebens, dass ich es aus ehrbaren Gründen heraus tat, aber jetzt bin ich traurig.
Was sagt Dein Lehrer zu Deiner Traurigkeit?
Er sagt, dass es verständlich ist, dass es Mitgefühl bedeutet und ich wissen müsste, dass jeder seine Entscheidungen selbst trifft. Er zeigt mir, dass die Gegner der letzten

Die Seele heilen

Schlacht ihre Taten als große Ehre ansahen. Sie entschieden sich auf die gleiche Weise für den Kampf wie ich es tat. Wir waren uns alle über die Risiken im Klaren.

Verstehst Du es jetzt?

Immer noch nicht ganz, ich habe gerade erst aufgehört, ein Mensch zu sein. Es gibt immer noch eine kleine Spur Körperlichkeit in mir. Mein Lehrer sagt, dass das ganz normal ist und vergehen wird. Ich habe das, was er „Nachbesprechung und Integration" nennt, noch nicht beendet.

Geh zum nächsten Ereignis und sag mir was geschieht.

Da sind Andere.

Beschreibe mir, wo Du und die Anderen seid?

Es ist schwer, es zu beschreiben. Es ist wie eine riesige Kuppel aus Energie. Sie ist überall.

Was, außer der Kuppel, nimmst Du sonst noch wahr?

Es sind viele Leute da.

Was tun sie?

Sie schweben. Es ist nicht wie ein fester Boden, eher wie Wellen.

Zeigen sich die Anderen in menschlicher oder in Energiegestalt?

Energiegestalt.

Fühlst Du Dich wohl, wenn sie sich in dieser Weise zeigen?

Ja.

Beschreibe mir, welche Art von Energiegestalten es ist.

Pulsierend, strahlend, durchscheinend.

Strahlen sie spezielle Farben aus?

Sie haben unterschiedliche Farben, die sie wechseln, wenn sie kommunizieren.

Wie viele siehst Du in dieser Kuppel? Zähle sie.

[lange Pause] Siebenundsechzig.

Leben zwischen Leben Regression

Wo befinden sie sich, von Dir aus gesehen?
Es sind drei Gruppen. Einige schweben in einem Halbkreis zu meiner Linken, einige sind rechts hinter mir und eine weitere Gruppe schwebt etwas höher oben.
Was tut ihr dort?
Ich bin hier um meine Freunde zu treffen und sie haben offenbar alle gewusst, dass ich komme.
Was fühlst Du?
Es fühlt sich wie eine Megaumarmung an. Ich bin so glücklich darüber, wieder bei ihnen zu sein.
Wie viele Mitglieder Deiner Gruppe sind anwesend?
Insgesamt sechsundzwanzig.
Habt ihr als Seelengruppe ein gemeinsames Lernziel?
Es geht darum, zu helfen.
Wie viele Leben habt ihr zusammen verbracht?
Dreiundfünfzig.
Schau Dir bitte ihre Farben an und beschreibe sie mir?
Durchscheinendes Silber, wie meine eigene Energie.
Waren Mitglieder aus dieser Gruppe in Deinem letzten Leben anwesend?
Ja, zwei von ihnen waren Freunde von mir in der Armee. Viele von ihnen haben zur selben Zeit inkarniert, sind aber an anderen Orten gewesen.
Waren einige von ihnen Teil der Armee, gegen die Du gekämpft hast?
Ja. Es waren fünf von ihnen [lacht]. Sie amüsieren sich, weil wir sie Barbaren nannten, sie nannten uns nämlich auch so.
Wie denkst Du hier über Deine Freunde aus der Armee und diejenigen, die gegen Euch kämpften?
Es ging darum, unseren Prinzipien treu zu bleiben. Obwohl das in den Gruppen, in denen wir uns befanden, schwierig war, versuchten wir Freundschaft und Mitgefühl zu

verbreiten, und unsere Freunde und Familien mit vielen kleinen Liebesgesten zu unterstützen.
Gibt es noch etwas, das Du über diese Gefährten herausfinden möchtest?
Nein.
Wie viele der Mitglieder Deiner Seelengruppe reinkarnieren während des derzeitigen Lebens?
Sieben.
Erkennst Du sie?
Ja. Wir werden zusammen arbeiten.
Frag sie, was Eure Aufgabe sein wird?
Wir werden versuchen, möglichst vielen Leuten auf unterschiedliche Weise Licht und Liebe zukommen zu lassen. Es ist nicht leicht, das zu erklären. Es geht darum, jede Gelegenheit zu nutzen und offen dafür zu sein, uns und anderen Heilung zuteilwerden zu lassen.
Gibt es sonst noch etwas, das Du über diese Gruppe wissen möchtest?
Nein. Es ist einfach schön, mit ihnen zusammen zu sein.
Geh zu dem Moment, an dem Du die andere Seelengruppe triffst. Was ist Eure gemeinsame Aufgabe?
Das ist eine lebhafte Gruppe. Wir fordern uns gegenseitig heraus.
Wie viele seid ihr in dieser Seelengruppe?
Einundzwanzig.
Schau Dir bitte ihre Farben an. Haben sie alle die gleiche Farbe oder unterscheiden sich ihre Energiefarben?
Unterschiedliche Farben.
Welche Aufgabe hat diese Gruppe?
Das ist meine Lerngruppe.
Gibt es einen besonderen Aspekt, den diese Gruppe gerade lernt?

Wir hatten schon einige, im Augenblick arbeiten wir alle an Toleranz.
Welche Eigenschaften habt ihr schon bearbeitet?
Wahrheit, Liebe, Bedauern, Glück. Das sind die Wichtigsten.
Befinden sich einige Mitglieder dieser Gruppe in Deinem derzeitigen Leben?
Ich erkenne acht Energieformen, kann aber nur vier davon zuordnen.
Beginnen wir mit den vieren, die Du zuordnen kannst. Fang mit einem an und erzähle mir, was Du zu ihnen sagst und was sie Dir antworten.
Wir lachen über Probleme, die wir in der Vergangenheit hatten, die jetzt so unwichtig sind.
War das so geplant gewesen?
Ja.
Wende Dich den anderen einem nach dem anderen zu und besprich Eure gegenwärtigen Probleme mit ihnen.
Das ist eine komplizierte Diskussion. Sie können jetzt nicht mit mir darüber sprechen.
Können sie Dir Erinnerungen über Eure Planungsphase übermitteln?
Wir versammelten uns gemeinsam mit unseren Lehrern und besprachen, was wir lernen sollten. Wenn wir eine Übereinstimmung fanden und zwei zusammenarbeiten konnten, war es unkompliziert. Wenn mehrere von uns dafür nötig waren, diskutierten wir. Manchmal fand sich keine passende Seele aus unserer Gruppe und jemand aus einer anderen Gruppe bot sich an, uns zu helfen.
Habt Ihr gewusst, welche Körper ihr haben würdet, vor ihr einverstanden wart, miteinander zu arbeiten?
Du hast eine Vorstellung davon, welche Art Körper Du brauchst. Als Täter, der Gewalt anwenden muss, brauchst

Die Seele heilen

Du einen starken Körper. Wenn Du ein Opfer sein wirst, hast Du einen schwächeren Körper.

Geh an den Ort, an dem Du einen Körper für dieses Leben auswählst und beschreibe mir, was Du siehst und was geschieht?

Es ist ein Energieraum. In einem Teil des Raumes kannst Du Bilder betrachten.

Wie weißt Du, welche Körper Du auswählen kannst?

Es ist eine allgemeine Form und Du hast unterschiedliche Optionen wie z.B. klein, dick, dünn. Wenn diese Entscheidungen gefallen sind, befasst Du Dich mit den Details.

Wie viele unterschiedliche Optionen wurden Dir für dieses Leben angeboten?

Drei. Ich hätte ein zarter Mann in einer Familie ohne Liebe sein können. Ich hätte ein ziemlich großes Mädchen in einer gewalttätigen Familie sein können. Dieser Körper und die Familie, die ich jetzt habe, waren die dritte Möglichkeit.

Welche Gründe hattest Du, den Körper und die Familie, die du jetzt hast, zu wählen?

Ich wollte eine solide Basis für dieses Leben. Dadurch konnte ich Unterstützung während der schwierigen Zeiten in diesem Leben erhalten.

Haben die schwierigen Anteile mit Toleranz zu tun?

Manche betreffen Toleranz mir gegenüber und manche Toleranz anderen gegenüber.

Wäre es Dir möglich gewesen, die Arbeit zur Toleranz mit einem der anderen Körper durchzuführen?

Ich dachte, ich könnte in einem der anderen Körper möglicherweise versagen.

Hattest Du eine Wahl bezüglich der Art Gehirn oder der Emotionen, die Du haben würdest?

Leben zwischen Leben Regression

Ja.

Wie hast Du Deine Wahl getroffen?
Ich hatte keine Wahl, was meine Intelligenz betraf, das entschied mein Lehrer. Was meine Emotionen anging, hatte ich zwei Möglichkeiten. Entweder vollen Zugriff auf meine Gefühle und die Lebenssituation anderer Leute oder relativ hart zu sein.

Welche Wahl hast Du getroffen?
Mein Lehrer und ich stimmten überein, dass es leichter gewesen wäre, hart zu sein. Ich entschloss mich also dazu, alle Emotionen zu empfinden und mein Lehrer stimmte mir zu.

Welche anderen Entscheidungen trafst Du, zum Beispiel was Deine Eltern angeht?
Die Eltern waren vom Typ her durch den ausgewählten Körper festgelegt. Die derzeitigen Eltern wurden für mich ausgewählt.

Hattest Du vor der endgültigen Entscheidung einen Probedurchgang?
Ja, ich brauchte das. Ich weiß nicht, wie ich es beschreiben soll. Ich erlebte die Emotionen wie in einer Art Meditation. Manche von ihnen waren nicht so gut.

Ist Dir klar, warum Du gerade diesen Körper, diesen Geist, die Emotionen und die Eltern in diesem Leben hast?
Ja.

Hast Du nachdem Du Deine Entscheidung getroffen hattest, Deine Seelengruppe nochmals gesehen, um sie zu informieren?
Sie schienen es irgendwie schon zu wissen.

Hast Du mit Deiner Gruppe Rollenspiele durchgeführt?
Nicht für dieses, aber für andere Leben.

Welchen Zweck erfüllte das Rollenspiel vor der Reinkarnation?

Die Seele heilen

Es dient dazu, die Aufgaben, um die es geht, der Energie einzuprägen. Wenn Du inkarnierst, erinnerst Du Dich nicht mehr daran. Es ist als ob Du Dir die erforderliche Antriebskraft einprägst, die Du brauchst, wenn Du Entscheidungen fällen musst. Es gibt Dir das Gefühl, einen bestimmten Weg und keinen anderen einschlagen zu müssen.

Gibt es noch etwas, das Du zu der Seelengruppe, die mit Dir an Toleranz arbeitet, sagen möchtest, vor wir sie verlassen?

Macht's gut, ich sehe Euch bald.

Geh zu dem Treffen mit der dritten Gruppe und berichte, was Du in dieser Gruppe tust.

Es ist eine große Ehre in dieser Gruppe zu sein und ich fühle mich recht klein in ihrer Gegenwart. Es sind die Betreuer der anderen beiden Gruppen

Sie sind anders als Dein Lehrer?

Nein. Mein Lehrer ist einer von ihnen.

Sind sie zurzeit inkarniert?

Da ist nur einer, den ich wieder erkenne.

Wirst Du mit diesem einen zusammenarbeiten?

Ja.

Erkennst Du wer es ist?

Ja. [klingt erstaunt] Es ist das Baby, das ich bekomme.

Gibt es hier etwas, das Du herausfinden sollst, Fragen, die Du stellen sollst? Erzähl mir, was Ihr diskutiert.

Es zeigt sich gerade. Ich versuche zu fragen ob ich aktiv etwas tun muss, um dieses Ereignis geschehen zu lassen.

Wenn Dein Lehrer es beantworten kann, dann frag ihn was Du in der nächsten Zukunft tun wirst.

Sie sagen es mir nicht genau. Sie sagen, ich soll auf Gelegenheiten achten, die sich mir bieten. Ich werde genau wissen, wann sie mir etwas anbieten.

Dank ihnen für die Information und die Hilfe. Geh jetzt zu dem Ort, an dem Deine jetzige Inkarnation geplant wurde und beschreibe den Ort für mich.
Es ist ein anderer kuppelförmiger Bau.
Wie viele Energieformen sind dort?
Sieben.
Sind sie in menschlicher oder energetischer Form?
Sie sind in Energieform.
Beschreibe was Du wahrnimmst und wie Du die Energieformen erlebst.
Die Kraft ihrer Energie lenkt mich ab. Die Kuppel sieht ähnlich aus wie die andere zuvor aber sie fühlt sich anders an.
Konzentriere Dich auf die Energie in der Kuppel und beschreibe mir diese Energie näher.
Sie kommt direkt vom Ursprung aller Dinge. Sie ist viel zu stark für mich um näher zu kommen. Es ist einfach überwältigend. Es erzeugt eine direkte Verbindung genau zum Herzen.
Abgesehen von der Kuppel, was kannst Du noch um diese Energien herum wahrnehmen?
Der Boden sieht aus wie Marmor. Zu anderen Zeiten gibt es hier einen Tisch, aber der ist jetzt nicht vorhanden. Auch Stühle mit hohen Lehnen.
Welche Farben haben die Energien?
Nur strahlendes reines Licht.
Ist Dein Lehrer bei Dir?
Ja.
Was geschieht als nächstes?
Mein Lehrer ist ein bisschen wie ein Rechtsanwalt.
Was sagt er?
Er erinnert sie an die viele Arbeit die wir alle tun, und im Besonderen an meine Arbeit.

Die Seele heilen

Was speziell sagt Dein Lehrer über Deine Arbeit?
Er sagt ich hätte ....es ist schwer zu verstehen.... Ich hätte viel für meinen Freund getan und ihm bei seiner Aufgabe geholfen. Er sagt viele meiner Aktionen amüsieren ihn und ich hätte noch einiges über Toleranz zu lernen.
In wie vielen Leben hast Du bereits an Toleranz gearbeitet?
In dreien, immer mit einem anderen Ansatz.
Kannst Du die Ältesten fragen, ob sie diese Leben kurz zusammenfassen können, damit Du verstehen kannst was in ihnen geschehen ist?
Ich bekomme grade einen Fluss an Informationen. Ich habe Toleranz aus verschiedenen Perspektiven kennen gelernt. Im ersten Leben wurde ich nicht toleriert. Ich konnte den Menschen nicht zeigen, wer ich wirklich war. Sie konnten nicht darüber hinweg kommen, wie ich aussah. Ich habe gelernt, dass ich nicht erwarten kann, dass Menschen sich ändern nur weil ich das so möchte. Ich habe auch gelernt, dass es nicht wichtig ist, was die Menschen von mir dachten. Im nächsten Leben habe ich die Rollen getauscht und war intolerant damit ich auch die andere Seite der bisherigen Erfahrungen verstehen konnte.
Welche Art Mensch warst Du in diesem Leben?
Ich war furchtbar. Ich war eine Frau, die nicht akzeptieren konnte, wenn jemand anders war, egal wie. Ob Farbe, Form oder Fähigkeiten. Ich sah auf alle herab, die es im Leben zu wenig gebracht hatten oder die ihr Leben anders lebten als ich.
Und das dritte Leben?
Dieses Leben.
Kannst Du die Lichtwesen fragen, was sie von Deinen letzten beiden Leben und diesem Leben halten?
Ich habe die meiste Arbeit schon getan. Jetzt geht es um die Feinheiten, die ich in dieser Sache lernen muss.

Welche Feinheiten?
Ich dachte immer an große Dinge, wenn ich über Toleranz nachgedacht habe. Also andere Kulturen oder Hautfarben. Ich muss jetzt lernen tolerant zu sein, was andere Meinungen und Ansichten betrifft. Ich versuche zu verstehen, warum jemand diese Ansichten hat, und nicht einfach zu denken, diese Menschen lägen falsch.
Haben die Lichtwesen einen Ratschlag für Dich?
Ich soll meine Aufmerksamkeit beibehalten. Ich soll die Situationen so erkennen, wie sie sind und von ihnen lernen.
Verstehst Du was damit gemeint ist?
Ja, ich verstehe es.
Was sagen sie noch zu Dir?
Sie scheinen recht zufrieden zu sein.
Möchtest Du Ihnen noch etwas sagen?
Ich brauche mehr Zuversicht.
Frag sie ob sie Dir ein Vorleben zeigen können, das Dir dabei helfen wird.
Sie zeigen mir ein Vorleben in dem ich stark war. Ich habe mich so stark gefühlt, als ob ich alles tun könnte.
Fühlst Du diese Stärke jetzt?
Ich fühle sie in meinem Brustkorb.
Erinnere Dich an dieses Gefühl und an dieses Vorleben, wann immer Du Stärke brauchst und Zuversicht.
Jetzt nicken sie zustimmend. Sie geben mir zu verstehen, dass sie zufrieden sind und dass ich auf dem richtigen Weg bin.
Können sie Dir etwas genauer sagen, was Du in der näheren Zukunft tun wirst?
Sie sind wirklich zufrieden mit dem was ich tue und mit den Menschen, mit denen ich mich umgebe. Sie finden meine Arbeit und meine Entwicklung gut. Sie sagen mir, dass ich expandieren soll und mehr Zutrauen und Vertrauen in

meine eigenen Fähigkeiten haben soll. Ich soll nicht so viel darüber nachdenken, dass ich etwas falsch machen könnte. Die Absichten, die ich habe, sind richtig. Das zählt.
Geben Sie Dir noch genauere Hinweise?
Ich werde die Gelegenheit haben, jemanden kennenzulernen, von dem ich dachte, dass ich ihn nie treffen würde.
Können sie Dir noch mehr sagen?
Es hat mit meiner psychischen Entwicklung zu tun.
Inwiefern wird Dir diese Person helfen?
Sie wird mich inspirieren und es wird mir energetisch helfen mit dieser Person zusammen zu sein.
Ist das genug Information?
Ja. Ich denke, sie haben mir mehr erzählt als eigentlich beabsichtigt war.
Gibt es noch eine letzte Frage, die Du stellen willst?
Nein.
Dann danken wir ihnen für ihre Weisheit und die Einsichten, die Du bekommen hast, und verabschieden uns von ihnen.

Clare bekam ihr Baby, traf wie angekündigt ihren Lehrer, und ist mit ihrer Arbeit sehr beschäftigt, die sie gemeinsam mit Menschen aus ihrer Seelengruppe tut. Sie schrieb folgendes über ihre LzL-Sitzung:

Obwohl ich das Gefühl habe, dass Worte nur unzureichend beschreiben können, was ich erlebt habe, möchte ich sagen, dass ich durch die LzL-Sitzung eine tiefgreifende spirituelle Erfahrung gemacht habe. Viele Dinge, die ich als Probleme betrachtet habe, sind genau beleuchtet worden und das hat mir eine neue Perspektive gegeben. Ich konnte Verbindungen erkennen und einen neuen und großen Überblick über mein Leben erhalten.

Ich hatte die erstaunliche Gelegenheit in mein Leben zwischen den Leben zu schauen, zu erkennen, wie Entscheidungen getroffen werden, und die Vorgänge zu verstehen, die dafür sorgen, dass wir das Beste aus unserem Leben machen. Ich konnte meine Seelengruppen treffen, konnte meine Karma-Gruppe an einem Ort der Liebe, der Vorurteilslosigkeit und des Verständnisses kennen lernen, und ich habe meinen Ältestenrat getroffen. Ich habe gelernt besser mit meinem Lehrer zu kommunizieren. Es war ein magisches und wunderbares Ereignis und ich habe einen tiefen Respekt für das Universum und die Prozesse, die greifen, wenn wir inkarnieren, bekommen. Ich respektiere mich mehr als zuvor und empfinde eine tiefere Liebe für meine Freunde, Familie und meine Herausforderer in meinem Leben. Meine Brüder und Schwestern auf meinem Weg.

Am meisten hat mich erstaunt, dass ich fähig war nicht nur mich selbst tiefer zu begreifen sondern auch mein Baby, mit dem ich schwanger war, als ich die Regression machte. Wir verstanden uns auf einer tiefen Ebene bevor sie überhaupt geboren wurde. Alles ist perfekt und an seinem Platz für sie und ihre Reise. Ich mache mir keine Sorgen um die Schwangerschaft und habe keine Angst vor der Geburt. Wir haben unsere Seelen gesehen und sind bereit, miteinander zu arbeiten. Ich kann nicht beschreiben, wie frei ich mich fühle und wie sehr ich jeden Moment der Schwangerschaft genieße.

Während ich schreibe, bemerke ich erst auf welch tiefer Ebene mich dass alles berührt hat. Ich fühle mich wieder verbunden, ich weiß, warum ich kam, ich weiß warum ich die Entscheidungen getroffen habe, die absolut richtig waren, und ich weiß, dass ich geliebt werde.

ZUSAMMENFASSUNG

Eine Leben-zwischen-Leben-Regression eignet sich nicht um Komplexe zu lösen. Das ist das Ziel einer Inneren-Kind oder Vorlebens-Regression. Eine LzL-Regression bietet dem Klienten aber eine umfassende Einsicht in die Entwicklung seiner Seele und die Ziele und Aufgaben, die er sich für dieses Leben gesetzt hat. Durch das Treffen mit den Ältesten und Seelengruppen kann ein größeres Verständnis für die Ereignisse und Entwicklungen des Lebens erfahren werden. Das Verstehen der größeren Zusammenhänge bietet eine Basis zur Veränderung des jetzigen Lebens eine Chance, die Seele heilen zu können und den Mut, Komplexe anzugehen. Obwohl einige Klienten manchmal bereits während einer Regression in ein Vorleben Seelenerinnerungen erfahren, ist es normalerweise erforderlich eine tiefe Trance zu etablieren, um an diese Erinnerungen zu gelangen. Die intuitive Verbindung wird jedoch oft schon hergestellt und eine Vertiefung nach einem Vorleben kann bereits einige Informationen liefern oder als Vorbereitung für eine LBL dienen.

Viele Schlüsselfragen, um eine erfolgreiche Navigation durch die LBL zu gewährleisten, finden sich in Anhang III. Durch Erfahrung und Intuition ergeben sich die richtigen Fragen oft im Zusammenhang mit den Ereignissen die der Klient berichtet. Auch hier werden die Fragen „Was geschieht als nächstes?" und „Gibt es noch wichtige Informationen oder Ereignisse, bevor wir weitergehen?" verwendet. Immer wichtig ist auf das zu hören, was der Klient sagt und wie er es sagt. Wenn er sagt „Ich kann Energie sehen" ist es hilfreich "Beschreibe die Energie" zu sagen, oder „Erkennst Du die Energie?" und nicht „Wer ist dieser

Helfer?" In einer tiefen Trance sind die Antworten, die kommen, sehr langsam und der Klient braucht Zeit um seine Antwort zu formulieren, bevor die nächste Frage oder Nachfrage kommt.

Um die Sitzung etwas zu beschleunigen, kann der Therapeut den Klienten auffordern, direkt zu bestimmten Ereignissen zu gehen, wie dem Treffen mit den Seelengruppen oder Ältesten und dem Ort der Selektion des Körpers. Wann immer möglich, lasse ich die Klienten jedoch in ihrem eigenen Rhythmus durch die Sitzung gehen, um wichtige Dinge, wie den Besuch einer Bibliothek oder andere Aktivitäten nicht zu verpassen. Falls das Vorleben, über das in das Zwischenleben gegangen wird, nicht das letzte vor dem jetzigen Leben ist, wird es nötig sein ein Kommando zu geben, um zur Planung des jetzigen Lebens zu gehen. Interaktive Fragen im *Ewigen Jetzt* mit Ältesten und Lehrer sollten zum Ende der Sitzung erfolgen, um die Erwartungen des Klienten zu erfüllen und nichts Relevantes zu verpassen.

Es kann während einer Sitzung zu Blockaden kommen, in der Regel ist es die Schwierigkeit des Klienten, in eine tiefe Trance zu gelangen. Um solche Schwierigkeiten möglichst zu vermeiden, sollte eine Selbst-Hypnose-CD oder eine Vorlebens-Regression vorgeschaltet werden, damit frühzeitig erkannt werden kann, ob diese Blockade besteht. Gelegentlich blockiert ein Lehrer das Erreichen der geistigen Ebene und es gibt immer einen Grund für diese Behinderung. Meist arbeitet der Klient aktuell an einem Karma-Thema und soll keine weiterführenden Informationen zu diesem Zeitpunkt empfangen.

Manchmal fragen sich sehr analytisch veranlagte Klienten im Anschluss an die Sitzung ob die Erfahrungen, die sie machten, "real" sind. Abgesehen von der Intensität der Gefühle, der Wiedervereinigungen und den oft sehr individuellen überraschenden und durchaus logischen Wendungen, die jede Sitzung nimmt, beeindrucken viele die Details, die sie wahrnehmen. In tiefer Trance nehmen Klienten Fragen sehr wörtlich und reagieren auch entsprechend darauf. Für die Meisten ist das Gefühl der unmittelbaren Wahrheit dessen, was sie erfahren, ausschlaggebend für ihre Einschätzung der Wahrhaftigkeit des Erlebnisses.

8

MIT KÖRPER-ERINNERUNGEN ARBEITEN

Das Heilmittel gegen Schmerz ist im Schmerz.
Gut und böse sind vermischt.
Wenn Du nicht beides hast, gehörst Du nicht zu uns.
Jelaluddin Rumi, 13. Jahrhundert, Sufi.

Viele Physiotherapeuten berichten, dass durch eine Tiefenmassage Bilder eines Vorlebens auftauchen können, wenn verspannte oder empfindliche Körperregionen bearbeitet werden. Es ist, als ob sich die Erinnerungen durch den Körper auf einen Aspekt ihres Energiefeldes „einstellen". Ein Beispiel ist ein Klient, der während einer Tiefenmassage seines Torsos berichtete, dass er sich selbst sah, wie er von anderen Körpern niedergedrückt wurde. Er berichtete etwas später, dass er offenbar ein Opfer der Pest gewesen war, das gemeinsam mit anderen Körpern von einem Karren in eine Grube geworfen wurde, obwohl er zu diesem Zeitpunkt gerade noch am Leben war.

Körper-Erinnerungen können durch ein traumatisches Ereignis oder nach und nach über einen längeren Zeitraum entstehen. Ein Kind gewalttätiger Eltern lernt vielleicht zu erschauern, den Kopf wegzudrehen und die Hände zum Schutz zu erheben. Falls dies über einen längeren Zeitpunkt anhält, wird alleine die Androhung von Gewalt die Körpermuskeln aktivieren, bis diese die

Schutzhaltung unbewusst „gelernt" haben. Das Kind wird dauerhaft angespannt sein und die Angst, gemeinsam mit chronisch hochgezogenen Schultern, gedrehtem Kopf und einem nervösen Magen, wird Teil seines Organismus werden. Dieses Verkrampfungsmuster kann sich über die Jahre zu einer andauernden Fehlhaltung entwickeln[1]. Das Unvermögen, diesen Zustand aufzulösen resultiert in einer erstarrten Körper-Erinnerung. Wilhelm Reich[2] nennt diesen Zustand „Körperrüstung" und beschrieb Verhärtungen durch unbewusste Muskelanspannung im Kopf, dem Kiefer, dem Nacken, den Schultern, dem Brustkorb, dem Zwerchfell, dem Becken und den Extremitäten.

Viele der Techniken, von denen in diesem Kapitel die Rede ist, wurden von Roger Woolger übernommen und adaptiert, der die Anwendung von Körperbewusstsein im Vorleben in der Regressionstherapie etabliert hat. Er nennt sein Vorgehen *Tiefenerinnerungsprozesse*[3] und beschreibt sie in seinen Büchern und Artikeln[4]. Pat Ogden und Dr. Kekuni Minton[5] betonen die Bedeutung von Körper-Erinnerungen in ihrem Buch *Sensomotorische Psychotherapie*, wie dies auch Tree Staunton[6] in dem weithin gewürdigten Buch *Körperpsychotherapie* tut. Diese und andere Bücher werden in Anhang I genauer besprochen.

KÖRPERSPRACHE

In der westlichen Welt gab es die Auffassung, dass Gefühle nicht gezeigt werden sollten, also wurden sie unterdrückt. Wenn dies passiert, werden die zu den Gefühlen gehörenden Körperempfindungen ebenfalls blockiert. Dies führt dazu, dass viele Personen es schwierig finden werden, ihre Körperempfindungen zu beschreiben. Nehmen Sie sich einige Minuten Zeit und versuchen Sie, alle Sinneseindrücke, die Ihr

Mit Körpererinnerungen arbeiten

Körper empfinden könnte, mit möglichst vielen Wörtern zu beschreiben. Im Durchschnitt werden bis zu sechs Wörter aufgelistet. Folgende Beispiele, Empfindungen zu beschreiben sind:

Schmerz, Anspannung, erstarren, zittern, vibrieren, klebrig, unscharf, klopfend, gerötet, angespannt, übel, schwer, dumpf, glatt, juckend, gespannt, kribbelnd, verschwitzt, dicht, ohnmächtig, eingeengt, reizbar, unter Druck, wirr, atemlos, erstickt, gerissen, eingesperrt, taub, wacklig, feucht, rasend, feucht, kühl, warm, aufgeblasen, schwindlig, klopfend, zuckend, klamm, eng und prickelnd.

Ein umfangreicheres Vokabular um Empfindungen zu beschreiben stärkt das Körperbewusstsein, vor allem, wenn eine physische Brücke angewandt wird. Der Therapeut unterstützt den Klienten, indem er ihn durch gerichtete Fragen ermutigt, seine Symptome und deren Lokalisation zu beschreiben:

Fühlt es sich dumpf oder scharf an?

Ist es pochend oder gespannt?

Ist es unter der Haut oder sitzt tiefsitzend?

Werden Klienten gebeten, eine Empfindung zu beschreiben, benutzen sie häufig Worte wie *Panik* oder *Angst*, also Begriffe, die sich eher auf den Gefühlszustand und nicht auf die Empfindungen beziehen. In solchen Fällen sollte man sie bitten, zu beschreiben, in welchem Teil des Körpers sie diese Empfindung verspüren. Panik kann sich körperlich in einer erhöhten Herzfrequenz, zittern und flachem Atem äußern. Ärger kann als Anspannung des Kiefers oder einem Impuls des

Zuschlagens erfahren werden. Hoffnungslosigkeit kann sich in einer Schwäche der Wirbelsäule mit eingezogenem Hals und gebeugten Schultern zeigen.

KÖRPER-ERINNERUNGEN ERKUNDEN

Sams Problem entstand, als sie eine Reise zu ihrem Sohn nach Miami unternahm. Eines Abends brachen drei bewaffnete und unter Drogen stehende Männer in ihr gemietetes Häuschen ein und verlangten Geld. Sie empfand Todesangst, da ihr die Hände gebunden und ein Messer an die Kehle gehalten wurde. Da sie Angst hatte, die Angreifer zu provozieren, hielt sie ihre Schreie zurück, obwohl sie getreten wurde, und zusehen musste, wie ihr Sohn und dessen Ehefrau geschlagen wurden. Sam litt seit 18 Monaten unter Albträumen und Panikattacken, die andere Therapien nicht hatten beseitigen können:

> Sie wurde angewiesen, die Körperhaltung einzunehmen die sie während des Angriffs inne hatte. Als sie ihre Hände vor ihrem Körper zusammenführte, übermannte sie die Erinnerung und sie begann zu schluchzen, woraufhin sie schnell durch die Erlebnissequenz geführt wurde. Als Sam über ihre Erinnerungen nachdachte, sagte sie *"Ich wollte den Strick um meine Hände lösen und sie anschreien, aber ich konnte es nicht"*. Sie wurde gebeten, die Haltung noch einmal einzunehmen und ihr wurde ein zusammengelegtes Handtuch leicht um ihre Handgelenke gelegt, um das Psychodrama des Geschehens nachzustellen. Als sie in die Erinnerung zurückgeführt wurde, veränderte sie sie, indem sie das Handtuch abstreifte und einen Wortschwall von Flüchen herausschrie. Als sie ausatmete, überzog ein

Lächeln ihr Gesicht. Die Panikattacken und Albträume waren nach der Sitzung verschwunden.

Sams Komplex begann als sie dachte, dass sie sterben würde, ausgelöst durch die Todesangst sowie die Körper-Erinnerungen, die Handhaltung und die Unmöglichkeit zu schreien. Die Umformung erfolgte in umgekehrter Reihenfolge, indem mit ihrer Körper-Erinnerung zum Zeitpunkt des Entstehens des Komplexes, also dem Angriff, begonnen wurde. Folgende Schritte können genutzt werden, um Körper-Erinnerungen zu erkunden:

Geh zu dem Moment direkt vor....

Bei Körper-Erinnerungen sollte der Klient ermutigt werden, die entsprechende Haltung *einzunehmen*, anstatt sie zu *beschreiben*.

Körper, zeig mir, was geschieht.

Körper, zeig mir, was als nächstes geschieht.

Mit Körper-Erinnerungen zu arbeiten kann eine fest verankerte Katharsis freisetzen, deshalb ist Vorsicht geboten, da der Klient von der Freisetzung überwältigt werden kann. Mit wachsender Erfahrung wird der Therapeut einschätzen können, ob eine volle Freisetzung in einer Sitzung oder die graduelle Auflösung über mehrere Sitzungen angebracht ist. Um die Katharsis zu kontrollieren sollte der Therapeut den Körper mehrmals in einer etwas höheren Stimme anweisen, sich zum Ende der Erfahrung zu begeben:

Körper, geh durch die Erfahrung hindurch, geh bis zum Ende.

Die Seele heilen

Mit Körper-Erinnerungen zu arbeiten, schärft die Wahrnehmung des Klienten für seinen Körper, da auf diese Weise die durch einen Komplex erstarrte Körperenergie am effektivsten aufgelöst und verändert werden kann. Die emotionalen und gedanklichen Anteile des Komplexes können anschließend bearbeitet werden.

TRANSFORMATION VON KÖRPER-ERINNERUNGEN DES VORLEBEN

Unerklärliche physische Beschwerden im aktuellen Leben sind häufig eine Folge eines gewaltsamen Todes im Vorleben. Hängen, Feldschlachten, von wilden Tieren getötet zu werden, Folter, Mord, durch Felsen eingeklemmt zu werden, Erdbeben, Vergewaltigung oder durch einen Mob erschlagen zu werden, sind nur einige der Todeserinnerungen, die angetroffen werden können. Wie Ian Stevenson in seinen Studien aufzeigen konnte, sind diese erstarrten physischen Erinnerungen solcher Ereignisse so stark, dass sie sehr häufig mit unerklärbarer Anspannung, Schmerzen und einer bestimmten Körperhaltung im aktuellen Leben vergesellschaftet sind.

Ein Fall, der dies sehr schön veranschaulicht, ist der einer Klientin namens Sally. Sally, eine Frau Ende Vierzig, litt solange sie sich zurückerinnern konnte, unter chronischen „unerklärlichen Schmerzen" in ihrer Halswirbelsäule und den Armen sowie verstörenden Gefühlen des Alleinseins. In einer Therapiesitzung wurde sie in ein Leben zurückgeführt, in dem sie eine Bauersfrau mit einer großen Familie gewesen war. Ihre Kinder waren erwachsen geworden und hatten, einer nach dem anderen das Haus verlassen. Kurz danach musste ihr Ehemann fortgehen, um sich anderswo nach Arbeit umzusehen. Sie blieb mit wenig Geld und geringem Essensvorrat mit einem zweijährigen Kind das sie Baby nannte, zurück. Sie beging Selbstmord, da sie die plötzliche

Einsamkeit nicht ertragen konnte. Durch das Auflösen des aus diesem Vorleben entstandenen Komplexes konnte sie endlich auch ohne dass jemanden ihr Gesellschaft leistete, wirklich glücklich sein. Die zweite Sitzung befasste sich mit ihren unerklärbaren Schmerzen:

> Sally wurde aufgefordert, sich auf den Schmerz in ihrer Wirbelsäule zu konzentrieren und ihre Körperhaltung entsprechend zu verändern. Sie setzte sich aufrecht hin und nahm ihre Hände über den Kopf. Sie wurde in das Leben eines zehnjährigen Mädchens zurückgeführt, der zur Bestrafung ein rotglühender Schürhaken an den Nacken gehalten werden sollte. Sally schluchzte auf und ihr Körper begann zu zittern. Das Kind wurde schnell durch ihren Tod geführt, den sie, von Grauen geschüttelt und alleine auf einem kalten dunklen Boden liegend, erlitt. Als sie ihren letzten Atemzug nahm, seufzte Sally auf und ihre Atmung verlangsamte sich.
>
> Eine Rückschau der wichtigsten Ereignisse dieses Lebens zeigte, dass sie ein glückliches Leben mit ihren Eltern in London geführt hatte, bis diese an der Pest erkrankten. Um zu verhindern, dass sie sich anstecken könnte, wurde sie aus dem Haus gestoßen und ihr wurde gesagt, dass sich die Nachbarn um sie kümmern würden. Da diese unglücklicherweise vermuteten, dass sie ebenfalls infiziert sein könnte, wurde sie gemieden und ihr blieb nichts anderes übrig, als auf den gepflasterten Straßen herumzustreunen. Sie überlebte, in dem sie Essen stahl und in kalten Türeingängen schlief. Sie erinnerte sich daran, dass sie dem Geruch zweier großer Pasteten, die zum Abkühlen auf die Fensterbank gestellt worden waren nicht widerstehen konnte da sie sehr hungrig war. Sie beschloss, eine zu stehlen, aber anstatt damit davonzulaufen setzte sie

sich um zu essen. Ein Dienstbote des Hauses ertappte sie und beschimpfte sie als dreckiges Gassenkind, das bestraft werden müsse. Sie wurde von zwei Männern an ihren Armen gepackt und in ein dunkles Verlies geworfen. Zu einem späteren Zeitpunkt wurden ihre Arme nach oben gezerrt und an einen Balken gebunden, so dass sie den Boden nicht mehr mit ihren Füssen erreichen konnte. Ihre Lumpen wurden ihr heruntergerissen und sie nahm einen Mann wahr, der einen Schürhaken ins Feuer hielt bis dieser glühend rot war. Sie wurde schnell durch ihren Tod geführt.

Ihre *Nacken* und ihre *Hände* wurden gefragt, was sie an dem Vorleben verändern wollten. Sally sagte, sie wollte ihre Hände befreien und den Schürhaken wegstoßen. Das Kind wurde aufgefordert, zu dem Todeszeitpunkt zurückzukehren und die entsprechende Körperhaltung einzunehmen. Als sich Sally aufsetzte und ihre Arme nach oben streckte, wurde ein Handtuch benutzt, um ihre Hände zu fixieren. Durch einen Druck mit der Hand wurde das Psychodrama des Schürhakens auf ihrem Nacken simuliert. Sally beschrieb den Schmerz in ihrer Wirbelsäule und den Geruch ihres verbrannten Fleisches. Sie wurde ermutigt, ihre Hände zu befreien und den Schürhaken wegzustoßen, indem sie gegen die Hand des Therapeuten auf ihrem Nacken drückte. Sie atmete erleichtert auf und berichtete, dass der Schmerz und die Anspannung vollständig aus ihrer Wirbelsäule verschwunden waren.

Der Eintritt in das Vorleben erfolgte in diesem Fall während des gewaltsamen Todes und Sally wurde zügig hindurch geführt. Im Anschluss daran erfolgte ein Rückblick des gesamten Vorlebens. Da eine Körperbrücke genutzt wurde, waren die dem Komplex zugeordneten Körper-Erinnerungen bekannt. Diese hätten vor

Mit Körpererinnerungen arbeiten

ihrer Veränderung genauer untersucht werden können. Die Veränderung wurde begonnen, in dem die betroffenen Körperteile, also ihre Wirbelsäule und ihre Arme, direkt angesprochen wurden. Sie wurde direkt zum Todeszeitpunkt zurückgeführt und es wurde ihr ermöglicht ihre Fesseln zu lösen und den Schürhaken wegzustoßen. Dieses Vorgehen ermöglichte eine sehr schnelle Umwandlung der erstarrten Körper-Erinnerungen und Sallys „unerklärbare" Schmerzen sind seither nicht mehr aufgetreten.

Während eines gewaltsamen Todes im Vorleben kann ein Klient sehr schnell über den Todeszeitpunkt hinweggeführt werden. Folgendes sollte wiederholt und mit erhobener Stimme gesagt werden:

Geh zu dem Moment an dem Du stirbst ... Körper, geh rasch hindurch, bis zum Ende bis es zu Ende ist.

Bei manchen Menschen hinterlässt Folter eine lange und schmerzhafte Erfahrung mit Anzeichen auf den nahenden Tod. Um die Intensität dieser Todeserfahrung zu reduzieren, kann es nötig sein, sie zu wiederholen. Falls ein gewaltsamer Tod nicht komplett erinnert wird, kann der Klient sich möglicherweise nicht an einen unterdrückten Schrei oder eine Verletzung des Körpers erinnern. Es ist wichtig, dass falls Widerstand gegen den Tod geleistet wurde, dieser erinnert und aufgelöst wird, da dies sonst Ursache eines sich wiederholenden Komplexes im derzeitigen Leben sein könnte.

In Übereinstimmung mit einer Transformation in der geistigen Welt ist es deshalb am besten dem Klienten die Entscheidung zu überlassen wie dieser die Veränderung der Erinnerung erfahren möchte. Wird eine Körper-Erinnerung verändert, muss das Trauma nochmals durchlebt und jeder *Teil* zu einem bewussten neuen Abschluss gebracht werden. Die beteiligten Körperteile einzeln anzusprechen, hilft sich auf die unterschiedlichen Aspekte der Veränderung zu konzentrieren und festzulegen, ob eine oder mehrere Psychodrama-Sitzungen benötigt werden. Einzelne Körperteile können z.b. eine geballte Faust, taube Beine oder gefesselte Hände sein:

Hand (oder Arm, Bein, etc.) was möchtest Du tun, das Du nicht tun konntest?

Ein Shutdown Komplex zeigt sich, wenn sich ein Teil oder der ganze Körper des Klienten versteift, während er als Opfer über eine Gewalttat berichtet. Weitere Hinweise auf einen Shutdown Komplex können Taubheitsgefühle, Abstumpfung der inneren Empfindungen oder eine Verlangsamung der Muskelreflexe sein. Ich habe festgestellt, dass in solchen Fällen Schamanische Krafttiere effektiv sein können. Wenn die Klienten angewiesen werden, ein Geisttier mit der benötigten Energie zur Hilfe zu holen, berichten sie häufig, einen Löwen, Bären, Tiger etc. als Unterstützung zu erhalten. Welcher Art diese Energie ist oder woher sie kommt ist weniger wichtig als die Tatsache, dass sie eine Metapher zur Veränderung der erstarrten Körperteile bietet:

Gehe ins Königreich der Tiere und finde das Geisttier das die Energie aufweist, die Du brauchst ... nimm die Energie in Dich auf und fühle, wie sich ihre Stärke in Deinen ... (Fäusten, Beinen etc.) ... ausbreitet.

Im Fall von Sally begann die Transformation genau zu dem Zeitpunkt bevor der heiße Schürhaken sie berührte:

Geh zu dem Moment exakt bevor ... (dem Start des Traumas)

Hilfsmittel wie Handtücher oder Kissen können mit etwas Kreativität sehr hilfreich sein. Im Fall von Sally wurde die ausgestreckte Hand des Therapeuten benutzt um den Schürhaken darzustellen so dass der Körper die Erfahrung machen konnte das Werkzeug wegzudrücken:

Körper (Faust usw.), **zeig mir, was Du immer tun wolltest.**

Gefühle, vor allem Angst, wirken wie ein starkes Ladegerät, das große Mengen Energie aufbaut, die mit den Körper-Erinnerungen gespeichert werden. Wenn eine Blockade gelöst wird, entsteht ein natürlicher Energiefluss, der vorher nicht verfügbar war. Klienten atmen oft erleichtert auf oder berichten davon, Wärme, ein Zittern oder ein neues Bewusstsein in diesem Teil ihres Körpers zu verspüren.

Transformation von Körper-Erinnerungen des aktuellen Lebens

Das menschliche Selbstverteidigungssystem wird überwältigt und reagiert chaotisch und desorganisiert, wenn Widerstand oder Flucht nicht möglich sind. Dies zeigt sich im Krieg, bei Folter, sexuellem Missbrauch und Schlägen in der Kindheit. Diese Erinnerungen, manchmal auch posttraumatischer Stress genannt, können hyperaktive Komplexe sein, die sich in Symptomen wie unkontrollierten Körperzuckungen, Aggression, übersteigerter Wachsamkeit und unkontrollierbaren Wutausbrüchen äußern. Sie können auch als Shutdown Komplex auftreten, in diesem Fall zeigen sich Symptome wie z.B. chronische Muster von Unterwerfung, Hilflosigkeit, die Unfähigkeit Grenzen zu setzen, Gefühlsblockaden, Taubheitsgefühlen und einer Wiederholung der Opferrolle. Panikattacken, Albträume, physische Schmerzen und Flashbacks können bei beiden Arten Komplexen auftreten.

Eine Klientin, die ich Jo nennen werde, war eine alleinstehende 30jährige Frau die unter einer posttraumatischen Stresserkrankung litt. Diese äußerte sich in Magenkrämpfen, Zähneklappern, Schwierigkeiten mit der Atmung und einem Zittern, das sie ständig versuchte, zu unterdrücken. Ihrer Aussage nach war es „*als ob mein Magen und andere Körperteile nicht zu mir gehören, sondern von mir getrennte Lebewesen sind*". Zusätzlich litt sie unter nächtlichen Panikattacken. Die Beschwerden waren Folge eines vor 10 Jahren missglückten Kampfsporttrainings. Während einer schlecht überwachten Trainingsstunde bekam ihr männlicher Trainingspartner einen Wutausbruch und umklammerte ihren Torso mit seinen Beinen, so dass sie keine Luft mehr bekam. Sie konnte sich nur noch daran erinnern, dass sie verzweifelt versucht hatte, sich zu befreien und unfähig war, etwas zu sagen, bevor sie ohnmächtig wurde. Sie erinnerte sich daran, dass sie Schmerzen im Brustkorb hatte als sie wieder bei Bewusstsein war. Am nächsten Tag wurden Rippenbrüche sowie Gefühlsstörungen in ihren Händen und Füssen diagnostiziert. Alle weiteren Symptome traten kurz nach dem Vorfall auf. Sie hatte über die Jahre unterschiedliche Therapien ausprobiert, die ihr aber keine Besserung brachten:

> Jo wurde aufgefordert, ihren Körper zeigen zu lassen, was während des Vorfalls geschehen war. Sie hatte anfänglich Schwierigkeiten, sich ihrer Empfindungen bewusst zu werden, da sie panisch war, schrie, stark zitterte und ihr Körper sich aufbäumte. Zunächst wurde sie ermutigt, ihrem Körper zu vertrauen und alle Bewegungen zuzulassen ohne zu versuchen, sie zu kontrollieren. Für Jo war wichtig zu wissen, dass sie die Erinnerung jederzeit stoppen konnte, falls es sie zu sehr belastete. Einem traumatischen Vorfall

erneut ausgesetzt zu sein ist eine sehr intensive Erfahrung und es dauert einige Zeit, bevor eine Entspannung eintritt. Sie wurde gefragt, ob sie zustimmen würde, ein Kissen auf ihren Bauch gelegt zu bekommen, um das Gefühl der sie umklammernden Beine nochmals zu erleben. Jo stimmte zu und wurde ermutigt, das Kissen mit ihren Händen festzuhalten und wegzustoßen, wenn die Erfahrung sie zu sehr belastete. Auf diese Weise hatte sie die Situation unter Kontrolle. Als das Kissen auf ihren Bauch gedrückt wurde bäumte sie sich auf und zitterte, und schob es sofort herunter. Sie wurde langsam durch das Ereignis dirigiert und aufgefordert, die Gefühle in ihrem Magen bewusst wahrzunehmen. Mit jeder weiteren Sitzung konnte die Zeit, in der sie das Kissen auf ihrem Magen ertragen konnte, verlängert werden.

Jo wollte an ihren Problemen mit ihrer Atmung und ihrer Kehle arbeiten und wurde aufgefordert, langsam und tief zu atmen, während das Kissen auf ihren Magen gedrückt wurde. Zu Beginn fing sie sofort an zu würgen, während sie das Kissen wegstieß. Nach mehreren Versuchen und mit viel Ermutigung wurde ihre Atmung langsamer und tiefer. Jo berichtete, dass sie immer noch eine Anspannung in ihrer Kehle verspürte und wurde aufgefordert, sich während der nächsten Sitzungen auf diese Empfindung zu konzentrieren. Nach und nach gelang es ihr, gleichmäßig zu atmen, während das Kissen auf ihren Bauch gedrückt wurde.

Nach 40 Minuten, in denen ihre erstarrten Körper-Erinnerungen freigesetzt und transformiert worden waren, war Jo erschöpft und ihr wurde Zeit gegeben, ihre neuen Körpergefühle auszukosten. Sie berichtete, dass sie sich mehr mit ihrem Körper verbunden und ruhig fühlte.

Die Seele heilen

Es wurden drei weitere Therapiesitzungen benötigt, um in gleicher Weise ihren Magen, ihr Grauen und ihre zitternden Beine zu therapieren. Die Intensität konnte durch die Sitzungen reduziert werden, aber ein geringer Rest der Körper-Erinnerungen blieb bestehen. Jo berichtete, dass sie besser schlafen konnte und die Flashbacks und Krämpfe weniger häufig auftraten.

Zu Beginn der fünften Sitzung erklärte Jo, dass sie die Sitzung nutzen wollte, um sich auf eine Beziehung zu konzentrieren, die ihr nicht aus dem Kopf ging. Das Ende der Beziehung fiel ungefähr in die Zeit des Kampfsportunfalls und sie empfand immer noch Traurigkeit und Sehnsucht. Sie wurde in das Leben eines Mannes im Mittelalter zurückgeführt. Jo spürte ein erdrückendes Gefühl in ihrer Brust und ihrem Unterkörper als sie berichtete, auf dem Grund eines trockenen Brunnens zu liegen während weitere Körper auf sie heruntergeworfen wurden. Der Mann starb einen schnellen Tod und als er seinen Körper verließ, wurde Jos Atem ruhiger und sie entspannte sich.

Die Rückschau auf dieses Leben ergab, dass der Mann mit einem jungen, attraktiven brünetten Mädchen verheiratet gewesen war. Die Ehe war kinderlos, aber sie waren glücklich und liebten einander. Obwohl er nur ein einfacher Landarbeiter war, wurde er zur Verteidigung eingezogen um gegen die Invasoren zu kämpfen als ihre Heimat angegriffen wurde. Da sie nur mit hölzernen Waffen kämpften, wurden sie bald überwältigt und gefangen genommen. Er wurde von zwei Soldaten ergriffen und rückwärts in den Brunnen gestoßen.

Nach seinem Tod im Vorleben wurde der Mann aufgefordert die Seele seiner Ehefrau zu treffen und er stellte fest, dass sie seinen Verlust betrauerte. Jo konnte sie umarmen, indem ihr ein Kissen in die Arme gelegt wurde und erinnerte sich an die tiefe Liebe, die sie geteilt hatten. Der Mann wurde anschließend aufgefordert, den Tod im Brunnen noch einmal zu durchleben und in der Weise zu verändern die der Körper brauchte. Da er sich nicht von seiner Ehefrau trennen wollte, wurde Jo angewiesen, das Kissen als eine Erinnerung an ihre gemeinsame Liebe festzuhalten. Der Mann wurde aufgefordert zu dem Moment zu gehen, als die ersten Körper auf ihn herabgefallen waren. Als Druck auf Jos Magen ausgeübt wurde, war es ihr möglich, das Kissen weiterhin festzuhalten. Zum ersten Mal konnte Jo den Druck auf ihren Magen ohne negative Reaktionen ertragen. Ein Scan von Jos Körper ergab, dass die Anspannung komplett aufgelöst worden war.

In den folgenden Sitzungen berichtete sie, dass sie nicht mehr unter Panikattacken litt und ihre Schlafgewohnheiten sich wieder völlig normalisiert hatten. Sie hatte auch nicht mehr das Gefühl, ihren Körper bewusst zusammenhalten zu müssen, und sagte, ihr Körper fühle sich wieder unversehrt an. Die Leiden, die ihr im Vorleben in dem dunklen Brunnenschacht widerfahren waren, hatten sich mit dem traumatischen Kampfsportereignis vermischt. Dass sie von den Körper-Erinnerungen beider Ereignisse befreit worden war, hatte einen positiven Widerhall auf ihr gegenwärtiges Leben. Sie sagte *„Ich habe nur noch vor mich hin vegetiert und jetzt genieße ich jede Minute meines zweiten Lebens"*.

Die Freisetzung hyperaktiver Energie wie im Fall von Jo muss in der Weise kontrolliert werden, dass der Klient die gespeicherte Energie freilassen und verändern kann und doch während des gesamten Vorgangs die Kontrolle über diesen Prozess behält. Der Vorgang muss mit größter Rücksichtnahme auf den Klienten und dessen voller Zustimmung durchgeführt werden. Die Techniken des Erkundens und Veränderns von erstarrten Körper-Erinnerungen im gegenwärtigen Leben sind identisch mit der Auflösung dieser Erinnerungen aus Vorleben, wobei der Pegel an Energie wesentlich höher ist und häufig mehrere Sitzungen erforderlich sind.

Psychodrama

Manchmal sitzt eine Katharsis so fest, dass sie nicht durch eine Veränderung durch Körpertherapie aufgelöst wird. Psychodrama ist eine Technik, die darauf beruht, die Spannung des Ereignisses zu dramatisieren, bevor es transformiert werden kann. Dies kann beispielsweise ein Komplex sein, der begann als ein Sklave geschlagen wurde und sich nicht zur Wehr setzte. Nachdem das Vorleben erkundet wurde, kann der Klient zum Augenblick vor den Schlägen zurückkehren und die Informationen über die Situation können zum Aufbau der Spannung genutzt werden. „Er hält den Stock ... der Stock senkt sich wenn ich bis drei zähle ... Eins ... Lass Deinen Körper zeigen, was geschieht ... Nimm wahr, wie sich Deine Faust ballt ... was wolltest Du tun und konntest es nicht ... Zwei ... erinnere Dich daran, was mit Deinem Körper geschieht wenn ich drei sage ... Drei".

Atmung und Geräusche bieten eine weitere Möglichkeit, erstarrte Gefühle zu verstärken[7]. Falls die Person im Vorleben wütend ist und „Ich will ihn schlagen" schreit, kann der Therapeut die Lautstärke seiner Stimme anpassen und ihn ermutigen, diese Aussage mehrmals zu wiederholen. Wenn der Klient schreit, kann der Therapeut ebenfalls laut werden. Dies dient der Dramatisierung des Augenblicks und intensiviert die Gefühle. Jemand der sich fürchtet, wird eine kurze schnelle Atmung aufweisen. Wenn der Therapeut kurze schnelle

Atemzüge macht, kann der Klang der Atmung dem Klient als Vorbild dienen. Falls die Person des Vorlebens traurig ist und die Emotionen feststecken, kann der Therapeut dazu raten „versuche, tief einzuatmen und beobachte, wie Deine Traurigkeit klingt".

Abspaltung und Fragmentierung durch verborgenes Trauma

Abspaltung des Geistes vom Körper ist ein Abwehrmechanismus, der einer Person ermöglicht ein traumatisches Erlebnis zu überstehen, ohne in dem Körper gefangen zu sein, der den physischen Schmerz wahrnimmt. Das Bewusstsein spaltet sich ab und verlässt den Körper, während der Klient über das Ereignis aus der Distanz oder einem traumähnlichen Zustand und ohne die Empfindungen wahrzunehmen, berichtet. Alice Givens[8] schreibt in ihrem Buch *Process of Healing*, dass Klienten sich selbst hypnotisieren können, um Traumata mit Gedanken wie "ich will das nicht fühlen" oder "das passiert nicht wirklich" zu vermeiden.

Bei extremen Angst- oder Schreckensgefühlen kann dies sogar noch ausgeprägter sein. Herman[9] hob in seinen Arbeiten, die im letzten Jahrhundert publiziert wurden hervor, dass Klienten die an Hysterie litten die Fähigkeit verloren, Erinnerungen an für sie überwältigende Ereignisse einzuordnen. Mit sorgfältigen Ermittlungstechniken konnte er zeigen, dass traumatische Erinnerungen in einem krankhaften Zustand getrennt erhalten und vom gesunden Bewusstsein blockiert wurden. Freud nannte ungelöste Traumata Fixation und Fairbairn, einer der Gestalter der modernen Theorie der Psychodynamik nannte sie Fragmentierung[10]. Sie entstehen durch hoch emotionale Situationen, z.B. Kriegsverletzungen im Kampf bei Amputationen, Gewalttaten und Folter. Durch wiederholten

Missbrauch über längere Zeit, wie z.b. Verhöre mit Folter oder Misshandlung von Kindern können multiple Fragmentierungen auftreten. Wenn das Erinnerungsfragment nach einiger Zeit ins Bewusstsein gelangt werden einige mit dem Ereignis emotional und physisch verbundene Aspekte aktiviert. Bei an einer Kriegsneurose leidenden Personen nennt man es einen Flashback (Rückblende), so können z.b. Geräusche ein Zittern des gesamten Körpers und heftige Angst auslösen. Das Fragment löst eine Rückblende an damals erlebte Gedanken, Gefühle und Körper-Erinnerungen aber keine schlüssige Erklärung aus. Falls es vor dem Ableben nicht aufgelöst werden kann, wird ein solches Bewusstseinsfragment vom Geistkörper als Erinnerung mitgenommen.

Ein Fall, der dies gut darstellt, ist eine Klientin, die ich Rose nennen werde. Sie war eine Mutter in den Vierzigern, deren Hauptproblem es war, dass sie nicht an intimem Kontakt mit ihrem Ehemann interessiert war. Wenn er in sie eindrang, verkrampfte sie jedes Mal. Sie hatte begonnen, sich selbst zu verletzen und rauchte und trank Alkohol, um ihre Gefühle abzustumpfen. Die über einen längeren Zeitraum absolvierten konventionellen Therapien blieben ohne Erfolg. Rose konnte sich kaum an ihre Kindheit erinnern, aber sechs Monate vorher hatte eine Vaginalinfektion ein Erinnerungsfragment ausgelöst, wie sie von ihrem Vater sexuell missbraucht worden war. Ungefähr zu der Zeit hatte sie auch begonnen, unter Asthma zu leiden. Sie hatte den Mut, diese sehr schmerzhafte Erinnerung mit den anderen Therapeuten im Verlauf eines Workshops zu teilen:

> Rose wurde in eine Erinnerung ihres gegenwärtigen Lebens zurückgeführt, in der sie elf Jahre alt war und durch ein Fenster ihrem Vater zusah, als er die Familie verließ. Sie dachte *„es war alles meine Schuld"*. Sie hatte ein Tonband gefunden, auf dem ihr Vater sich mit seiner Geliebten

unterhielt und es, da sie die Bedeutung nicht einschätzen konnte, ihrer Mutter übergeben. Ihre Mutter hatte ihren Vater damit konfrontiert, woraufhin dieser die Familie verließ. Als Rose die Worte „*es war alles meine Schuld*" wiederholte, begann sie leise zu schluchzen und wurde aufgefordert, ihre Körperstellung der Erfahrung anzupassen. Roses Unterkörper schien starr zu sein und sie berichtete über ein Gefühl von Taubheit und Druck. Sie sah Bilder von Felsbrocken, die ihre Beine gefangen hielten und erkundete Körper-Erinnerungen von vergeblichen Befreiungsversuchen, die sie frustriert aufstöhnen ließen, was eine Katharsis freisetzte. Da intuitiv angenommen wurde, dass es sich um ein Fragment aus einem Vorleben handelte, wurde sie daran erinnert, dass dieser Körper tot war und sie ihn verlassen konnte.

Rose wurde um eine Zusammenfassung der wichtigsten Ereignisse dieses Lebens gebeten. Alles woran sie sich erinnern konnte war, dass sie als Soldat im Krieg von herabfallenden Haustrümmern verschüttet worden war. Der Soldat wurde zu dem Moment zurückgeführt, als er den Druck der Steine auf seinen Beinen das erste Mal wahrnahm. Ein Kissen wurde auf Roses Beine gedrückt und der Soldat wurde aufgefordert, den Schutt mit Hilfe eines „Geistbären" wegzuschieben. Rose begann zu husten und nach Luft zu ringen, da weitere Teile der Erinnerung auftauchten und der Soldat den Staub des einfallenden Hauses einatmete. Er wurde nochmals durch den Tod navigiert und Rose durchlebte eine weitere Katharsis. Ihr Körper entspannte sich sichtbar und ihre Atmung normalisierte sich. Der Soldat wurde erneut aufgefordert, eine Zusammenfassung der Ereignisse seines Lebens zu erzählen. Er war als Kundschafter während des zweiten Weltkrieges ausgeschickt worden und hatte, weil er sich fürchtete, Informationen erfunden, die dazu führten, dass viele Soldaten sterben mussten. Er erinnerte sich an den Granatenhagel und dass die Leichen von Krähen gefressen wurden. Das Massaker war durch seine Schuld zustande gekommen. Der Therapeut stellte fest, dass die Weitergabe von Information, die zu einer Katastrophe führte, auch in Roses Kindheitserinnerung eine Rolle gespielt hatte. Der Soldat wurde aufgefordert, zu dem Moment zurückzukehren, an dem die Trümmer seine Beine unter sich begruben. Er wurde ermutigt, den Schutt wegzustoßen, indem er fest gegen ein auf Roses Beine und Unterkörper gepresstes Kissen drückte. Nachdem die Mauerreste weggestoßen worden waren, wurde Rose aufgefordert, die Gefühle in ihrem Körper bewusst wahrzunehmen. Sie streckte ihre Beine aus und befühlte sie und ihr wurde bewusst, dass sie leichter atmen konnte. Sie wurde aufgefordert, ihre Beine zu bewegen und das Gefühl bewusst wahrzunehmen und eine Laufbewegung zu machen, während sie auf ihrem Rücken lag. Als sie ihre Beine bewegte, entspannte sie sich und sagte, dass sie ein Gefühl der Stärke empfand. Die kleine Rose wurde gefragt, ob sie auch hatte weglaufen wollen. Rose weinte leise und ihre Beine hörten auf, sich zu bewegen, als sie sich daran erinnerte, wie sie vom Gewicht ihres Vaters niedergedrückt worden war. Die kleine Rose verließ ihren Körper und schaute von oben zu, während ihr Vater sie missbrauchte. Ein Kissen wurde auf Roses Unterkörper gepresst und die kleine Rose wurde ermutigt, ihn fortzustoßen. Als sie gegen das Kissen drückte, kamen ihr die Tränen und sie konnte kaum atmen. Sie erinnerte sich daran, wie das Gewicht ihres Vaters sie erstickte, als sie versuchte zu atmen. Zuerst hatte so nicht genug Kraft zu schieben, daher wurde sie ermutigt, die Kraft des Soldaten aus ihrem

Mit Körpererinnerungen arbeiten

Vorleben als Unterstützung zu holen. Als die kleine Rose ihren Vater wegschob und sich von dem Druck befreite, fühlte sie, wie ihre Arme und ihr Oberkörper mit Energie erfüllt wurden. Sie wurde gefragt, was ihre Beine tun wollten und aufgefordert, ihren Gefühlen Ausdruck zu geben, woraufhin sie mit ihren Beinen Laufbewegungen ausführte Als sie erlebte, wie Gefühle ihren Unterkörper durchströmten, war die kleine Rose verwirrt, weil ihr einfiel, dass ihre Geschlechtsorgane ihr Genuss bereitet hatten. Sie wurde daran erinnert, dass dies eine automatische und natürliche Reaktion jedes Körpers war und ihr wurde der Gedanke *„Genitalien, ich gebe euch keine Schuld, wie ihr reagiert habt war natürlich und normal"* zur Unterstützung gegeben. Als sie das Erinnerungsfragment integriert hatte, entspannte sich Roses Gesicht.

Der kleinen Rose fiel ein, dass ihr Vater ihr gesagt hatte, dass die Polizei sie mitnehmen würde, falls sie ihrer Mutter davon erzählte. Sie erhielt die Erlaubnis, ihre Mutter zu visualisieren und ihr zu sagen, was sie ihr immer hatte sagen wollen. Die Tränen stiegen ihr in die Augen, als sie ihrer Mutter erzählte, was ihr Vater ihr angetan hatte. Sie wurde aufgefordert, ihren Körper auf Spannungen zu scannen und berichtete, dass sich ihre Beine immer noch angespannt anfühlten. Rose wurde ermutigt, ihre Beine erneut zu bewegen als sie tief einatmete. Sie lächelte als sie sagte, dass sie es endlich genießen konnte, das zu tun.

Wie dieser Fall klar zeigt, ist es möglich auch schwere Traumata sehr effektiv durchzuarbeiten, wenn der ganze Körper daran beteiligt ist. Bei vollem Einsatz können physische und emotionale Freisetzung sowie die Integration des Fragments sehr zügig erreicht werden. Wenn es sich um schmerzhafte

Kindheitserinnerungen handelt, können Vorleben als Hintertür zur Freisetzung erstarrter Erinnerungen genutzt werden vor das Trauma des aktuellen Lebens bearbeitet werden kann. Es war für alle Teilnehmer des Workshops erkennbar, dass die Freisetzung für Rose eine unglaubliche Erleichterung war, auch wenn es auf einen Beobachter außerordentlich schmerzhaft gewirkt haben dürfte. Nach dieser Sitzung hörte Rose auf, sich selbst zu verletzen und entschloss sich, mit dem rauchen und trinken aufzuhören. Sie konnte ihre Gefühle wieder wahrnehmen, obwohl einige davon immer noch sehr schmerzhaft waren und setzte in mehreren Rückführungssitzungen weitere Erinnerungen an den vier Jahre andauernden Missbrauch durch ihren Vater frei. Nach den Sitzungen verbesserte sich ihr Intimleben und ihr Asthma verschwand.

In komplexeren Fällen mit multiplen Fragmenten kann jedes Fragment mit einem anderen traumatischen Ereignis zusammenhängen. In diesen Fällen muss jedes Fragment und jede traumatische Erinnerung ermittelt und bearbeitet werden. Wenn mit Fragmenten des gegenwärtigen oder eines Vorlebens gearbeitet wird, ist das beste Vorgehen, dem Klient das Erinnerungsfragment ins Bewusstsein zu rufen und es gemeinsam mit seinen Handlungen zu transformieren und zu integrieren.

Zusammenfassung

Diese Form der Therapie bewirkt die erstaunlichste Heilung chronischer Komplexe. Allerdings erfordert das hohe Maß an freigesetzter Energie ein großes Einfühlungsvermögen und die volle Zustimmung des Klienten. Wie im Fall von Jo gezeigt werden konnte kann erstarrte Energie von posttraumatischem Stress mehrere Sitzungen benötigen vor sie freigesetzt und transformiert werden kann. Der Therapeut muss dem

Energiestrom folgen, wohin immer dieser führt. Manchmal bietet ein Vorleben den Zugang zu einem Kindheitstrauma. Wie der Fall von Rose zeigt, kann eine Freisetzung von Energie aus Vorleben erforderlich sein, wenn die Erinnerung an das Ereignis im derzeitigen Leben zu schmerzhaft ist um direkt gelöst zu werden. Erfahrungen im gegenwärtigen Leben sind jedoch oft auch eine Brücke zu den Ursprüngen eines Komplexes im Vorleben. Das wichtigste ist die Freisetzung und Veränderung der erstarrten Körper-Erinnerungen, indem man den Klienten zurück an den Beginn des Traumas führt und ihm ermöglicht, es in veränderter Weise abzuschließen. Die Fallstudien zeigen, wie die Veränderung physischer Körper-Erinnerung mit Hilfe von kreativ eingesetzten Hilfsmitteln zu einem Abschluss für die betroffenen Körperteile führen kann.

Abspaltung und Fragmentierung sind eine häufige Folge von brutalen Erinnerungen. Der Klient muss zu dem Moment vor Eintritt des Ereignisses zurückgeführt werden. Um dem Klient die Konzentration auf seinen Körper zu erleichtern, sollte er ermutigt werden, sich zu bewegen. Der Klient sollte also ermutigt werden, mit dem Körper auszudrücken, anstatt nur zu erzählen, worum es geht. Die Einbindung einer fragmentierten Körper-Erinnerung erfolgt, indem der betroffene Körperteil bewusst wieder als Teil des gesamten Körpers wahrgenommen wird.

Die Seele heilen

9

Anhaftende Energien

Die Natur aller Dinge ist Illusion und Vergänglichkeit. Bedauernswert sind die, die sich an die Realität klammern. Richtet Eure Aufmerksamkeit nach innen, meine Freunde.

Nyoshul Khenpo

Wie in den vorhergehenden Kapiteln gezeigt wurde, teilen Seelen ihre Energie wenn sie inkarnieren. Es kann geschehen, dass ein Teil dieser Energie oder die gesamte mitgenommene Energie erdgebunden bleibt. Letztlich wird diese Energie jedoch irgendwann in die geistige Welt zurückkehren und mit seinem dort verbliebenen Teil wieder vereint werden.

Hintergrund

Kann sich erdgebundene Energie an Menschen anheften? Unser Energiekörper schützt uns normalerweise vor Energien, die nicht zu uns gehören. Es kann vorkommen, dass dieser Schutz aus verschiedenen Gründen kompromittiert ist, und dann können nicht zu uns gehörende, negative Gedanken und Gefühle angesammelt werden und uns belasten. Darüber hinaus haben einige Forscher viele Jahre über die mögliche Anhaftung von Seelenenergien gearbeitet und veröffentlicht, beispielsweise der

Die Seele heilen

Psychologe William Baldwin, in seinem Buch *Spirit Releasement Therapy*,[1] und Dr. Louise Ireland-Frey, Ärztin und Zoologin in *Freeing the Captives*.[2] Beide Bücher liegen nicht in deutscher Übersetzung vor. Beide vertreten die Ansicht, dass spirituelle Energie, die nicht den üblichen Weg in die geistige Welt nimmt, oftmals unbewältigte traumatische Erinnerungen enthält. Diese fühlt sich, ähnlich wie ein Magnet, angezogen von den Energien Lebender, da sie damit in Resonanz gehen kann. Vor allem Erfahrungen mit Gewalt, Leiden, Drogen oder Alkohol scheinen dabei eine große Rolle zu spielen. In ähnlicher Weise gilt dies aber auch für überproportional empfundene Gefühle von Angst, Schuld und Depression. Gleiches zieht Gleiches an. In unserer Zeit werden zu Recht Meditation und Öffnung für Energien als durchaus heilsam propagiert. Es kann vorkommen, dass freigewordene Energien, die aus verschiedenen Gründen hier verweilen, sich von Menschen angezogen fühlen, deren Mitgefühl und Empathie eine Einladung darstellt, und ihr Energiefeld durch Krankheiten, Unfälle, traumatische Ereignisse im Leben (Missbrauch, Verluste oder Verletzungen der Seele, Alkohol oder Drogen) geschwächt sind. Zur Veranschaulichung dieses Phänomens habe ich ein Beispiel aus William Baldwins Buch, *Spirit Releasement Therapy* gewählt:

> Gerry war in den Vierzigern und arbeitete für die Feuerwehr einer Stadt in den USA. Er war der erste, der an einem Dock ankam, an dem ein Ertrunkener aus dem Wasser gezogen worden war. Er versuchte Mund-zu-Mund-Beatmung und war sehr frustriert, als diese erfolglos blieb. Im Anschluss an die Wiederbelebung begann er sich sehr seltsam und verändert zu benehmen. Er fuhr in das Krankenhaus, zu dem der Tote gebracht worden war, und versuchte durch die Türen des Notfallraums zu gelangen, in den man den Körper gebracht hatte. Er hatte das

Anhaftende Energie

überwältigende Bedürfnis bei diesem toten Körper bleiben zu müssen. Über die nächsten Tage und Wochen begann sein übriges Leben regelrecht zu zerfallen. Erst als die anhaftende Energie des ertrunkenen Jugendlichen freigesetzt worden war, wurde ihm klar, was geschehen war. Er hatte durch seine Frustration über die erfolglose Reanimation sein intaktes Energiefeld einen Spalt weit geöffnet und die orientierungslose Seelen-Energie heftete sich ohne böse Absicht an ihn an.

Die Ansichten über energetische Anhaftungen sind sehr unterschiedlich. Michael Newton berichtet, dass er in über 30 Jahren Forschung niemals einem Klienten begegnete, der eine Anhaftung einer fremden Energie aufwies, weder freundlich noch in anderer Absicht. Seine Klienten berichteten zu Hauf über Ansammlungen negativer Energie durch die intensiven negativen Gefühle anderer, wie Angst, Hass und Furcht, die wiederum die schon vorhandenen negativen Gefühle bei anderen Individuen verstärken können. Dolores Cannon schreibt in ihrem Buch *Between Death and Life*[3] dass Anhaftungen nur dann vorkommen können, wenn das Energiefeld des Betroffenen in irgendeiner Form aus dem Gleichgewicht geraten sind.

Was die Regressionstherapie angeht, berichten die Pioniere Hans TenDam und Roger Woolger über ihre Arbeit mit Anhaftungen. Alan Sanderson, ein Psychiater aus England, der die *Spirit Release Foundation*[4] gegründet hat, vertritt die Ansicht, dass einige psychiatrische Krankenbilder mit Energie-Anhaftungen einhergehen oder sogar durch sie verursacht werden. Wieder andere Regressions-Therapeuten vertreten die Ansicht Michael Newtons oder gehen davon aus, dass unverarbeitete Ereignisse mit traumatischem Charakter zu Abspaltungen der Persönlichkeit der Betroffenen führen, die dann gewissermaßen ein Eigenleben entwickeln.

Die Seele heilen

Nach meiner Erfahrung können Klienten Erfahrungen in ihrer eigenen Innenwelt durchmachen, die sich wie Anhaftungen von nicht zugehörigen Energien oder Ansammlungen negativer Gedanken äußern können. Ich nenne das Kollektiv "eindringende Energien". Durch die Kategorisierung der Phänomene als "von außen verursacht" können die unerwünschten Verhaltensweisen und Gefühle in der Regel sehr verringert oder sogar beseitigt werden. Eindringende Energien können vor oder während einer Sitzung auffallen und sollten beseitigt oder reduziert werden bevor mit den Komplexen eines Klienten weiter gearbeitet wird. Dieses Kapitel hat nicht die Absicht umfassend oder vollständig zu sein, bietet aber ausreichend Information um die meisten Formen der eindringenden Energien zu beschreiben. Für diejenigen, die weiterführende Informationen zu diesem Thema wünschen, sei auf die Bücher von William Baldwin oder Louise Ireland-Frey hingewiesen, aus deren Arbeit ich meine Techniken abgeleitet, oder deren Techniken ich für meine Arbeit übernommen habe.

FREISETZEN FREMDER, AN DEN KLIENTEN GEBUNDENER ENERGIEN

Für diejenigen, denen dieses Verfahren vertraut ist, bietet sich die kinesiologische Muskel-Testung als Testinstrument an. Muskeln geben unter der Präsenz von Störfaktoren nach, wenn diese das Energiesystem belasten. Es wird ein leichter Druck gegen den gebeugten Arm ausgeübt und der Klient aufgefordert, gegen den Druck zu pressen. Währenddessen werden Testfragen gestellt und die Muskelkraft des Arms wird nachlassen, wenn die Testfragen zutreffend sind.

Anhaftende Energie

Wenn man mit dieser Technik nicht vertraut ist, kann das in den vorherigen Kapiteln beschriebene Energie-Scannen eingesetzt werden. Die Absicht dahinter, und diese sollte vorab klar gemacht werden, ist es, nach Energien zu suchen, die nicht zum Klienten gehören:

Ich werde jetzt nach Energien suchen, die nicht zu Ihnen gehören. Bitte schließen Sie jetzt Ihre Augen und konzentrieren Sie sich auf die Areale Ihres Körpers, die ich mit meinen Händen scanne. Meine Hände sind etwa 15 cm oberhalb Ihrer Körperoberfläche und ich bewege sie langsam von den Zehen bis zum Kopf. Sagen Sie bitte gleich Bescheid, wenn sich ein Teil des Körpers anders anfühlt als der Rest.

Während das Scannen durchgeführt wird, kann der Klient ermutigt werden, sich auf den Prozess einzulassen:

Ich untersuche jetzt die Energie um Ihre Füße.....Unterschenkel...Knie.... (usw.)

Es ist durchaus sinnvoll den Scan einige Male zu wiederholen, da sich erfahrungsgemäß die Empfindlichkeit beim zweiten oder dritten Mal erheblich steigert sowohl beim Klienten als auch beim Therapeuten. Ideomotor-Signale, die ja direkt durch das Unterbewusstsein des Klienten gesteuert werden, sind eine andere Technik. Nach dem beschriebenen Energie-Scan oder in leichter Trance können diese etabliert werden:

Ich möchte mit Ihrem Unterbewusstsein kommunizieren. Dazu werden wir gewissermaßen Ihre Finger abstellen. Wichtig ist dazu nur, dass Sie sich

komplett entspannen und das bewusste Denken einfach in den Hintergrund treten lassen.

Ich möchte, dass Ihr Unterbewusstsein einen Finger an Ihrer linken Hand hebt um mir ein *JA* anzuzeigen. Abwarten, bis der Finger sich hebt. **Sehr gut.**

Jetzt möchte ich, dass Ihr Unterbewusstsein einen anderen Finger der linken Hand hebt, um mir ein *NEIN* anzuzeigen. Warten, bis der Finger sich hebt. **Sehr gut.**

In der Regel dauert es etwas, bis sich eine leichte Fingerbewegung zeigt. Falls diese ausbleibt, ist das bewusste Denken noch sehr stark involviert und es ist ratsam die Trance weiter zu vertiefen.

Die Gegenwart und Anzahl anhaftender Energien können per Ideomotor-Fingersignale abgefragt werden. Folgende Fragen können gestellt werden, und ggf. bestätigt werden:

Unterbewusstes, gibt es Energien, die nicht zu... (Name des Klienten) **gehören?**

Unterbewusstes, sind das 2 (oder 3, 4, etc.) **oder mehr Energien, die nicht zu ....** (Name des Klienten) **gehören?**

Durch die erhaltenen Antworten ist es möglich die Präsenz solcher Energien zu identifizieren und sie zu bearbeiten. Therapeuten, denen diese Arbeit neu ist, können beide Techniken anwenden, wenn sie sicherstellen wollen, dass nichts übersehen wird, da die Ideomotor-Signale gelegentlich beeinflusst werden.

ENTFERNEN ANHAFTENDER ENERGIEN

Sobald anhaftende Energie entdeckt wird, kann versucht werden, ob über den Klienten damit kommuniziert werden kann. Verdeutlicht wird dies durch das Gespräch, das ich mit Lena, einer Klientin führte. Der Fallbericht zeigt auch, dass es manchmal schwer sein kann, nicht mit dem Klienten mitzufühlen. Lenas Mutter starb bei ihrer Geburt und ihre Großmutter, die sie aufzog, als sie 6 Jahre alt war. Ihr Freund verließ sie, als sie mit 16 schwanger wurde, nachdem er sie zur Abtreibung überredet hatte. Als sie 20 war litt sie unter schweren Depressionen und hatte bereits zweimal versucht, Selbstmord zu begehen. Zum Zeitpunkt der Sitzung arbeitete sie als professionelle Tänzerin:

> Während des Scannes fühlte Lena ein Areal, das sich schwerer als der übrige Körper und außerdem fremd anfühlte. Die Ideomotor-Signale zeigten eine anhaftende Energie. Während sie sich auf das Gebiet konzentrierte, wurde sie ermutigt die Energieform mit Hilfe ihres Sprechapparates reden zu lassen und einfach zu sagen, was ihr in den Sinn kam. Sie sagte plötzlich: „Victoria". Im folgenden Dialog zeigte sich, dass Victoria ein 7 Jahre altes Mädchen war das eine weiße Schleife trug. Sie war bei einer Streiterei mit ihrem Bruder tödlich verunglückt, bei dem sie mit dem Kopf so heftig aufgeschlagen war, dass sie starb. Sie war sehr frustriert, dass keiner Notiz von ihr nahm. Sie fühlte sich zu Lena hingezogen, seit sie sie getroffen hatte, während Lena in einer ihrer tiefen Depressionen steckte. Victoria hatte ebenfalls Tänzerin werden wollen und fand es daher wunderbar, dass sie durch Lena diesen Traum gewissermaßen leben konnte. Lena war anfangs nicht wirklich bereit Victoria gehen zu lassen, weil

diese sie an das kleine Mädchen erinnerte, das sie bekommen hätte, wenn sie die Abtreibung nicht hätte durchführen lassen. Im weiteren Gespräch stellte sich heraus, dass Victoria Lena verlassen würde, wenn sie mit der Energie einer liebenden Kinderfrau zusammen gebracht würde, was prompt initiiert wurde. Nachdem Victoria Lenas Energie verlassen hatte, bemerkte diese, wie viel leichter sie sich fühlte. Sie hatte in letzter Zeit immer wieder einmal das Gefühl gehabt nicht alleine zu sein, was sich ja auch bestätigt hatte. Ein Folge-Scan und Ideomotor-Signale bestätigten, dass Victoria gegangen war und der Rest der Sitzung konnte mit der Transformierung von Lenas weiteren Problemen verbracht werden.

Nach allen gängigen Kriterien war Victoria ein erdgebundener Geist, der sich an Lena geheftet hatte, da ihr Energiefeld durch die Depression geschwächt war. Durch eine mitfühlende und verständnisvolle Intervention konnten beide getrennt werden und Victoria fand ihren Weg in die geistige Welt.

Manchmal sind die anhaftenden Energien nur lose an das Energiefeld des Klienten gebunden und können der höheren Ebene ohne größere Intervention zugeführt werden. Der Erfolg einer solchen Maßnahme kann immer mit den Ideomotor-Signalen überprüft werden.

Können diese Energien ohne Kommunikation übergeben werden?

Wenn es nötig ist zu kommunizieren, beginne ich normalerweise immer mit der stärksten vorhandenen Energie. Diese kann wiederum per Fingersignal festgelegt werden. Anschließend kann Kontakt aufgenommen werden:

Anhaftende Energie

Lass das bewusste Denken in den Hintergrund treten. Ich möchte, dass Du den anhaftenden Energien in Deiner Brust (Beine, Bauch etc.) **erlaubst, mit Deiner Stimme zu mir zu sprechen**

Hallo, mein Name ist.... (Name des Therapeuten) **wie heißt Du?**

Die Stimme sollte sanft sein und manchmal ist etwas Beharrlichkeit erforderlich bis der Name genannt wird. Sobald dieser bekannt ist, ist es leicht mehr Informationen zu erhalten. Die meisten scheinen froh zu sein, endlich direkt mit jemandem sprechen zu können. Weitere Informationen über Geschlecht oder Alter schwächen die Verbindung zum Klienten, was ja gewünscht ist. Manche haben nicht realisiert, dass sie nicht mehr am Leben sind oder jemandem anderen anhaften. Ich erlebte einmal, dass eine männlich Energie bass erstaunt war zu entdecken, dass er sich im Körper eines jungen Mädchens befand.
Mögliche weitere Fragen:

Weißt Du, dass Du tot bist?

Weißt Du, dass das nicht Dein Körper ist?

Historische oder biographische Details sind weniger wichtig als dahinter zu kommen, was benötigt wird, damit die anhaftende Energie den Klienten verlässt und auf eine andere Ebene wechselt. Häufig ist es hilfreich die Energie mit jemandem wieder zu vereinen, der im Leben der Energie wichtig war oder geliebt wurde. Manchmal genügen andere Energien wie Lehrer, Pfleger oder auch nur ein sicherer Platz an dem Dinge wieder getan werden können, die die Energie gerne tat. Der anhaftenden

Energie sollte versichert werden, dass sie dies alles dann auch auf der höheren Ebene wird tun können.

Was hat Dich davon abgehalten auf die höhere Ebene zu gehen als Du gestorben bist?

Gibt es jemanden, den Du geliebt hast? Würdest Du diese Person gerne wiedertreffen?

Was brauchst Du um auf die höhere Ebene wechseln zu können?

Es ist wichtig herauszufinden, was im Leben des Klienten geschah als die Anhaftung stattfand. Wenn es in einer traumatischen oder emotional belastenden Phase war, könnte dies auch eine Art *Haken* hinterlassen haben, der weiterhin anzieht und deshalb geklärt werden sollte.

Was hat Dich an diesem Körper angezogen?

Was hat Dir ermöglicht Dich anzuheften, was ist in ... (Klienten Name) **geschehen als Du Dich ihr/ihm angeschlossen hast?**

Bevor die Energie den Klienten verlässt sollte geklärt werden, welchen Effekt sie auf den Klienten hatte. Häufig finden sich bestimmte Angewohnheiten, niedrige Energielevel, wiederkehrende Gedanken und veränderte Gefühle, die zuvor nicht oder nur sehr wenig bekannt waren.

Gibt es Gedanken oder Gefühle, die Du in ... (Name des Klienten) **implantiert hast?**

Anhaftende Energie

Wenn die anhaftende Energie bereit ist den Klienten zu verlassen, kann der Klient dazu aufgefordert werden, diesen Prozess aktiv zu unterstützen. Manchmal ist es sehr wirkungsvoll, wenn die Arme zur Unterstützung des Prozesses eingesetzt werden, und die Klienten beschreiben ein Gefühl des Kribbelns, eine Leichtigkeit oder einfach nur das Bewusstsein, dass sie etwas Schweres oder Negatives verlassen hat. Ein Klient sagte einmal zu mir: „Etwas ist einfach aufgestanden und gegangen." Falls vorhanden, so wird vor jeder Entfernung per Fingersignal geklärt ob mit der Energie kommuniziert werden muss, oder ob sie über die beschriebenen Mechanismen ohne Gespräch entlassen werden kann.

NEGATIVE ENERGIE BESEITIGEN

Wir alle haben Gedanken in unseren Köpfen, aber wenn diese Stimmen ein Eigenleben beginnen, ist es möglicherweise ein Hinweis auf eine anhaftende negative Energie. Um zu zeigen, wie sich so etwas äußert, ist der Fallbericht von Joe, der aus Nigeria stammt und in Deutschland arbeitet, sehr anschaulich. Seit zwei Jahren hörte er Stimmen in seinem Kopf. Sie wollten, dass er anderen schlimme Dinge antun sollte und er fühlte sich mehr und mehr unter Zwang diesen Stimmen nachzugeben. Der Druck bewirkte eine enorme Wut, die sich in ihm aufstaute. Seine Frau hatte ihn verlassen, weil sie Angst vor ihm hatte, und er war deprimiert und erschöpft als er zur Sitzung erschien. Joe hatte mehrfach Ärzte um Hilfe aufgesucht und hatte von einem Psychiater Tabletten erhalten, um die Halluzinationen zu unterdrücken. Die Tabletten wirkten nicht und Joe fühlte sich mehr und mehr isoliert:

Die übliche Technik ließ sich nicht anwenden, da Joe fast kein Englisch sprach. Er war sehr aufgeregt und sprach die

Die Seele heilen

ganze Zeit über die Energien, die ihn belästigten. Eine Relaxationstechnik schaffte es schließlich, ihn zu entspannen und zu beruhigen, so dass sein Energiefeld untersucht werden konnte. Die anhaftende Energie war sehr stark und Joe wollte, dass sie ihn verlässt, dachte aber, dass die Energie sich nicht darauf einlassen würde. Er begann sich wieder aufzuregen, daher sprach ich mit lauter Stimme und forderte hilfreiche Energien auf, uns dabei zu unterstützen, den Eindringling loszuwerden, was ihn sehr rasch wieder beruhigte. Er begann unter Anleitung Hilfe zu visualisieren und beschrieb, wie die negative Energie in Licht eingehüllt und weggebracht wurde. Sein Unterbewusstsein bestätigte, dass die Energie ihn verlassen hatte und keine weiteren negativen Energien bei ihm waren. Er erhielt eine Stärkung seines Energiekörpers und war am Ende der Sitzung sehr entspannt, ruhig und sagte er fühlte sich als ob ein Felsen von seiner Brust genommen worden wäre.

In diesem Fall war es nicht möglich einen Dialog zu eröffnen, weil Joe kein Englisch sprach und sehr aufgeregt war, wobei auch gesagt werden muss, dass es auch mit guten Sprachkenntnissen sehr schwer sein kann mit diesen Energien zu kommunizieren. Hans TenDam nennt diese Energien *Obsessoren*. Ob die verwandte Technik als kreative Visualisierung oder als Beseitigung einer negativen anhaftenden Energie klassifiziert wird, ist weit weniger wichtig als die Tatsache, dass Joe aufhörte Stimmen zu hören und die Negativität und der Hass aufhörten, sobald die Sitzung vorüber war. Einen Monat später führten seine Therapeutin und er nochmals ein Gespräch, er fühlte sich weiterhin sehr gut und ruhig, war zufrieden mit seiner Arbeit und arbeitete daran seine Ehe wieder neu zu beleben.

Anhaftende Energie

Ein Klient kann über niedrige Energielevel oder verändertes Verhalten nach Unfällen, Operationen, Krankheiten oder einem schweren psychischen Schlag klagen. Manchmal sagen solche Klienten auch „Es ist so als ob ein anderer Teil von mir redet". Anhaftende Energien können sich auch mitten während einer Sitzung zeigen oder es zeigen sich wechselnde Körpersymptome, die regelrecht von einem Ort zum anderen zu springen scheinen.

Manche dieser Energien sind sehr ablehnend gegenüber der Idee auf eine höhere Ebene zu wechseln oder mit dem Therapeuten zu sprechen. Wenn das so ist, dann kann man sie auffordern einen winzigen Funken Liebe in sich aufzunehmen. Dies führt oft dazu, dass eine Zunahme der Leichtigkeit und positiven Energie beschrieben wird, bis die Transformation ausreicht, um die anhaftenden Energien auf die höhere Ebene begleiten zu können:

Lass einen Funken pure Liebe in Dich eindringen und bis zu Deinem Zentrum gelangen. Was geschieht jetzt?

Diese Sitzungen folgen keinem strengen Protokoll und Intuition und Kreativität sind nötig, um die Energien erfolgreich auf eine höhere Ebene zu verabschieden.

Manchmal kann keine Kommunikation außer den Fingersignalen stattfinden, und wie Joes Fall zeigt, ist es dann oft nötig gewissermaßen Hilfe anzufordern. Michael Newton beschreibt in seinem Buch einen sogenannten *Retter der verlorenen Seelen*[5], Energien, die speziell darauf abgestellt sind, solche Energien wieder auf die zugehörige Ebene zu bringen. Ich lade immer hilfreiche Energien dazu ein während der Sitzungen anwesend zu sein und bei Schwierigkeiten auch in diesen Fällen zu assistieren um sicherzustellen, dass diese Energien den richtigen Weg finden:

Ich bitte ein Lichtwesen zu erscheinen und diese Energie auf die höhere Ebene mitzunehmen.

Joes Fall stammt von Di Griffiths,[6] einer Regressions-Therapeutin und -Trainerin, die sich auf die Arbeit mit anhaftenden Energien spezialisiert hat, und ich danke ihr dafür, dass sie mir diesen Fall für das Buch zur Verfügung gestellt hat.

Manchmal können sich anhaftende Energien auch ausschließlich als negative Gedanken bemerkbar machen, dann kann es sich lohnen zu fragen:

Hattest Du jemals einen eigenen Körper?

Selbst wenn die Antwort *nein* ist, kann ein Dialog mit dieser Energie aufrecht erhalten werden. Dieser Dialog ähnelt der Kommunikation mit Körperteilen des Klienten und wird von vielen Hypnotherapeuten angewandt. Wenn negative Energie detektiert wird, wird der Klient über ein Kommando dazu aufgefordert zu dem Zeitpunkt zurück zu gehen, an dem er die negative Energie aufnahm oder ihr zum ersten Mal begegnete:

Gehen Sie zurück zu dem Zeitpunkt an dem Sie der Energie ... (ggf. Name der Energie) **zum ersten Mal begegnet sind und erzählen Sie mir was geschehen ist.**

Eine spezielle Form negativer Energie ist ein Fluch, dessen intensive Fokussierung zwar durchaus mächtig sein kann, die aber in erster Linie durch die Angst des Klienten angeheizt wird. Weil es energetische Verbindungen zwischen dem Absender des Fluchs und der Person gibt, an die er gerichtet ist, kann ein Dialog auf einer höheren Ebene sinnvoll sein, um diese energetischen Verbindungen aufzulösen. Auch hier kann es hilfreich sein spirituelle Helfer zu aktivieren, die dann auch noch zusätzliche Informationen und Einsichten liefern können.

Zum Schluss einer Sitzung sollte erneut untersucht werden, ob alle anhaftende Energie entfernt wurde. Dies geschieht mit einem erneuten Scan oder über Ideomotor-Signale des Unterbewusstseins.

Ich möchte von Ihrem Unterbewusstsein erfahren, ob alle anhaftende Energie, die nicht zu Ihnen gehört, entfernt wurde.

HEILEN DER ENERGIE UND ABSCHLUSS DER SITZUNG

Am Ende der Sitzung wird der Energiekörper des Klienten mit neuer Energie gefüllt und geerdet. Reiki, spirituelle Heilungstechniken oder ähnliche Verfahren können dabei angewandt werden und per Ideomotor-Fingerzeichen wird überprüft, ob alles erledigt wurde:

Ihr Unterbewusstsein wird Ihren JA-Finger heben, wenn der Energiekörper genug Energie erhalten hat und wieder intakt ist.

Alternativ zu diesem Verfahren können die Klienten selbst involviert werden. Der erste Schritt ist die Absicht klar zu machen, dass Energie des Universums benötigt wird, um den Energiekörper des Klienten zu stabilisieren und aufzufüllen. Der nächste Schritt ist es den Klienten aktiv visualisieren zu lassen, wie er unter einem Wasserfall aus purer Energie steht, und die Energie in alle Zellen seines Körpers gelangt. Es gibt alternative

Szenarien zu dieser Visualisierung und man wird wählen was sich für den Klienten anbietet.

Am Ende der Sitzung wird der Klient diskutieren wollen, was da eigentlich geschehen ist. Er wird Unterstützung brauchen und dabei sind die gängigen Vorurteile, die sich durch die Hollywood-Blockbuster über Horror und Exorzismus eingeprägt haben, nicht von Nutzen. Ich versuche dann immer zu erklären, dass diese Energien per se nichts Böses im Sinn hatten, sondern sich bei ihnen eingenistet hatten, da ihre Abwehrmechanismen nicht intakt waren und die Energie nicht wusste, wie sie zu ihrem eigentlichen Bestimmungsort auf einer anderen Ebene kommt. Ich erwähne auch, dass die imaginative Visualisierung ein gängiges Konzept der Psychotherapie ist, samt der Kommunikation mit Körperanteilen oder Energien. Durch die Bestätigung über das Unterbewusstsein mittels Ideomotor-Signale wird dem Klienten auch bewusst, dass das, was zuvor an nicht zugehöriger Energie vorhanden war, nach der Sitzung beseitigt ist, und diese Bestätigung ist für den therapeutischen Erfolg des Klienten sehr wichtig.

ZUSAMMENFASSUNG

Anhaftende Energie ist ein sehr kontrovers diskutiertes Vorkommnis in der Regressionstherapie und es gibt durchaus Stimmen, die der Auffassung sind, dass das Annehmen der Existenz anhaftender Energien die professionelle Position der Regressionstherapie beschädigt. Für mich persönlich ist es Bestandteil der Therapie wenn es erforderlich ist um dem Klienten zu helfen. Hinweise, dass anhaftende Energien vorhanden sein könnten, ergeben sich aus dem Eingangsgespräch, wenn Blockaden oder Körpersensationen ohne logische Erklärung plötzlich begannen. Das Scannen von Energie und/oder

Anhaftende Energie

Ideomotor-Signale des Unterbewusstseins werden zeigen ob etwas präsent ist. Ein wichtiger Schritt zur Beseitigung dieser Energie ist die Klärung der Frage ob die fremde Energie mit oder ohne Kommunikation entfernt und weitergeleitet werden kann. Wenn Kommunikation nötig ist, kann Beharrlichkeit und Ausdauer gefragt sein, bis es gelingt die Energie zu klären.

Wichtige Fragen zielen darauf ab die Verbindung zwischen der anhaftenden Energie und dem Klienten zu schwächen und herauszufinden, was nötig ist, dass die fremde Energie vom Klienten gelöst werden kann. Oft genug sind es Energien, mit denen die fremde Energie während ihres Daseins verbunden war oder eine liebevolle, speziell für diese Zwecke trainierte Energie, die die fremde Energie übernimmt. Zuvor sollte geklärt werden unter welchen Umständen die fremde Energie die Möglichkeit bekam den Klienten zu infiltrieren. Die Schwachstelle im Energiefeld des Klienten kann dann im späteren Verlauf der Sitzung geklärt und das Energiefeld stabilisiert werden.

Das Auffüllen des Energiekörpers des Klienten mit neuer Energie über verschiedene Verfahren ist eine wichtige Maßnahme bevor die Sitzung beendet wird. Im Anschluss daran wird der Klient erfahren wollen, was eigentlich geschehen ist und es hat sich bewährt, die Erklärung logisch und im Kontext mit der Sitzung zu beantworten. Viele Symptome des Klienten werden durch die Entfernung der fremden Energie reduziert und vorbestehende Blockaden, z.B. eine Trance zu erreichen, verschwinden dann.

Die Seele heilen

10

Integration

Wenn die Seele in sich ruht, ruht auch die Welt.
Nichts ist wirklich, nichts fehlt.
Halte nicht an der Wirklichkeit fest,
bleibe nicht in der Leere verhaftet.
Du bist weder heilig noch weise,
Nur ein Jedermann, der das Werk vollendet.
Layman P'ang 8. Jahrhundert, Chinesischer Zen Meister.

Ein Vorleben oder Erinnerungen eines gegenwärtigen Lebens zu erfahren, ermöglicht dem Klienten, die Ursache seines Problems zu verstehen. Begegnungen in der geistigen Heimat bieten neue Einblicke und die durch Komplexe erstarrte Energie kann freigesetzt und verändert werden. Um den Heilungsprozess abzuschließen, muss die Erfahrung vollständig in das gegenwärtige Leben des Klienten integriert werden.

Rückführungen integrieren

Ein Vorleben in das aktuelle Leben zu integrieren ist am unkompliziertesten wenn man nach gemeinsamen Mustern in beiden sucht. Der Fall einer Klientin, die ich Jenny nenne, zeigt dies am besten. Ihre Anspannung war ihr anzusehen, als sie über den Grund sprach, der sie zu der Therapie veranlasste: *„Es fällt mir nicht leicht darüber zu sprechen, es handelt sich um die physische Seite meiner Beziehung"*. Trotz mehrjähriger Beratung

Die Seele heilen

und anderer Therapieformen fühlte sie nach wie vor, dass etwas nicht stimmte:

Jenny wurde in ein Vorleben zurückgeführt, in dem sie als siebenjähriges Mädchen als Dienstbotin in einem großen Herrenhaus arbeitete. Ihr war bei dem Versuch diese zu stehlen, eine Porzellanfigur hinuntergefallen. Als sie auf dem Boden auftraf, zerbrach sie und sie versuchte verzweifelt, die Stücke aufzusammeln. Jenny begann, Erstickungsgeräusche von sich zu geben und sagte „*Meine Kehle, ich werde erdrosselt*". Das kleine Mädchen wurde schnell durch den Tod hindurchgeführt. Ihr letzter Gedanke bevor sie starb war „*Ich habe mich so bemüht. Ich war nicht gut genug*".

Das kleine Mädchen wurde angewiesen, die wichtigsten Ereignisse dieses Lebens zusammenzufassen. Sie war von ihren Eltern als Dienstbotin in das Herrenhaus geschickt worden, ohne zu verstehen, welche Gründe sie dafür hatten. Nachdem sie dort eingetroffen war, wurde sie dem Besitzer und seiner Familie vorgestellt und sie bemerkte, dass der Sohn des Hauses sie mit einem höhnischen Lächeln musterte. Alle Angestellten wussten, dass er launenhaft war, deshalb versuchte sie, ihn zu meiden. Etwas später stahl sie eine wertvolle Porzellanfigur und versuchte, sie unter ihrem Rock zu verbergen. Der Sohn des Hauses hielt sie am Arm fest als sie an ihm vorbei gehen wollte und die Figur fiel zu Boden und zerbrach. Als sie sich bückte, um die Scherben aufzuheben, stellte er sich über sie und beschimpfte sie in seiner wütenden, monotonen Stimme. Mit einem Lederriemen, den er bei sich hatte, erdrosselte er sie.

Bei einer Zusammenführung in der geistigen Welt erfuhr das kleine Mädchen, warum ihre Eltern sie zum

Integration

arbeiten in das Herrenhaus schickten. Obwohl sie liebten, hatten sie keine Wahl, da nicht genug Geld und Nahrung vorhanden war. Als sie das verstand, entspannte sich Jenny sichtlich und sagte „*Ich bin gut genug*". Als das kleine Mädchen die Seele ihres Mörders traf, wollte sie ihm zeigen, dass die Porzellanfigur nicht zerbrochen war. Mit Hilfe eines Ersatzgegenstandes hatte sie eine emotionale Begegnung, während der sie ihm die Figur zurückgab und sagte „*Sie ist nicht zerbrochen. Pass auf sie auf*". Dann lächelte sie und sagte „*und bring niemand anderen dafür um!*"

Während eines Bodyscans berichtete Jenny, dass sie immer noch ein Spannungsgefühl in einer Seite ihres Kopfes spürte. Sie wurde zu dem Moment zurückgeführt, als die Anspannung begann, dem Moment, als sie begann, die Bruchstücke der Figur aufzuheben. Mit intuitiver Inspiration sagte Jenny „*Ich muss nicht verzweifelt suchen. Es ist in Ordnung wenn die Scherben einfach da sind*". Sie wurde gefragt, ob es in ihrem gegenwärtigen Leben ein ähnliches Muster zu dem kleinen Mädchen gab, das verzweifelt versuchte, die Scherben zusammenzufügen. Ihr kamen die Tränen und ihr wurde ein Taschentuch angeboten. „*Ich versuche, die intimen Kontakte mit meinem Ehemann zu kitten, aber ich schaffe es nicht*". Sie wurde gefragt, wie das kleine Mädchen den Druck in ihrem Kopf freisetzte. Jenny sagte „*Indem sie aufhört, sich ihr Leben so schwer zu machen*". Plötzlich lachte sie „*Ich muss mir das Leben nicht mehr so schwer machen, ich bin gut genug*". Diese Aussage wurde ihr als Bestätigung für ihr gegenwärtiges Leben gegeben.

Jenny sandte die folgende Email zwei Wochen nach ihrer Sitzung:

Die Seele heilen

Ich fühle mich in meiner Beziehung insgesamt viel entspannter. Ich habe mich immer angefeindet gefühlt, aber das ist vorbei und ich kann jetzt über vieles lachen. Ich glaube, die Porzellanfigur [aus der Sitzung] verkörperte als Symbol meine Beziehung, die ich dachte, unwiederbringlich zerstört zu haben. Ich fühle mich beruhigt und alle meine Zweifel sind geschwunden. Die Affirmation „ich bin gut genug" gibt mir viel Kraft. Wann immer ich ein Problem hatte und mich entmutigt fühlte, habe ich sie angewandt und fühlte mich viel ruhiger. Ich sehe mich jetzt weniger als ein ersticktes Kind, sondern als eine fähige Person, die alles tun kann, weil sie gut genug ist. Ich kann meine unendliche Dankbarkeit gar nicht in Worte fassen.

Das Muster in Jennys Vorleben und ihrem derzeitigen Leben war der Gedanke, nicht gut genug zu sein. Bei anderen Klienten kann es sich um ein Gefühl, eine Körperempfindung, ein Beziehungsproblem oder das Erkennen einer Person handeln: Erkennst Du ein Muster in diesem Leben, das im gegenwärtigen Leben bearbeitet wird?

Arbeitest Du in Deinem derzeitigen Leben mit jemandem aus diesem Vorleben?

Bevor intuitive Einsichten auftauchen, kann noch während des veränderten Bewusstseinszustandes eine Pause entstehen. Wenn Verhaltensmuster nicht besprochen wurden, kann eine Anregung gegeben werden „Gibt es ein Muster zwischen dem Rückenschmerz im vergangenen Leben und Deinem jetzigen Leben?" Sondierende Fragen, die die Selbsterkenntnis des Klienten anregen, haben eine viel stärkere Wirkung als vom Therapeuten vorgeschlagene Meinungen oder Ansichten.

Integration

Wenn ein Klient Symptome auf negativ obsessive Gedanken aufweist, vereinbare ich mit ihm eine Affirmation als Unterstützung für sein gegenwärtiges Leben. Die Affirmation sollte eine positive Aussage mit Bezug auf die Fixierung oder den letzten Gedanken vor dem Tod sein. Manchmal kann dafür auch ein Rat des Geistlehrers genutzt werden. In Jennys Fall wurde ihr Gedanke „Ich habe mich so bemüht. Ich war nicht gut genug" in die Affirmation "Ich bin gut genug" positiv verändert. Affirmationen sind eine Möglichkeit, negativen Gedanken, die vom Vorleben in das aktuelle Leben "eingesickert" sind, entgegenzuwirken.

Wenn die durch einen obsessiven Gedanken verursachte Belastung durch die Rückführung beseitigt wurde, ist es einfacher, einen verstärkenden Zyklus durch positive Selbstgespräche zu schaffen.

Die Affirmation muss positiv und im Präsens formuliert sein und die Vorstellungskraft oder die Gefühle ansprechen nicht den Intellekt, z.B. „*Ich bin stark und behaupte mich gegen Männer*" oder „*Ich fühle mich frei, mein Schicksal selbst zu gestalten*". Sie können als verbales Mantra oder gut sichtbar auf einer Karte notiert, das Bewusstsein positiv anregen. Nach einer Leben-zwischen-Leben-Rückführung ist es hilfreich, den Ablauf der Ereignisse wie z.B. die Besprechung mit dem Geistlehrer und das Treffen mit der Seelengruppe zusammenzufassen. Es können sondierende Fragen bezüglich des Inhalts der Erlebnisse gestellt werden:

An welche Schwerpunkte erinnerst Du Dich und in welcher Weise waren sie nützlich?

Ich gebe den Klienten den Rat, dass sie einige Wochen warten sollten, bevor sie die Aufnahme anhören. Jedes Mal, wenn die CD erneut abgehört wird, können aus der darauf gespeicherten Information weitere Erkenntnisse gewonnen werden. Nachdem einige Wochen zur Verarbeitung der gewonnenen Erkenntnisse verstrichen sind bitte ich die Klienten um eine Zusammenfassung per Email oder Brief welchen Nutzen sie aus der gewonnenen Information ziehen konnten. Diese Zusammenfassung ist für den Integrationsprozess sehr nützlich.

INTEGRATION IN DER REGRESSIONSTHERAPIE

Bei der Regressionstherapie ist die Zeitachse darauf ausgelegt, wichtige Ereignisse des aktuellen Lebens sowie die eines Vorlebens, die mit dem aktuellen Problem des Klienten zusammenhängen, einzuschließen. Alle diese Ereignisse müssen dem Bewusstsein präsentiert und über eine oder mehrere Sitzungen transformiert werden. Der Fall einer Klientin, die ich Jane nenne, macht dies nachvollziehbar. Sie war 32 und Mutter zweier kleiner Jungen und eines Mädchens. Sie hatte einen Freund mit dem sie zusammenlebte und arbeitete als Nachtschwester. Zwei Jahre vorher erlitt sie durch die Trennung von ihrem Ehemann eine leichte Depression. Ein Missbrauchsmuster zog sich durch ihre Beziehungen und sie hatte an ihrer Ehe festgehalten, obwohl ihr Ehemann zu Wutanfällen neigte. Sie befürchtete, dass auch ihr gegenwärtiger Freund sie verlassen könnte und hatte deshalb mehrere Therapeuten konsultiert, konnte sich aber, obwohl sie sich ihrer Probleme

Integration

bewusst war, nicht entschließen, etwas zu unternehmen. In letzter Zeit litt sie zwei bis drei Mal am Tag unter Panikattacken die von Krämpfen und Magenschmerzen begleitet wurden. Sie war krankgeschrieben und ihr Arzt hatte angeboten, ihre Medikation zu verdoppeln, aber sie wollte einen anderen Ansatz versuchen:

Sobald Jane über ihre letzte Panikattacke am Abend vorher berichtete begann ihr Magen wieder zu verkrampfen. Als sie angewiesen wurde, sich darauf zu konzentrieren, verspannten sich ihr Nacken und ihr Unterkiefer und sie begann am ganzen Körper zu zittern. Nachdem die Spannung etwas nachgelassen hatte, wurde sie gebeten, ein zu diesen Gefühlen gehöriges Bild abzurufen. Sie erinnerte sich an die vor 10 Jahren erfolgte Kaiserschnitt-OP. Sie hatte eine Lokalanästhesie erhalten, konnte sich nicht bewegen und fürchtete um das Leben ihres Kindes. Sie wurde zu dieser Erinnerung zurückgeführt und ermutigt, sich nach vorne zu beugen und zu visualisieren, wie sie das gesunde Kind betrachtete.

Als sie sich auf die verbliebene Spannung in ihrem Magen konzentrierte, regressierte Jane zu einer Kindheitserinnerung in ihrem derzeitigen Leben. Sie befand sich als Fünfjährige auf einem kleinen hölzernen Ausflugsboot. Eine plötzliche Windbö war aufgekommen und Wasser begann über die Seiten des Bootes einzudringen. Ihr Vater befand sich auf der anderen Seite des Bootes und da sie dachte, dass sie sterben müsste, klammerte sie sich weinend an das Bein eines neben ihr stehenden Mannes. Die Situation wurde dadurch verschlimmert, dass ihr Vater beim Anblick seiner weinenden, sich an einen Fremden klammernden Tochter lachen musste. Er realisierte nicht, wie traumatisch dieses Erlebnis für sie war. Jane wurde angewiesen, ihren Körper zeigen zu lassen, was vorgefallen war. Sie setzte sich aufrecht hin und klammerte sich an einem harten Kissen fest, während ihr Körper zitterte und sie schnell und flach atmete. Sie wurde angewiesen, die Szene nach ihren Bedürfnissen zu verändern. Sie regressierte zurück und schrie ihren Vater an „*Ich brauche Dich. Du hast kein Recht, mich auszulachen*". Nachdem weitere Veränderungen per Rückführung vorgenommen worden waren, konnte sie sich an die Situation zurückerinnern, ohne eine Panikattacke zu erleiden.

Der Schwerpunkt dieser Sitzung war die Bearbeitung der Körper-Erinnerungen zweier traumatischer Ereignisse aus Janes Kindheit. Da die Freisetzung in dieser Art Sitzung außerordentlich heftig ist, musste vorsichtig vorgegangen werden, damit Jane nicht mehr zugemutet wurde, als sie in einer Sitzung bewältigen konnte. Janes nächste Sitzung fand eine Woche später statt. Sie berichtete, dass die Häufigkeit und Stärke der Panikattacken und Krämpfe nachgelassen hatte. Ihr Ziel für diese Sitzung war, die Krämpfe zu bekämpfen:

Als sie über ihre letzte Panikattacke berichtete, begann Janes Magen zu zittern. Sie wurde gebeten, sich auf die Gefühle in ihrem Magen zu konzentrieren und zu dem Moment zu gehen, an dem diese Beschwerden das erste Mal aufgetreten waren. Ihr ganzer Körper begann zu zittern und sie keuchte „*Es gibt keine Luft mehr. Ich werde erdrückt. Mein Magen. Eine Gruppe Eingeborener umzingelt uns. Einer von ihnen hat ein Messer und ich kann seinen Körper spüren. Das Messer wird in meinen Magen gestoßen*". Sie wurde schnell zum Ende der Todeserfahrung geführt.

Integration

Jane beschrieb das Vorleben detailliert. Sie war eine Schwangere in Viktorianischer Zeit gewesen, die von einem Segelschiff über Bord gegangen war. Sie wäre beinahe ertrunken, konnte sich aber an einen Strand retten, wo sie von Frauen und Kindern umringt wurde, die sich um sie kümmerten, bis sie Zwillingssöhne gebar. Etwas später, als sie alleine spazieren ging, wurde sie von einer Gruppe Männer angehalten. Als sie unter einem Baum Schutz suchte, attackierte einer der Männer sie und stieß ihr sein Messer in ihren Magen. Als sie ihren letzten Atemzug nahm, erinnerte sie sich daran, wie sie ihren Körper verließ und nach oben schwebte und ihren Körper von oben liegen sah. Als sie starb, dachte sie daran, dass sie ihre Kinder nie wiedersehen würde.

Sie wurde zu dem Moment zurückgeführt, bevor sie den Schmerz der Stichverletzung fühlte und aufgefordert, die Erinnerung nach ihren Wünschen zu verändern. Mit Hilfe eines Kissens konnte sie die Erfahrung dahingehend ändern, dass sie den Einheimischen von sich wegstieß und das Messer herauszog, indem sie gegen die Hand des Therapeuten drückte. Sie seufzte auf, als sie berichtete, dass der Schmerz in ihrem Magen verschwunden war und sie sich ruhiger fühlte.

In der geistigen Welt wurde die viktorianische Frau eingeladen, ihre Kinder zu treffen und herauszufinden, was mit ihnen geschehen war. Mit einer überraschten Stimme sagte sie „*Es tut ihnen leid, was mit mir geschehen ist*". Mit Hilfe eines Kissens konnte sie ihre Kinder während der Wiedervereinigung umarmen. Als nächstes traf sie den Eingeborenen, der sie getötet hatte. Mit der Unterstützung durch ihre Kinder erfuhr sie, dass er Frau und Kinder in dem Dorf hatte, die von ihm abhingen, und dass es ihm leid tat und er um Verzeihung bat. Durch ihr erweitertes

Verständnis war es ihr möglich, ihm zu verzeihen. Trotzdem die Sitzung für sie sehr anstrengend gewesen war, fühlte sie eine große Erleichterung durch die Befreiung, die sie erfahren hatte.

Das Sondieren und Erwecken solcher schwierigen Erinnerungen kann mit dem Häuten einer Zwiebel verglichen werden. Der Energie folgend tauchen viele Schichten an Erinnerungen auf, bis die mit einem Komplex verbundenen erstarrten Erinnerungen verfügbar werden, um sie freisetzen und transformieren zu können. Ein wichtiger Teil dieser dritten Sitzung bestand darin, Jane zu helfen, Verständnis und Vergeben im Vorleben zu finden. Viele Menschen finden es einfacher, in einem Vorleben zu verzeihen, vor sie dies auch in ihrem aktuellen Leben tun können. Nachdem das letzte Vorleben besprochen worden war, wurde sie in ihr gegenwärtiges Leben zurückgeführt, um sich mit dem Muster, ein Opfer zu sein, auseinander zu setzen:

Jane berichtete von Erinnerungen des Missbrauchs durch ihren Exmann und ihren Freund. Sie wurde angewiesen, sich vorzustellen, die Seele ihres Exmannes zu treffen und ihm zu sagen, was sie damals nicht sagen konnte. Nach einer langen Pause sagte sie *„Ich kann mit Deinen Wutausbrüchen nicht mehr leben. Es ist schlecht für die Kinder"*. Sie wurde nach seiner Antwort gefragt und bekam zu hören, dass der Stress in der Arbeit ihn so reagieren hatte lassen und er mit ihren Ausbrüchen überfordert war. Jane wurde durch den Therapeuten daran erinnert, dass sie im Vorleben Vergeben finden konnte und ihr dies bei ihrer Entscheidung geholfen hatte. Mit Hilfe eines Kissens umarmten sich Jane und ihr Exmann. Die gleiche Prozedur erfolgte mit ihrem Freund und führte dazu, dass Jane nun

Integration

bereit war, ihm als sie selbst entgegenzutreten, selbst wenn dies dazu führen würde, dass er sie verließ.

Oft genügt es schon, die Muster zwischen einem Vorleben und dem gegenwärtigen Leben zu erkennen, um eine Integration zu ermöglichen. Wenn allerdings noch emotionale Belastungen im gegenwärtigen Leben vorhanden sind müssen diese abgebaut und eine Entscheidung getroffen werden. Manchmal kann dies während einer Sitzung erledigt werden, manchmal sind mehrere Sitzungen erforderlich. In ihrer ersten Sitzung fand Jane eine Lösung für die Situation mit ihrem Vater, und in der dritten Sitzung konnte sie die Konflikte mit ihrem Exmann und ihrem Freund lösen. Ich konnte aufzeigen, dass während einer Rückführung in ein Vorleben intuitive Verbindungen zwischen der dazugehörigen emotionalen Energie und anderen Personen aus diesem Vorleben vorhanden sind. Durch den veränderten Wahrnehmungszustand kann ein Dialog stattfinden, der diese intuitive Verbindung nutzt. Diese Prinzipien gelten auch für die bestehende emotionale Energie einer Person im aktuellen Leben:

Erlaube Dir, mit der Seele von …. (Person im gegenwärtigen Leben) in Verbindung zu treten. Was willst Du ihm/ihr mitteilen, dass Du bisher nie sagen konntest?

Was sagt er/sie zu Dir?

Die bei diesen Treffen stattfindenden transformierenden Gespräche verhelfen zu neuen Erkenntnissen und zu Vergebung. Veränderung kann auch durch das Wiedererleben der gegenwärtigen Erinnerungen mit neu gewonnenen spirituellen Erkenntnissen erfolgen, in solchen Fällen handelt es sich um eine perspektivische Veränderung.

Nimm Deine neuen Eigenschaften (spirituelle Erkenntnisse oder Krafttiere) und gehe zu dem Moment ... (an den Anfang) und erlebe diese Erinnerung in einer für Dich hilfreichen Weise.

Die Planung zukünftiger Schritte ist eine sehr wirksame Methode, eine Regression des Vor- oder gegenwärtigen Lebens zu integrieren. Sie erlaubt einem Klienten, sich zu sehen, wie er oder sie die angestrebten Ziele bereits erreicht hat. Es funktioniert am besten, wenn es interaktiv mit dem Klienten erarbeitet wird, so dass der Klient die Information entweder bewusst oder unbewusst beisteuert.

Gehe sechs Monate in die Zukunft und sei Du selbst. Schau zurück auf die Ereignisse, die in diesen sechs Monaten stattgefunden haben und nimm die durch Deine neuen spirituellen Erkenntnisse erfolgten Veränderungen wahr.

Sag mir, was sich in Deinem (privaten oder beruflichen) Leben verändert hat.

Regulieren und Verankern der Energie

Rückführungssitzungen haben oft einen großen Einfluss auf das Energiesystem eines Klienten, deshalb kann es einige Tage dauern, bis sich das Energiefeld wieder reguliert, nachdem Blockaden freigesetzt oder eine nicht zugehörige Energie entfernt wurde. Dies bedeutet, dass ein Heilungsprozess abläuft und die Klienten sollten darauf hingewiesen werden, damit sie davon nicht überrascht werden.

Integration

Am Ende einer Regressionssitzung schleusen viele Therapeuten Energie in das Energiefeld des Klienten um das Gleichgewicht des Energiefeldes zu unterstützen. Das kann sehr schnell durchgeführt werden, in dem man Reiki, Berührungsenergie, spirituelle Heilung oder ähnliche Energietechniken verwendet. Manche Regressionstherapeuten sind der Meinung, dass zusätzliche Energie von außen nicht erforderlich und es für die Klienten am besten ist wenn sie lernen, sich selbst regenerieren zu können.

Die schon erwähnte Technik, in der weißes Licht visualisiert wird, kann angewendet werden. Ich denke, dass beide Ansätze ihre Berechtigung haben und leite selbst Energie nur für eine kurze Zeitspanne weiter, wenn ich einen intuitiven Hinweis erhalte. Ein Bad kann auch dazu beitragen, das Energiefeld zu reinigen. Ich empfehle den Klienten, dass sie sich in den folgenden 24 Stunden schonen und versuchen sollten, emotionale Herausforderungen zu meiden.

Nach der tiefen Hypnose während einer Rückführung braucht der Klient etwas Zeit, bis sein Bewusstsein den Wachzustand wieder erreicht hat. In dieser Zeit normalisiert sich auch der Kreislauf wieder. Während die Bewegung einzelner Körperteile angeregt wird, kann ein Countdown von zehn bis eins als Zeitvorgabe genutzt werden. Dies ist schonender, als den Klient sofort aufsitzen zu lassen. Auch bei Übungen für Erfahrungen in die innere Welt stellt sich durch die Fokussierung ein veränderter Bewusstseinszustand ein, selbst wenn keine Hypnose angewendet wird. Für den Klient ist es notwendig, vollständig geerdet und „im Körper anwesend" zu sein, vor er den Therapeuten verlässt. Ohne volle Konzentrationsfähigkeit kann z.B. die Teilnahme am Straßenverkehr gefährlich sein. Den Klienten zu erden kann durch eine kurze Diskussion am Ende der Sitzung, während sich der Klient schon aufgesetzt hat, begonnen werden. Auch ein Glas

Wasser zu trinken oder einen Spaziergang zu unternehmen dient der Erdung nach einer Sitzung.

Weitere Aktivitäten zur Integration

Bei Kindheitstraumen kann ein Brief vom Kind-Selbst zum Erwachsenen-Selbst die Einbindung der Erfahrungen aus der Rückführungssitzung enorm unterstützen. In dem folgenden Brief einer Klientin namens Sonja wird ihr immer wieder auftretendes Kindheitsproblem gut beschrieben. Der Brief ist ausgesprochen vorsichtig formuliert, woraus man schließen kann, dass sie viel Überlegung auf die Wahl der Worte verwandte:

> Ich war ein schönes Kind und so unbekümmert und glücklich. Eine liebende Familie erzog mich zu einem zuvorkommenden Menschen. Aber nachdem ich 10 Jahre alt geworden war, veränderte mich eine böse Verschwörung für immer. *„Es ist unser kleines Geheimnis"* sagte er. *„Sie würden es nicht verstehen. Du bist mein außergewöhnliches Mädchen. Ich liebe Dich"*. Seine Hände fühlten sich nicht richtig an, aber ich konnte es nicht verhindern. Ich war zu sehr darauf trainiert worden, ein Leben mit Geheimnissen, Lügen und Scham zu führen. Als dreizehnjähriger Teenager gab ich vor, glücklich zu sein und verdrängte meine Kindheitserinnerungen, um mich zu schützen. *„Du bist so schön"* sagte er, *„erzähle niemandem davon"*. Unterschiedliche Hände, aber die gleichen Geheimnisse, Lügen und Schamgefühle. Mit 18 war ich zwar hübsch, aber ich hatte keinen Selbstrespekt und wurde ungewollt schwanger. Was erwartete ich? Ich dachte nicht an Abtreibung, tat aber, was meine Mutter sagte. Sie war

Integration

entschlossen, dass ich mir, im Gegensatz zu ihr, nicht mein Leben ruinieren sollte. Ich wurde erwachsen und verliebte mich, aber der Mann hatte Hände. Geschlagen und vergewaltigt glaubte ich, niemand würde mich verstehen. Durch physische, emotionale und mentale Folter wurde ich auf die Probe gestellt. Ein Nervenzusammenbruch, sagten sie. Depression zeigte sich, Gedanken an Selbstmord, so viel Wut und so viel Schmerz. Ich bin immer noch mit andern Gefühlen beschäftigt, aber es gibt keine Geheimnisse mehr, keine Lügen, keine Scham.

Worte haben eine mächtige und bewegende Wirkung. Wenn der Klient Opfer war und die Heilung noch nicht abgeschlossen ist, kann die schmerzhafte Erinnerung eine Konfrontation mit dem Täter behindern. Das Schreiben bietet einen Grad der Distanzierung. Penny Parks,[1] arbeitet schon ihr ganzes Leben lang mit Erwachsenen, die als Kinder sexuell missbraucht wurden. In Ihrem Buch *Rescuing the Inner Child* betont sie die Bedeutung der Integration dieses *inneren Kindes* durch Zeichnungen und Briefe, die diese Erfahrung behandeln.

Viele Opfer von Kindesmissbrauch sind emotional verkrüppelt und verabscheuen sich selbst. Die meisten haben Probleme, eine sexuell reife und vertrauensvolle Beziehung aufzubauen. Wie im vorigen Kapitel an Roses Beispiel gezeigt, kann ein Vorleben oft eine Hintertür zu diesen schmerzhaften Kindheitserinnerungen bieten. Zwischen den einzelnen Rückführungssitzungen kann der Heilungsprozesses durch Handlungen den Integrationsprozess und die Stärkung des Selbst betreffend, fortsetzt werden. Es hat sich als hilfreich erwiesen, über jedes Vorleben einen Bericht zu schreiben, der um die in den Wochen darauf folgenden Erkenntnisse erweitert werden kann. Wer unter Distanzproblemen leidet, sollte ermutigt werden, bestimmte Sportarten, die die Körperwahrnehmung steigern, aufzunehmen. Einem Klient, der

Probleme damit hat, einen erstarrten Schrei auszudrücken, wäre z.B. eine Achterbahnfahrt mit seinen Kindern zu empfehlen. Einem Klient der an Empfindungsstörungen leidet, kann eine Energieheilung oder homöopathische Behandlung empfohlen werden. Am Beginn jeder Sitzung sollte der Therapeut diese Maßnahmen besprechen. Fragen bezüglich des Auftretens der Symptome ermöglichen dem Therapeut ein Feedback zu den Fortschritten der vorangegangenen Sitzung. Obwohl auch in einer Sitzung bemerkenswerte Fortschritte erzielt werden können, ist es angebracht, erst einmal abhängig von der Fragestellung, zwischen drei und fünf Sitzungen zu planen.

ZUSAMMENFASSUNG

Um den Heilungsprozess zu vollenden, muss das Erlebte nach einer Regressionssitzung vollständig in das aktuelle Leben des Klienten integriert werden. Ein gemeinsames Muster zwischen einem Vorleben und dem aktuellen Leben zu begreifen, ist oft schon ausreichend. Dabei kann es sich um Emotionen wie Einsamkeit, Verlust oder andere, immer wieder auftretende emotionale oder physische Symptome handeln. Das Muster kann sich auch auf Personen aus dem Vorleben im gegenwärtigen Leben beziehen. Falls nur eine Sitzung geplant ist, sollte mit dem Klienten per Telefon oder Email über die Erfahrungen kommuniziert und der Integrationsprozess durch sondierende Fragen unterstützt werden.

Viele Komplexe erfordern eine Regression, die eine Zeitschiene aus gegenwärtigen und/oder Vorlebenserinnerungen abdeckt. Ein Vorleben kann eine Art Hintertür zur teilweisen Heilung schmerzhafter verdrängter Lebenserinnerungen des gegenwärtigen Lebens sein. Dies ermöglicht es, sie wie

Integration

bedeutende Ereignisse des Vorlebens anzugehen und intuitive Treffen mit den damit verbundenen Personen in Gang zu setzen. Diese Treffen können wegen des veränderten Bewusstseinszustands zu neuen Erkenntnissen und der Bewältigung des Komplexes führen. Affirmationen, Restrukturierung der Erinnerungen und die Visualisierung zukünftiger Schritte können bei der Integration nützlich sein.

Die Seele heilen

11

VORGESPRÄCHE

*Jeder weiß, dass wir Komplexe haben,
aber was die Menschen immer vergessen ist,
dass Komplexe uns haben.*
Carl Jung.

Eines Tages ging ich ans Telefon und was dann folgte ist unten zusammengefasst wiedergegeben:

Können Sie eine Regression mit meinem Sohn durchführen? Na ja...mit meiner Tochter, das heißt, wenn er wirklich die Geschlechtsumwandlung durchzieht. Er hat jetzt eine Hormonbehandlung und hat seinen Namen in Mary geändert. Ich bin mit meiner Weisheit am Ende weil er auch mit niemandem darüber sprechen will. Er wird in ein paar Monaten nach Holland gehen um sich operieren zu lassen.

Möchte er...sie. eine Regressionssitzung?

Ja, aber er will nicht mit irgendeinem anderen Therapeuten sprechen. Werden Sie mit ihm sprechen und ihn auch auf die Gefahren der Operation hinweisen, wenn er zu Ihnen kommt?

Es ist wirklich sehr nett von Ihnen für ihn anzurufen. Ich kann eine Sitzung mit ihm machen, aber nur, wenn er die Sitzung wirklich selbst will. Ich spreche immer vorher mit meinen Klienten über ihre Vorgeschichte und ihre

Probleme und was sie verändern möchten. Alles was er mir erzählt ist vertraulich und wenn er die Geschlechtsumwandlung nicht diskutieren will, dann werde ich das respektieren. Der Sohn kam kurz nach diesem Gespräch. Er trug ein Kleid und die Wirkung der Hormone war deutlich zu sehen, auch seine Stimme klang bereits verändert. Wir vereinbarten eine Regression in ein Vorleben und dass ich ihn Mary nennen würde. Die Regression führte ihn in ein Vorleben eines Mädchens, dessen Eltern sich sehnlichst einen Jungen gewünscht hatten. Das kurze Leben war sehr unglücklich deswegen und endete mit einem gewaltsamen Tod durch Verbluten nach einem Angriff mit einer Axt durch einen anderen Dorfbewohner. Am Ende der Sitzung gab ich Mary den Namen eines Mediators, der selbst eine Geschlechtsumwandlung hinter sich gebracht hatte und in der Gegend beratend für diese Eingriffe zur Verfügung stand.

Ich habe niemals herausgefunden, was mit Mary geschehen ist. Ein gewisses Muster zwischen der geplanten Operation und dem Verbluten durch eine Verletzung mit einer Axt hatte ihm aber einiges zu denken gegeben.

Rapport

Die Vorgeschichte zeigt recht gut, wie wichtig es ist Rapport, das bedeutet ein gegenseitiges Vertrauen während der Eingangsgespräche aufzubauen und während der Sitzung aufrecht zu erhalten. In dieser Hinsicht unterscheidet sich die Regressionstherapie nicht von anderen Formen der Psychotherapie.[1] Die Beziehung muss so aufgebaut werden, dass

Vorgespräche

auch schmerzhafte, peinliche oder bedrohliche Information mitgeteilt werden kann. Eine vertrauliche und vertrauenswürdige Beziehung, sowie eine vorurteilsfreie Haltung des Therapeuten, sind enorm wichtig. In Fällen von sehr persönlichen Verletzungen wie sexuellem Missbrauch kann es nötig sein, die Therapeut-Klienten-Beziehung erst in mehreren Gesprächen zu festigen, bevor eine Sitzung stattfinden kann.

Der folgende Auszug stammt von Milton Erickson, einem Psychiater aus den USA, dessen Werk die moderne Hypnotherapie revolutioniert hat. Entnommen aus *Gesammelte Schriften von Milton Erickson*[2] gibt es ein wunderbares Beispiel, wie er mit psychotischen Patienten umgehen konnte:

> Ein Patient des Worcester State Hospitals in Massachusetts verlangte in sein Zimmer eingesperrt zu werden und verbrachte dann Stunden damit, ängstlich und aufgeregt Draht um die Gitter seines Fensters zu winden. Er wusste, dass seine Feinde kommen und ihn umbringen würden, und die Fenster waren die einzige Öffnung, durch die sie gelangen konnten. Die dicken Eisenstäbe schienen ihm zu schwach zu sein, also verstärkte er sie mit Draht. Ich ging in seinen Raum und half ihm die Gitter mit Draht zu verstärken. Ich entdeckte Risse im Fußboden und überzeugte ihn, dass diese Risse mit Zeitungspapier ausgestopft werden sollten, um zu verhindern, dass seine Feinde ihn auf diese Weise kriegen konnten. Dann entdeckte ich Risse um die Tür, die ebenfalls mit Zeitungspapier ausgestopft werden mussten. Ganz allmählich brachte ich ihn jedoch dazu, zu erkennen, dass sein Zimmer bloß eines von vielen auf der Station war, und zu akzeptieren, dass die Pfleger der Station seine Verteidiger gegen seine Feinde waren. Ich weitete die Front der Verteidiger aus, auf die Gesundheitsbehörde von

Massachusetts, auf die Polizei und den Gouverneur. Dann erweiterte ich seine Beschützer um die angrenzenden Staaten und schließlich machte ich die gesamten Vereinigten Staaten zu einem Teil seines Verteidigungssystems. Dadurch konnte er auf seine verschlossene Türe verzichten, er hatte ja jede Menge Verteidigung um sich. Ich habe nicht versucht die psychotische Idee zu korrigieren, dass seine Feinde ihn töten würden. Ich zeigte ihm lediglich, dass er eine endlos lange Reihe von Verteidigern hat. Im Endeffekt konnte er dadurch eine Reihe von Anstaltsprivilegien annehmen und im Garten des Hospitals spazieren gehen. Er hörte mit seinen krampfhaften Bemühungen auf und wurde ein umgänglicher Patient.

Durch vorurteilsfreies Denken und Respekt für die innere Welt des Anderen konnte Erickson zeigen, wie schnell Vertrauen aufgebaut werden kann, um dann eine Veränderung bestehender Probleme angehen zu können. In diesem Fall wurden die Veränderungen in kleinen Schritten eingeführt, immer so, dass der Patient verstehen konnte, was und warum verändert wurde und einverstanden mit der Veränderung war. Üblicherweise werden Klienten, die nicht auf die Standard-Therapien ansprechen als *resistent* eingeordnet. Die Regressionstherapie vermeidet diese Kategorisierung. Jede Form von Resistenz wird als Teil des komplexen Problems betrachtet, und wenn es sich anbietet, kann es sogar utilisiert werden um an den Kern des Problems zu gelangen.

Eine Studie der Universität Pennsylvania konnte zeigen, dass 55 % einer Kommunikation über den Körper erfahren wird, 38 % über den Klang der Stimme, und 7 % über das was gesagt wird. Wenn wir uns also nur auf das konzentrieren, was gerade gesagt wird, verpassen wir 93% der Kommunikation, die unbewusst

Vorgespräche

stattfindet. Spiegeln ist eine Technik, die sehr hilfreich bei der unterbewussten Kommunikation ist. Sie erlaubt Augenkontakt zu halten und die Körperhaltung auf die andere Person abzustimmen. Manchmal gelingt das nicht nahtlos, aber im Laufe einer Unterhaltung kann die Körperhaltung immer wieder an den Gesprächspartner angeglichen werden. Das gilt ebenso für den Tonfall, die Art zu sprechen oder bestimmte Redewendungen, die die andere Person verwendet. Rapport dient dazu eine Verbindung zum anderen herzustellen und Ähnlichkeiten wirken anziehend auf uns.

Es ist immer wichtig zu verstehen, woran ein Klient glaubt. Manche Menschen haben eine recht materialistische Einstellung zum Tod, dann kann die Regression in ein Vorleben auch damit erklärt werden, dass ein Problem des Unterbewussten durch kreative Visualisierung einer Geschichte, die einem Vorleben ähnelt, geheilt werden kann. Diejenigen, die ein mehr spirituelles Weltbild haben, können eine Heilung als Lösung eines Problems in einem Vorleben ansehen. Die absolute Wahrheit ist dabei nebensächlich. Entscheidend ist, dass die Geschehnisse während der Regression für den Klienten logisch und nachvollziehbar sein sollten. Analytische Personen kann man daran erinnern, dass sie ja auch nicht nach einem halben Film aus dem Kino verschwinden um zu analysieren, was sie da gerade gesehen haben, und das Gleiche trifft auch auf Vorleben zu.

Es ist durchaus sinnvoll anhand von Fallbeispielen zu erklären, wie Regression helfen kann, und die Zuversicht des Therapeuten, dass diese Behandlung hilfreich sein wird, ist für den Klienten eine große Beruhigung.

Objektive und messbare Symptome

Das erste Gespräch ist eine Gelegenheit die Gründe und Ansichten des Klienten kennen zu lernen, die ihn Hilfe suchen ließen. Für eine erfolgreiche Regression sind die Symptome und die Ansichten des Klienten sehr entscheidend. Es ist daher auch wichtig nach Gedanken zu fragen, die von außen zu kommen scheinen, negativen Gefühlen und nicht erklärbaren Schmerzen. Nicht selten ist der Grund für das Versagen der Therapie, nicht genau nachzufragen. Eine Aussage wie *„Ich werde ärgerlich"* sollte immer weitere Fragen nach sich ziehen, wie *„Wie oft geschieht das?"* und *„Wie lange haben Sie hatte es?"*. Die Intensität von Gefühlen kann mit Skalen klassifiziert werden, z.b. 10 als die intensivste Form von Ärger und 1 als kein Ärger. Dadurch lässt sich zusätzliche Information gewinnen, wie Level 7 Ärger im letzten Monat bei bestimmten Vorkommnissen. Messbare Symptome eignen sich auch hervorragend dazu den Erfolg einer Therapie nach den Sitzungen zu überprüfen, wenn erneut abgefragt wird, was sich wie verändert hat.

Grenzen und Vorgeschichte

Wenn ein Klient das Problem bearbeiten möchte immer ein Opfer zu sein, dann muss eine gesicherte Verbindung etabliert werden, bevor irgendeine Form physischen Kontakts stattfindet. Während einer Regressionssitzung kann es erforderlich sein mit Hilfe von Gegenständen physischen Kontakt herzustellen und dazu sollte eine Aufklärung erfolgt sein und das Einverständnis des Klienten dazu vorliegen. In der Regel wird das Einverständnis vor der Sitzung eingeholt, es kann jedoch auch während der Sitzung gefragt werden, z.B. *„Ich werde Sie jetzt auffordern gegen meine*

Hand zu drücken um das Freisetzen der Empfindung zu unterstützen". Es ist auch erforderlich eine Genehmigung für das Aufzeichnen der Sitzung einzuholen und zu erklären was genau mit dem aufgezeichneten Material geschehen soll.

Die Erwartungen des Klienten sollten genau besprochen werden. Das beinhaltet auch welche Erfahrungen mit Hypnose, Vorleben oder Leben-zwischen-Leben erwartet werden können. Es sollte auch besprochen werden, dass durchaus intensive Gefühle zum Vorschein kommen können und diese Teile des Heilungsprozesses sind. Die Länge und Dauer der voraussichtlich erforderlichen Sitzungen sollte festgelegt werden.

Ein wichtiger Teil dieser Gespräche sollte auch auf die Vorgeschichte des Klienten verwendet werden, insbesondere auf Therapien, die bereits versucht wurden, psychische Erkrankungen, körperliche Gebrechen und Behinderungen wie Schwerhörigkeit oder hohen Blutdruck. Diese Informationen werden auch hilfreich sein, um festzustellen ob die Regression für diesen Klienten die richtige Form von Therapie ist und ob Kontraindikationen bestehen.

KOMPLEXE, DIE NICHT AUF REGRESSIONSTHERAPIE ANSPRECHEN

In der Regel werden unerfahrene Therapeuten zu Beginn ihrer Tätigkeit oft mit Klienten konfrontiert, die nicht zu komplexe Probleme zu lösen haben oder mit Klienten, die schon viele andere Therapien versucht haben und ihrerseits erfahren sind. Nach und nach werden die Anforderungen größer, die an den Therapeuten gestellt werden. Viele Komplexe wie z.B. eine obsessive Zwangsneurose erfordern nicht nur viel Erfahrung sondern setzen auch Kenntnisse über andere psychotherapeutische Verfahren voraus.

Es gibt jedoch einige Probleme oder Klienten, bei denen eine Regressionstherapie nicht durchgeführt werden sollte. Klienten, deren Denkvermögen eingeschränkt ist, die nicht in der Lage sind logisch oder rational zu denken, sollten keiner Regressionstherapie unterzogen werden. Das gleiche gilt für Anorexie, wenn das Gewicht unter eine kritische Masse gefallen ist. Der Verlust von Protein bedeutet immer auch einen Hormonmangel im zentralen Nervensystem. Fortgeschrittene Depression sollte ebenfalls nicht mittels Regressionstherapie behandelt werden, wenn die Aktivität schon unter ein bestimmtes Level gesunken ist, exzessives Schlafbedürfnis, konstante Müdigkeit, Unfähigkeit sich zu konzentrieren oder zu arbeiten, vorliegt. Eine weitere Kontraindikation ist eine bipolare Erkrankung, die zwischen depressiven Phasen und manischen Perioden mit rasenden Gedanken, leichter Ablenkbarkeit und reduziertem Schlafbedürfnis einhergeht.

Vorsicht sollte man auch bei schizophrenen Tendenzen walten lassen. Die Klienten könnten sich mit Fragmenten aus dem Vorleben überidentifizieren und sie nicht integrieren sondern überinterpretieren.

Die Verwendung von Drogen oder Medikamenten, insbesondere Psychopharmaka sollte immer eine Kontraindikation sein. Höhere Dosen an Psychopharmaka gehen oftmals mit gestörtem Konzentrations- und Erinnerungsvermögen einher. Erfahrungsgemäß können diese Personen ihr Unterbewusstsein auch nicht gut erreichen und ein nötiger Trancelevel zum Erfahren von Vorleben oder der Arbeit auf der höheren Ebene ist nicht möglich.

Bestimmte medizinische Einschränkungen wie epileptische Anfälle, Herzerkrankungen oder exzessiv hoher Blutdruck sollten die Regressionstherapie ebenfalls begrenzen. Eine Katharsis sollte tunlichst vermieden werden. Sorgfalt ist angebracht, wenn die Klientin schwanger ist, auch hier sollten negative Erfahrungen vermieden werden.

Bei Kindern unter 16 Jahren ist das schriftliche Einverständnis der Eltern erforderlich.

ADVERSE EFFEKTE ANTIPSYCHOTISCHER MEDIKAMENTE

Antipsychotische Medikamente haben einen festen Stellenwert in der Therapie von Depressionen und Psychosen. Wann immer möglich sollte die Dauer der Therapie begrenzt werden, da die Nebenwirkungen dieser Therapien doch erheblich sind. Einige der Nebenwirkungen sind beispielsweise Verwirrtheit, Desorientierung, Halluzinationen, Hypomanie und manchmal sogar eine Erhöhung des Levels der Angst und Depression, die sie eigentlich verringern sollten.

Wenn ein Klient diese Medikamente absetzt kommt es oft zu unangenehmen Nebeneffekten. Möglicherweise kehren die vor der Medikation vorhandenen Depressionen oder Ängste wieder zurück. In Großbritannien wird von den behandelnden Ärzten daher oft die 10% Reduzierungsmethode praktiziert.[4] Das Medikament wird in 10 Stufen über jeweils 10% reduziert, je geringer die Dosis, desto länger die Phasen zwischen den Reduktionen. Die Dauer jedes Reduktionsschrittes ist abhängig von der Höhe der gegebenen Dosis und wie lange diese gegeben wurde. Die nächste Reduktion einer Dosis findet immer erst statt, wenn keinerlei Entzugssymptome vom Patienten berichtet werden. Dieses Vorgehen reduziert die Nebeneffekte des Absetzens der Therapie, kann jedoch auch zum Wiederauftreten der ursprünglichen Probleme wie Angst oder Depression führen.

Die Entscheidung zum Absetzen des Medikamentes sollte immer gemeinsam mit dem Klienten und seinem behandelnden Arzt getroffen werden.

Falsche Erinnerungen

Dieser Auszug zeigt, wie leicht es ist beschuldigt zu werden falsche Erinnerungen produziert zu haben:

Im September 2003 wurde ein führender Kinderpsychologe angeklagt falsche Erinnerungen über eine sexuelle Misshandlung bei einem 13-jährigen Mädchen hervorgerufen zu haben. Das General Medical Council des Vereinigten Königreichs werteten die Vorwürfe gegen ihn als professionelles Fehlverhalten. Das Mädchen war zu ihm verwiesen worden, nachdem sie im Internat Essstörungen entwickelt und eine Überdosis eines Antidepressivums eingenommen hatte. Zuvor hatte sie einen Knochenspezialisten aufgesucht, da ihre Eltern besorgt waren, dass sie nicht groß genug für ihr Alter war. Während einer der Termine hatte der Knochenspezialist eine visuelle Untersuchung ihrer Brüste durchgeführt. Der Kinderpsychiater hatte behauptet, dass das Kind ihm erzählt hatte, dass der Knochenspezialist ihre Brüste gestreichelt hätte. Es konnte jedoch nachgewiesen werden, dass die Mutter des Mädchens während der Untersuchung anwesend gewesen war und zu keinem Zeitpunkt ein solches Verhalten beobachtet worden war.

In einigen Ländern, vor allem in den Vereinigten Staaten, sind Therapeuten verklagt worden, weil sie falsche Erinnerungen bei ihren Patienten provoziert haben sollen. Obwohl ein solches

Vorgespräche

Ereignis schwer zu beweisen ist, sollten immer Sicherheitsvorkehrungen gegen solche Anschuldigungen getroffen werden. Jede Form von Körpertherapie bedarf einer vorhergehenden Aufklärung über möglichen Körperkontakt. Wir empfehlen immer zur Vorkehrung gegen falsche Anschuldigungen die Sitzungen aufzuzeichnen. Da es mittlerweile eine Vielzahl an günstigen Aufzeichnungsgeräten gibt, die stundenlang aufnehmen können, ist es kein großer Aufwand diese Vorkehrungen zu treffen. Die Aufnahmen sollten qualitativ rauschfrei sein, so dass auch leise Worte verstanden werden können und der Therapeut sollte die Aufzeichnung als zusätzlichen Anreiz nehmen, genau zu überlegen, wie er seine Fragen stellen sollte um mögliche Suggestionen oder sogar Wertungen zu vermeiden, insbesondere wenn eine Form von Missbrauch während der Sitzung zum Vorschein kommt.

ZUSAMMENFASSUNG

Das Erstgespräch ist eine gute Gelegenheit festzustellen, ob eine Regressionstherapie oder Leben-zwischen-Leben Hypnotherapie das geeignete Mittel für die Probleme des Klienten zu sein scheint. Kontraindikationen sind dann gegeben, wenn die Klienten nicht klar und logisch denken können oder verwirrt sind. Diese Denkstörung kann durch Komplexe, Medikamente oder Drogen hervorgerufen sein. Die medizinische und psychische Vorgeschichte sollte sorgfältig aufgenommen werden und Vorkehrungen gegen den Vorwurf des Implantierens falscher Erinnerungen sollten getroffen werden. Diese Behauptung und auch der Vorwurf eines unprofessionellen Verhaltens lassen sich durch die Aufzeichnung jeder Sitzung vermeiden. Der Aufbau eines Vertrauensverhältnisses beginnt bereits beim ersten Gespräch und sollte durch jede weitere Sitzung nicht nur aufrecht erhalten sondern ausgebaut werden. Um dies zu erreichen ist es sehr wichtig alle Aspekte der Therapie und die Erwartungen des Klienten an die Therapie ausführlich zu diskutieren. Eine vertrauensvolle und vertrauliche Beziehung ebenso eine vorurteilsfreie Grundeinstellung des Therapeuten ist essentiell für den Erfolg der Sitzungen. Zur Erfolgskontrolle der Therapie empfiehlt es sich zu Beginn der Therapie alle Symptome, unangenehme Gedanken, negativen Gefühle und diffuse Schmerzen zu dokumentieren. Dies sowohl in ihrer Ausprägung als auch in der Häufigkeit ihres Auftretens und in ihrer Intensität. Um die Fortschritte des Klienten adäquat erfassen zu können, bietet sich die Nutzung einer Schmerzskala an.

12

Schlusswort

Es gibt keine Fehler oder Zufälle.
Alles was geschieht sind Geschenke an uns, aus denen wir
lernen können.
Elizabeth Kübler-Ross.

Die wachsenden objektiven Beweise für Reinkarnation, wie sie beispielsweise Ian Stevenson und seine Kollegen über die Geschichten von Kindern über Vorleben gesammelt haben, und die sich auch in der Nahtod-Forschung abzeichnet, bieten viele ernstzunehmende Hinweise auf die Existenz von Vorleben. Wenngleich die medizinische Forschung des Westens dafür keine etablierte Meinung bietet, so kann doch auf umfangreiches altes Wissen und ihre Berichte über das Fortbestehen der Seele und ihrer Lernfähigkeit durch Wiedergeburt und Karma zurückgegriffen werden. Ich habe versucht zu zeigen wie Wissenschaftler wie Michael Newton und auch ich selbst über viele Jahre Forschung und Dokumentation von Fallstudien zwischen-Leben-Seelenerinnerungen abrufen können. Manchmal können nur Fragmente erinnert werden, die an ein Vorleben denken lassen, so wie bei Rose, die von ihrem Vater missbraucht worden war. Der Missbrauch und ihre schmerzhaften Kindheitserinnerungen daran kamen erst über den Umweg eines Vorlebens als Soldat, der durch ein zusammenstürzendes Haus ums Leben kam, ins Bewusstsein. Ihrer Psyche wurde die Erlaubnis gegeben ihrer eigenen Resonanz und ihren eigenen

Assoziationen zu folgen, was sie zunächst in ein Vorleben und dann in ihr jetziges Leben führte, und ihr erlaubte für sich eine Erklärung finden, die eine Remission ihrer Symptome bewirkte. Die Suche nach Wahrheit ist hier nicht so entscheidend wie die Möglichkeit, eine Heilung zu erreichen.

Es mag manchmal so erscheinen, als ob die Regressionstherapie den Anspruch erhebt die Therapie der Therapien zu sein, die nicht versagt, wo andere versagen. Auch kann der Anschein erweckt werden, dass alle Schlüsselelemente der Psychotherapie und transpersonellen Therapie in einen komplexen Prozess verschmolzen werden. So etwas zu behaupten wäre übertrieben und falsch, weil es eben nicht für alle Menschen funktioniert. Für etliche Klienten ist Regressionstherapie zu überwältigend und zu intensiv. Sie können und wollen ihre offenen Wunden nicht in einer solchen Therapie freigelegt wissen und bevorzugen eine vertrauensvolle Gesprächstherapie um wieder Zuversicht und Zutrauen aufbauen zu können. Andere stecken so tief in ihren Komplexen fest und richten ihr Leben danach aus, dass sie nicht bereit sind diese vermeintliche Sicherheit aufzugeben. Es gibt Klienten, die es einfach zu mühsam finden mit Bildern und Intuition zu arbeiten. Manchmal scheint die Seele eine gewisse Notwendigkeit zu verspüren bestimmte Schmerzen und Disharmonien als Lernziel auf sich zu nehmen um daran zu wachsen.

Wenn sie funktioniert, dann kann Regressionstherapie eine bemerkenswerte Erleichterung chronischer Schmerzen und behindernder emotionaler Zustände erreichen. Viele dieser Fälle sind in Büchern und Veröffentlichungen beschrieben worden. Forschung über Regressionstherapie zeigt, dass 60% aller Klienten einen Vorteil aus der Therapie ziehen, selbst wenn zuvor viele andere Therapieversuche erfolglos blieben.

Unabhängig davon woran der Klient selbst glaubt, kann eine Regression in ein Vorleben einem Menschen Verständnis über

Schlusswort

Muster in dieser Inkarnation vermitteln und aufzeigen, wie diese entstanden sind. Über den Todeszeitpunkt hinaus zu gehen und auf die höhere Ebene zu wechseln kann einen tiefgreifenden Eindruck hinterlassen und Vergebung auf verschiedene Weisen zu erhalten kann eine Metapher sein um eine Veränderung im bewussten Denken anzustoßen, die heilsam sein kann. Die intuitive Kommunikation mit Lehrern oder Führern kann Ebenen geistigen Wissens vermitteln, das mit einer konventionellen Therapie nicht zu erreichen ist und es ist immer ratsam als Therapeut eine Hintergrundrolle einzunehmen, als Teil eines Teams im Heilungsprozess. Ich beginne jede Sitzung damit, meine Bereitschaft zu erklären Hilfe aus der geistigen Ebene für den Klienten anzunehmen.

Ein weiterer wichtiger Punkt dieser Therapieform ist die Bereitschaft anzuerkennen, dass das Heilen der Seele mit Energiearbeit verknüpft ist. Ein Klient wollte einmal wissen was mit ihm geschehen war, als er sechs Stunden lang bewusstlos zu Hause lag nachdem er sich in suizidaler Absicht eine Überdosis Drogen verabreicht hatte. Er war im Krankenhaus aufgewacht und keiner der Ärzte hatte ihm eine Erklärung geben können, wie er eine so hohe Drogendosis überleben konnte. Als er das Ereignis in Trance wiedererlebte, weinte er über das tiefe Gefühl des Mitleids und der Liebe, die er spürte während sein geistiger Lehrer Energie in seinen Körper übertrug, damit er die Zeit bis zu seinem Auffinden überleben würde. Die Energieübertragung geschah auf einer zellulären Ebene um die Drogen zu hindern ihre Wirkung zu entfalten und der Klient erhielt Informationen warum es nicht an der Zeit für ihn gewesen war zu sterben. Was wirklich einzigartig an der Arbeit auf der geistigen Ebene ist, ist die unendliche Vielfalt an Möglichkeiten und Erklärungen, die dazu führen, dass Energiemuster transformiert und aufgegeben werden können. Angst, Schuld, Ärger, wiederkehrende negative

Gedanken, ob aus diesem oder einem Vorleben, können identifiziert und transformiert werden.

Die Arbeit zur Beseitigung anhaftender Energien zeigt ebenso auf, dass es sich manches Mal eher um Energiearbeit als um klassische Psychotherapie handelt. Obwohl für diese Form der Störung kein Beweis vorliegt und das Thema sehr kontrovers diskutiert wird, scheint es möglich, dass erdgebundene Energie des Energiekörpers und negative Energien an Klienten anhaften können. Wie der Fallbericht von Joe zeigte, der darunter litt, Stimmen zu hören, und wie auch die Arbeit von Ron Van der Maeson in Anhang I zeigt, können bemerkenswerte Transformationen erreicht werden, wenn aufgezeigt werden kann, dass manche der Symptome, unter denen Klienten leiden, nicht von ihnen kommen sondern Anhaftungen sind. William Baldwin nannte diese Arbeit Geist Freisetzung und Schamanen nennen es Arbeit mit verlorenen Seelen-Anteilen. Die Namen dafür sind weniger entscheidend als die Tatsache, dass hier Energie freigesetzt und ein Abschluss gefunden werden muss um Heilung zu erzielen.

Viele therapeutische Ansätze wie die kognitive Verhaltenstherapie sind Gesprächstherapien und vermeiden jede Form von Katharsis. Wenn jedoch nur das kognitive Gedächtnis genutzt wird, wird das limbische System ignoriert, in dem Körper- und Trauma-Erinnerungen gespeichert sind. Bereits 1920 hat Wilhelm Reich das Vorkommen von rigiden Körperstrukturen studiert und wie sie sich durch den Körper ausdrücken. Er konnte zeigen, dass diese starren Strukturen einer Körper-Rüstung nicht aus einer Form von körperlicher Überanstrengung kommen sondern ein direktes Resultat tief verdrängter Emotionen sind. Bessel van der Kolk und seine Kollegen in der Psychiatrie fanden, dass Klienten in den Zustand ihrer starren Körper-Erinnerungen zurückgeführt werden müssen, wenn diese aktiviert, verarbeitet, transformiert und freigesetzt werden müssen, bevor mit anderen

Schlusswort

Erinnerungen gearbeitet werden kann. Alice Bailey beschrieb die Prinzipien, nach denen sich eine karmische Erblast aus Vorleben in schweren Erkrankungen und Körper-Erinnerungen ausdrücken kann. Das Gleiche hatte auch Ian Stevenson mit seinen Kinderstudien über Vorleben nachweisen können, wenn diese im Vorleben einen gewaltsamen Tod gestorben waren. Alle diese Studien zeigen auf, dass zur Heilung dieser Beschwerden eine vorausgehende Erinnerung und eine Entlastung dieser traumatischen Reste im Körper erreicht werden muss.

Eine spirituelle Regression führt zu detaillierten Erinnerungen an Leben zwischen den Leben. Diese Erinnerungen beinhalten das Treffen von Mitgliedern verschiedener Seelengruppen, und das Erkennen einzelner Seelen in der jetzigen Inkarnation. Häufig handelt es sich dabei um Personen, mit denen der Klient in diesem Leben kontroverse Erfahrungen gemacht hat oder karmische Konflikte austragen musste. Die Erkenntnis, dass diese Ereignisse geplant waren und aus gutem Grund geschahen kann oftmals sehr transformierend auf das gesamte weiter Leben wirken, ebenso wie das Erkennen warum dieser Körper und diese Lebensumstände gewählt wurden. Ein Höhepunkt jeder LzL-Sitzung ist das Gespräch mit den Älteren, die mit Liebe und Verständnis über die Lebensplanung des Vorlebens und des derzeitigen Lebens Aufschluss geben können. Oftmals findet dieses Treffen zu einem signifikanten Zeitpunkt im Leben des Klienten statt und gibt entscheidende Hilfestellung. Während der bisherigen Geschichte der Menschheit war so etwas nur nach Beendigung eines Lebens möglich. Diese Lichtwesen, die über so enorme Möglichkeiten verfügen, scheinen sich dazu entschlossen zu haben, mit dieser Therapie eine Möglichkeit zur Verfügung zu stellen eine Heilung der Seele und die dazu gehörigen Informationen schneller verfügbar zu machen als bisher. Wie meine Klientin Claire nach ihrer Sitzung sagte:

Die Seele heilen

Ich verstehe jetzt, dass diese Arbeit während der Regression mich auf einer noch tieferen Ebene berührt hat, als mir direkt nach der Sitzung schon klar war. Ich benutze das Wort Vertrauen oft. Ich erkenne jetzt, dass ich nicht nur vertraue, sondern dass ich weiß, dass alles in Ordnung ist. Es ist ein Wissen, das mein Herz und meine Seele geöffnet hat. Ich fühle mich wieder verbunden, ich weiß, wo ich bin, warum ich kam, warum die Entscheidungen, die ich getroffen habe zu der Zeit, als ich sie traf, absolut perfekt waren und ich weiß, dass ich geliebt werde.

Buddha zeigte uns die Schritte, die nötig sind um eine Heilung der Seele zu erreichen, die zeitlose Grundpfeiler des alten Wissens sind. Der erste Schritt ist das Erkennen, dass ein Problem existiert. Der zweite ist zu erkennen, was das Problem verursacht hat. Die Regression in Vorleben und die spirituelle Regression helfen Menschen hinter die Illusion des Daseins zu blicken und die Verwirrungen im Leben zu begreifen. Der dritte Schritt ist zu wissen, was zu tun ist. Die Regressionstherapie setzt die emotionalen und physischen Blockaden frei, die Veränderungen oft so schwierig machen und vermittelt durch die spirituelle Erfahrung neue Einsichten. Der vierte Schritt ist eine Veränderung unseres Denkens und unserer Handlungen gegenüber anderen in unserem Leben. Die Integration der Informationen nach der Sitzung helfen dabei, aber letztendlich ist es der Klient selbst, der die Veränderung auslöst und seinen freien Willen dazu nutzt zu wachsen und sich weiter zu entwickeln.

Warum wir gerade jetzt diese Möglichkeiten zur Heilung der Seele erhalten wissen wir nicht. Aber vielleicht sind wir an einer Kreuzung in der Geschichte der menschlichen Entwicklung angelangt.

Alle Fehler, die auf Materialismus und Gier beruhen, können relativiert werden, wenn wir die Erkenntnis erlangen, dass

Schlusswort

Dualität existiert und dass die Macht der positiven Absicht und der Respekt für Karma die Welt verändern kann.

Wie das alte Wissen uns lehrt: „*Wir kommen aus der Liebe und wir gehen wieder zur Liebe zurück.*"

Die Seele heilen

Anhang I

Aufzeichnungen

1 – Geschichte der Regressionstherapie

Die Arbeit mit vergangenen Leben wurde vor 30 Jahren begonnen. Der Lehrer und Autor Dr. Morris Netherton legte den Grundstein, auf dem Dr. Hans TenDam, Autor von *Deep Healing* aufbaute und die bestehenden Techniken verfeinerte. Dr. TenDam hat vermutlich den größten Teil der Regressionstherapeuten in den Niederlanden und sicherlich ein Drittel aller Therapeuten in Brasilien ausgebildet. Dr. Roger Woolger hat über die ersten 20 Jahre seiner Tätigkeit das Psychodrama, die Reichsche Körperwahrnehmung und den Jungianischen Aspekt der Komplexe in die Regressionstherapie eingebracht und seine Methode *Deep Memory Processes* (DMP) genannt. Mittlerweile hat die Regressionstherapie Aufnahme in die traditionelle medizinische Welt gefunden. Professor Mario Simoes der Medizinischen Fakultät in Portugal und Terumi Okuyama M.D., der als erster die Regressionstherapie in Japan in der konventionellen Medizin einsetzte sind nur zwei von ihnen. Andere sind Dr. Pavel Gyngazov, ein Arzt in Russland, Dr. Newton Kondavati M.D. in Indien und Julio Peres M.D. in Brasilien. Wie bereits erwähnt hat Professor Ian Stevensons Arbeit mit der spontanen Erinnerung von Kindern an Vorleben eine besondere Bedeutung durch ihre akribisch genauen Aufzeichnungen und Dr. Michael Newtons Arbeit hat einen sehr hohen Stellenwert, da er in den 30 Jahren seines Berufslebens methodisch aufgezeichnet hat, wie Klienten im Leben zwischen Leben ihr Dasein während tiefer Hypnose erinnern. Dies ist nur ein kleiner Ausschnitt und keineswegs eine vollständige Übersicht über die vielen Therapeuten weltweit, die zu den Fortschritten und auf mannigfaltige Weise zur Weiterentwicklung der Regressionstherapie beigetragen haben.

2 – Forschung in der Regressionstherapie

Dr. Ron Van der Maesens herausragende Forschung beruht auf dem Versuch Klienten, deren Beschwerden in der konventionellen Psychotherapie als unheilbar galten, mit Regressionstherapie zu behandeln. Seine erste Studie galt dem Tourette Syndrom.[1] Diese Erkrankung beinhaltet unbeabsichtigte sich wiederholende Verhaltensauffälligkeiten und wird als lebenslange neuro-psychiatrische Verhaltensstörung klassifiziert. Seine Arbeit erfasste die von Mitgliedern der *Dutch Association of Regression Therapy* durchgeführten Regressionssitzungen an 10 von 22 versorgten Patienten im Alter zwischen 9 und 52 Jahren. Alle Patienten waren in medizinischer Überwachung und nahmen Medikamente ein um ihre Tics zu unterdrücken. Am Ende der Studie die ein Jahr lang dauerte, berichteten fünf Patienten, dass ihre Tics mehr oder weniger verschwunden und auch die verbalen Ausfälle stark reduziert waren. Fünf Patienten berichteten zusätzlich dass sie ihre Medikation vollständig hatten absetzen können.

Seine zweite Studie[2] befasste sich mit Patienten, die Stimmen hörten oder unter fremden Gedanken litten, also im konventionellen Sinne an einer auditorischen Halluzination oder Schizophrenie erkrankt waren, gemäß dem *Diagnostic and Statistical Manual of Mental Disorders* (*DSM-IV*). Er arbeitete mit 54 Patienten, die in eine Therapie- und eine Kontrollgruppe eingeteilt wurden. Die *Dutch Association of Regression Therapy* stellte die Therapeuten für die Regressionstherapie. Nach 6 Monaten wurden die Patienten einem externen Psychiater vorgestellt. 25 % berichteten, dass sie keine Stimmen mehr hörten und weitere 32 % berichteten, dass sie mit den Stimmen, die sie hörten gut zurecht kämen. Insgesamt hatten 80 % der Patienten eine positive subjektive Verbesserung und würden die Therapie anderen Betroffenen weiterempfehlen. In seinem Buch *What Works for Whom*,[3] berichtet Professor Fonagy dass die üblichen psychologischen Verfahren für 50 % der an Schizophrenie erkrankten nicht erfolgreich zu sein scheinen, und die Besserung der übrigen 50 % nur auf die Wahnvorstellungen reduziert sind, während die übrigen Symptome nicht verbesserbar erscheinen.

Eine sehr große, praktisch orientierte Studie wurde von Helen Wambach[4] veröffentlicht. Diese umfasste die Arbeit von 26 Regressionstherapeuten und 17350 Klienten, die einer Regression in Vorleben unterzogen wurden. 63 % der Klienten berichteten über eine deutliche Verbesserung ihrer emotionalen und physischen Gesundheit, weitere 40 % berichteten darüber hinaus über eine Verbesserung ihrer interpersonellen Beziehungen. Ein signifikanter Aspekt der Studie war, dass viele dieser Klienten erst zur Regressionstherapie kamen, als die zuvor versuchten Therapien keinen Erfolg erbrachten.

Hazel Denning[5] führte eine groß angelegte Studie mit 8 Regressionstherapeuten und 1000 Klienten zwischen 1985 und 1992 durch. Die Veränderungen durch die Therapie wurden direkt nach der Therapie, nach 6 Monaten, nach einem Jahr und nach 5 Jahren erhoben. Von den 450 Klienten, die nach 5 Jahren noch auffindbar waren, berichteten 25 % dass ihre Symptome komplett verschwunden waren, 23 % berichteten über eine dramatische Verbesserung, 17 % berichteten über eine moderate Verbesserung und bei 36 % war keine Besserung eingetreten.

3 – VISUALISIERUNG IN DER PSYCHOTHERAPIE

Geführte Imagination hat eine lange und respektable Geschichte in der Psychotherapie. Bereits 1935 benutzte Jung[6] die "aktive Imagination" als Eckpfeiler in seiner Methode und in den 1940ern etablierte Roberto Assagioli[7] die Bildmeditationen als Grundstein seiner Therapie namens *Psychosynthese*. Auch die transpersonelle Psychotherapie[8] nutzt die Kraft der Imagination in ihrer Arbeit. Milton Erickson, der herausragende Therapeut und Erfinder der modernen Hypnotherapie benutzte regelhaft Metaphern und Geschichten in seiner Arbeit und erzielte damit außerordentliche Heilungserfolge.[9] Erickson war auch der geistige Vater der später entwickelten Technik *NLP*.[10] Eine andere Art der Nutzung von geführter Imagination nennt sich *Metaphor Therapy* die von David Groves[11] entwickelt wurde. Dabei arbeitet der Therapeut interaktiv mit dem Klienten an der Entwicklung von Bildern oder Metaphern, die das Problem des Klienten verkörpern. Es ist wirklich keine Übertreibung zu behaupten, dass praktisch alle Psychotherapieformen und Hypnotherapie-Anwendungen Imaginationsübungen enthalten.

4 – KATHARSIS

Sigmund Freud war der erste, der den Ausdruck Katharsis benutzte. Seine Klientin Anna O wurde vollständig beschwerdefrei nachdem sie ihre unterdrückten Gefühle in einer Katharsis ausleben konnte. Er gab die Arbeit mit Katharsis später auf, als er entdeckte, dass ihre Symptome nach einigen Jahren wieder auftraten. Andere jedoch arbeiteten weiter mit diesem Konzept, wie der Erfinder der Körperwahrnehmung, Reich, und später Moreno. Moreno zeigte schließlich auch auf, was Freud entgangen war. Katharsis ist mehr als nur die Entladung von unterdrückter Wut, Ärger, Angst oder Trauer. Es ist eine Methode in neue Aspekte des Warum und Weshalb Einsicht zu gewinnen. Diese Ansammlung von Emotionen hatte stattfinden können und damit die einhergehende Transformation der negativen Gefühle durch die gewonnen Einsichten. Diese grundlegenden Einsichten wurden seiner Gruppentherapie hinzugefügt und erfolgreich in klinischen Ambulanzen und Gesundheitszentren in den Vereinigten Staaten praktiziert.

Einige der erfolgreichsten Therapieformen nutzen die Freisetzung dieser gefangenen Energie und ihrer Integration z. B. über die von Fritz Perl geschaffene Gestalttherapie und dem Psychodrama,[12] andere Formen sind die Wiedergeburtstherapie und das Arbeiten mit dem inneren Kind. Diese Therapien zeigen, dass starke oder unverhältnismäßig unterdrückte Gefühle mit einem Bild assoziiert werden, und dass es nicht möglich zu sein scheint, dass eine Veränderung der mit diesen Gefühlen einhergehenden inneren Haltung erfolgen kann, ohne dass diese Gefühle zunächst per Katharsis freigesetzt werden. Wenn die unterdrückte Emotion und Energie freigesetzt worden sind, kann der Klient unterstützt werden das auslösende Ereignis in einem anderen Licht zu sehen und eine andere Haltung zu den Ereignissen einnehmen zu können.[13] Dr. Hans TenDam, Dr. Roger Woolger und viele andere Therapeuten fanden, dass dieses Vorgehen die erfolgreichste Methode ist, Komplexe zu transformieren und zu heilen.

Die klassische Hypnotherapie und viele andere Psychotherapieformen, einschließlich der anerkannten Verhaltenstherapie vermeiden Katharsis, da sie sie als *Abreaktion* einordnen. Diese Verfahren bevorzugen die Desensibilisierung als Versuch, den schmerzhaften Prozess bewusst zu machen. Dabei wird die Situation aufgedeckt oder eine unterdrückte negative Erinnerung ins Bewusstsein gebracht und dem bewussten Denken wird Häppchenweise erlaubt, das Ereignis aus der Beobachtersituation heraus zu erleben. Der Schwerpunkt liegt bei diesen Verfahren auf dem Bewusstwerden des Ereignisses und weniger auf dem Loslassen und Transformieren des Ereignisses.

5 – KÖRPER-ERINNERUNGEN

Die Traumatherapie, die von Bessel Van der Kolk[14] etabliert wurde, konnte die Bedeutung eines physischen Entladens aufzeigen, das genauso wichtig zu sein scheint wie die Freisetzung emotionaler Probleme. Die Forscher in Harvard, mit denen er zusammenarbeitete, konnten die Beteiligung der Stammhirnbereiche, wie dem Reptilienanteil und dem limbischen System nachweisen, die während der Bearbeitung der Themen mit reagierten. Dieser Teil des Gehirns reagiert bei Leben-und-Tod-Entscheidungen, bei denen es um das Überleben geht und ist für die traumatische Erinnerung und das dazugehörige Körpergefühl zuständig. Die unteren Anteile des limbischen Systems kontrollieren Gefühl und Bewegung und die mittleren Anteile sind für die emotionale Prozessierung des Geschehens zuständig.[15] Dieser Teil ist getrennt vom frontalen Cortex des Gehirns, der für das logische Denken genutzt wird. Daher ist es gut möglich, dass zur Verarbeitung von traumatischen Residuen der Körper mit eingesetzt werden muss um die Erlebnisse zu verarbeiten.

Das alte Wissen[16] erklärt uns, wie körperliche Erinnerungen im Energiekörper als energetische Erinnerungen gespeichert bleiben. Nach einem gewaltsamen Tod, z.B. durch Ersticken, bleibt die körperliche Erinnerung an das Ereignis wie das Schnappen nach Luft vor dem Tod in Erinnerung. Diese Erinnerung wird im Energiekörper abgespeichert wenn die Seele den Körper verlässt und bleibt dort erhalten. Während des

Anhang I – Aufzeichnungen

Prozesses des Verschmelzens mit dem neuen Körper kann diese Erinnerung auf den neuen Körper übertragen werden und in bestimmten Situationen Probleme verursachen. Wilhelm Reich beobachtete, dass die Freisetzung von gefangener Körperenergie zu einem spontanen Auflösen der Körperrüstung führt und zu einer Wiederherstellung eines ausgeglichenen Energiezustandes des Körpers. Tatsächlich ist es sehr beeindruckend wenn man zum ersten Mal eine physische Beteiligung des Klienten während einer Regressionssitzung erlebt. Roger Woolger[17] beschrieb, dass ein Klient, der einen chronischen körperlichen Energiestau aufweist nicht nur passiv liegt oder sitzt und seine Erinnerung mit geschlossenen Augen wiedergibt. Es kann zu heftigen körperlichen Entladungen kommen, die vom Festhalten des Stamms über Zusammenkauern alles beinhalten kann entsprechend der erinnerten Körperhaltung zu dem Moment, an dem das traumatische Ereignis stattfand. Es gibt einen fundamentalen Unterschied zwischen Vorlebens-Regression, die Hypnose dazu nutzt um nur kognitives und spirituelles Verstehen zu erreichen und den Körper vernachlässigt. Das Einbeziehen der Körper-Erinnerungen fokussiert den Klienten zusätzlich auf seinen Körper, denn im Körper werden die physischen Erinnerungen am eindrücklichsten gespeichert.

Die Seele heilen

Anhang II

Struktur einer Regressionstherapiesitzung

Vorbereitung

Halten Sie einen Rekorder bereit. Das schützt den Therapeuten vor der Anschuldigung falsche Erinnerungen erzeugt zu haben und gibt dem Klienten die Möglichkeit die Sitzung nochmals zu erleben, falls er das möchte.

Eine bequeme Liege/Liegestuhl sollte für den Klienten bereit stehen, die ihm erlaubt sich auch während der Therapiesitzung zu bewegen. Falls nur Hypnose geplant ist, ist ein Liegestuhl ausreichend

Der Raum sollte frei von störenden Geräuschen sein, Telefone, auch die des Klienten, sollten abgeschaltet sein.

Taschentücher sind nach unserer Erfahrung immer bereit zu halten, falls die Gefühle überwältigend werden im positiven wie im negativen Sinn.

Eingangsgespräch

Der Zweck eines Eingangsgespräches ist es, dem Therapeut die Möglichkeit zu geben zu entscheiden, ob eine Regressionssitzung möglich ist. Außerdem sollte ein Rapport hergestellt werden,

Vertrauen entstehen und der Klient sollte in Bezug auf seine Erwartungen aufgeklärt und beruhigt werden.

Die persönliche Geschichte des Klienten aufnehmen. Im Erstgespräch sollte die persönliche Geschichte des Klienten, Einzelheiten und derzeitige Probleme erfasst werden. Es sollten Kontraindikationen für eine Regression ausgeschlossen werden. Es muss immer nachgefragt werden, ob der Klient Medikamente einnimmt oder in psychiatrischer Betreuung ist.

Die Zielsetzung festlegen. Es sollte vereinbart werden, was der Klient von der Therapie erwartet und diese Erwartungen sollten diskutiert und gegebenenfalls korrigiert werden. Ein Zeitplan sollte erstellt werden. Es können Fallberichte früherer Klienten mit herangezogen werden, falls das der Verständigung dient.

Was hat Sie dazu veranlasst mich heute aufzusuchen?
Welches Ihrer Probleme ist für Sie das Wichtigste und mit welchem Problem würden Sie sich gerne als erstes beschäftigen?
Was könnte Ihrer Meinung nach das Erste sein, das Sie bemerken könnten, wenn sich etwas positiv verändert?

Fassen Sie die Symptome des Klienten zusammen. Die Gedanken, Gefühle und körperlichen Missempfindungen. Messbare Symptome sind wichtig, um auf einer Skala den Grad der Verbesserung nach den Sitzungen erfassen zu können, daher versuchen Sie bei wichtigen Symptomen immer auch eine Aussage zur Intensität und Häufigkeit des Auftretens der Probleme zu erhalten.

Welche Gefühle hatten Sie, als dieses Problem das letzte Mal auftrat?
Wie oft erleben Sie diese Symptome? Täglich? Wöchentlich? Monatlich?

Anhang II – Struktur einer Regressions-Therapiesitzung

Welche Gedanken kommen gleichzeitig mit dem Auftreten dieser Symptome?

Welche Körpergefühle treten mit diesen Ereignissen auf?

Wenn 10 das Schlimmste und 1 völlig problemlos ist, mit welcher Zahl würden Sie dieses Symptom (dieses Gefühl, diese Gedanken) bewerten?

Zeitplan der Therapiesitzung: Jede Sitzung wird in einem gewissen Maß unterschiedlich zu allen anderen Regressionen sein, aber einige Dinge und Stadien der Sitzung ähneln sich doch. Regressions-Therapiesitzungen dauern normalerweise 2 Stunden. Das Gespräch dauert etwa 15 Minuten, etwa 10 Minuten werden für die Induktion verwandt, 80 Minuten für die Regression und 15 Minuten für die Endbesprechung und um den Klienten wieder zu erden.

Vermeiden Sie die Gegenwart anderer. Die Informationen, die während einer Sitzung zu Tage kommen, sind sehr persönlich, und wenn Freunde oder sogar Ehepartner mit anwesend sind kann das dem Informationsfluss nicht dienlich sein. Diese Menschen können Teil eines karmischen Plans sein und daher ist es besser, wenn sie nicht anwesend sind. Der Klient kann nach der Sitzung über die Informationen verfügen, wie er es für richtig hält.

Erwartungshaltung: Der Therapeut sollte erklären, was in der Sitzung geschehen wird und was zu erwarten steht, je nachdem welche Art Sitzung geplant ist – Hypnose, Vorleben, LZL. Aufgeregte Klienten sollten beruhigt und dazu angehalten werden, offen zu sein für das was geschieht. Analytische Klienten sollten daran erinnert werden, dass sie ja auch während eines Kinobesuchs nicht beginnen den Film zu analysieren, den sie gerade ansehen. Es sollte erwähnt werden, dass verschüttete oder verdrängte Gefühle freigesetzt werden können und dass die damit einhergehenden Emotionen Teil des Heilungsprozesses sind.

Grenzen ziehen. Körpertherapie kann körperlichen Kontakt erfordern und die Erlaubnis dafür sollte zuvor eingeholt werden.

REGRESSIONS-BRÜCKEN

Regressions-Therapie-Brücken können durch die Informationen im Erstgespräch erhalten werden wenn über die Probleme des Klienten gesprochen wird. Die einfachste Brücke wenden wir direkt während des Interviews an:

Was geschah in Ihrem Leben während dieses Problem zum ersten Mal auftrat?

Verstörende Gedanken oder bestimmte immer wiederkehrende Phrasen aus dem Erstgespräch sind mit dem Problem des Klienten verquickt und können verwandt werden, wenn sie entsprechende emotionale Bedeutung besitzen:

Atmen Sie tief ein und wiederholen Sie dieses Wort/diesen Satz mehrmals und beobachten Sie was geschieht.

Gefühle, Gedanken oder Symptome, die nahe unter der Oberfläche liegen, betreffen meist Probleme aus dem derzeitigen Leben und können mit folgenden Aufforderungen abgerufen werden:

Was war der schlimmste Teil an diesem Erlebnis? Legen Sie Ihre gesamte Aufmerksamkeit in diese Emotion und lassen Sie sie tief in sich wirken, lassen Sie sich ganz auf dieses Gefühl ein.

Anhang II – Struktur einer Regressions-Therapiesitzung

Gehen Sie zurück zu dem Moment als Sie dieses Gefühl das erste Mal erlebten.... Was geschieht jetzt?

Bei nicht erklärbaren körperlichen Symptomen, die während des Erstgesprächs auftreten:

Wie fühlt sich dieses Körpergefühl an? Ist es nahe unter der Oberfläche oder tief? Dehnt es sich weit aus oder ist es nur punktuell?
Lassen Sie Ihren Körper die Haltung einnehmen, die zu dieser Erinnerung gehört. Verstärken sich die Gefühle?
Es fühlt sich an als ob....was genau geschieht?
Welche Eindrücke kommen hoch?

Ein Scan der Energie sollte erfolgen um Körpergefühle oder Emotionen Körperregionen zuordnen zu können.

Ich werde jetzt das Energiefeld scannen um zu sehen ob es irgendwo eine Blockade gibt, die zu dem Problem des (....Problem) gehört.

Der Körper sollte 2-3-mal gescannt werden. Während des Scannens sollte mit dem Klienten gesprochen werden:

Ich möchte, dass Sie sich auf Ihren Körper konzentrieren. Meine Hände werden über Ihren Körper scannen, von den Zehen bis zum Kopf. Schließen Sie Ihre Augen und konzentrieren Sie sich auf die entsprechende Region, die ich gerade scanne. Wenn Sie etwas Ungewöhnliches oder Seltsames oder Verändertes bemerken, dann sagen Sie es mir bitte gleich. Das Gefühl kann mit einer Schwere, Leichtigkeit, Spannung oder anderen Gefühlen einher

gehen. Es kann sich auch eine Emotion bemerkbar machen. ... Ich beginne jetzt mit der Gegend um Ihre Füße....Waden.....Knie.....(usw.). Was fühlt sich am Intensivsten an? Konzentrieren Sie sich auf dieses intensive Gefühl.

Über dieses intensive Gefühl kann dann eine Brücke in ein Ereignis gebahnt werden.

Hypnose

Hypnose und geführte Imagination werden in Anhang III besprochen. Ideomotor-Fingersignale, die mit dem Unterbewusstsein verbunden sind, können verwandt werden um Einverständnis, Reihenfolge und nötige Formen der Sitzungen abzuklären, falls nötig.

In die Person des Vorlebens schlüpfen

Es ist hilfreich detaillierte Informationen über die Person des Vorlebens zu sammeln. Dabei sollte darauf geachtet werden, dass der Klient in der ersten Person und in der Gegenwartsform spricht. Wenn der Klient direkt in eine Katharsis rutscht kann diese Information später eingeholt werden:

Welche Kleidung trägst Du?
Wie fühlt sich die Kleidung an? Welche Farbe haben Deine Kleider?
Welche Stoffe trägst Du am Körper?
Hast Du sonst noch etwas bei Dir?
Bist Du ein Mann oder eine Frau?

Anhang II – Struktur einer Regressions-Therapiesitzung

Jung oder alt?

UMGEBUNGSINFORMATIONEN SAMMELN

Sammeln Sie Informationen über die Umgebung des Vorlebens. Fragen zur Umgebung oder anderen Menschen in dem Ausschnitt des Vorlebens sollten gestellt werden:

Bist Du auf dem Land oder sind Gebäude in Deiner Nähe?
Beschreibe mir genau, was Du um Dich herum wahrnimmst.
Bist Du alleine oder ist jemand bei Dir?
Was tun die Anderen?
Welche Kleidung tragen sie?
Was kannst Du noch um Dich herum wahrnehmen?
Ist es Tag oder Nacht?

DAS VORLEBEN ERKUNDEN

Benutzen Sie direkte Kommandos um den Klienten vorwärts durch das Vorleben bis zum Tod zu führen. Überspringen Sie tägliches Einerlei und suchen Sie nach signifikanten Ereignissen in diesem Leben. Achten Sie auf Wendepunkte oder Shutdowns.

Was geschieht dann?
Gibt es in dieser Situation noch etwas Wichtiges bevor wir zum nächsten wichtigen Ereignis weitergehen?
Wenn ich bis 3 gezählt habe, dann gehst Du zum nächsten wichtigen Ereignis....1....2...3....was geschieht jetzt?

Die Seele heilen

KATHARSIS

Wenn eine spontane Katharsis auftaucht, erlauben Sie dem Klienten diese auszuleben. Benutzen Sie eindeutige Formulierungen und sprechen Sie deutlich lauter als sonst. Wiederholen Sie die Aufforderungen:

Lass alles heraus…..lass es einfach geschehen, Körper, geh bis zum Ende, ….bis zum Ende.

TOD UND ÜBERGANG

Der Tod und der Übergang müssen immer abgehandelt werden. Unverarbeitete Gedanken und Gefühle zum Zeitpunkt des Todes sind tief verankert und müssen für spätere Klärungen auch aufgezeichnet werden. Damit verbundene Körper-Erinnerungen sollten abgerufen werden:

**Wenn ich bis drei zähle gehst Du zu dem Moment an dem Dein Herz aufhört zu schlagen…..1…..2…..3….was geschieht jetzt?
Welche Gefühle und Emotionen nimmst Du aus diesem Leben mit?**

Bei einem gewaltsamen Tod sollte rasch vorgegangen werden, um die Unannehmlichkeiten möglichst gering zu halten. Das Kommando sollte laut erfolgen und den letzten Teil des Satzes sollte man mehrmals wiederholen:

Geh rasch bis zum Ende, bis zum Tod….schnell hindurch…..jetzt ist es vorbei, alles vorbei.

Stellen Sie sicher, dass der Geist den Körper verlässt und nicht erdgebunden ist. Wenn nicht eindeutig ist, was geschieht, dann fragen Sie nach und stellen Sie sicher, dass die Transition stattfindet.

Bleibst Du bei dem Körper oder kannst Du ihn verlassen?
Was brauchst Du um den Körper endgültig verlassen zu können?

KONFRONTATION MIT ANDEREN AUF DER GEISTIGEN EBENE

Neue Einsichten können gewonnen werden, wenn die Mitbeteiligten des Vorlebens auf einer höheren geistigen Ebene getroffen werden können und gleichzeitig involvierte Lehrer und Führer zur Mithilfe eingeladen werden. Ehrliche Vergebung ist eine tiefgreifende Erfahrung und gewährt oftmals Heilung und einen Abschluss eines belastenden Problems.

Geh zu dem Ort wo ... (Name des Beteiligten im Vorleben) **ist und triff ihn/sie. Was möchtest Du ihm/ihr sagen, was Du nicht sagen konntest, solange Du am Leben warst?**
Was sagt er/sie zu Dir?

Wenn ein Angreifer seine Schuld nicht zugeben will oder vergeben schwer ist:

Zeig ihnen auf telepathischem Weg wie sehr es Dich verletzt hat. Was geschieht jetzt?

Schick ihm/ihr ein winziges Fragment an Liebe. Was geschieht jetzt?
Geh in ein anderes Vorleben, das Ihr gemeinsam verbracht habt.
Bitte Deinen geistigen Führer zu uns zu kommen. Welchen Rat gibt er Dir?

KÖRPERTHERAPIE – KÖRPER-ERINNERUNGEN ERFORSCHEN

Dieser Teil der Therapie gilt sowohl für Vorleben als auch für eine Regression in der derzeitigen Existenz. Die Kommandos sollten lauter und direktiv gegeben werden:

Geh zu dem Moment bevor ... (das negative Ereignis) **begann**
Körper, zeig mir, was geschieht (Bewegungen ermutigen)
Körper, was geschieht als nächstes? (Sooft wiederholen wie nötig)
Körper, geh bis ans Ende ... bis zum Ende! (Muss mehrmals laut wiederholt werden)

KÖRPERTHERAPIE – KÖRPER-ERINNERUNGEN TRANSFORMIEREN

Dies sollte unmittelbar nach dem Erfahren der Körper-Erinnerungen geschehen. Es kann extra Energie nötig werden um einen Zusammenbruch zu kompensieren und diese Energie kann auch von spirituellen Tieren kommen, falls erforderlich.

Körper (Faust, etc.), was möchtest Du tun, was Du niemals tun konntest?
Geh in das Tierreich in der geistigen Welt und finde ein Krafttier, das genau die Energie hat, die Du brauchst. Du kannst die Energie dieses Tieres ganz in Dich aufnehmen. Fühle die Energie des Tieres, wie es Deinen Körper durchströmt ...

Beschreiben Sie genau was dann geschehen soll. Es ist sehr praktisch von eins bis drei zu zählen um selbst für die Unterstützung dieser Körpertransformation bereit zu sein:

Wenn ich bis drei zähle, wirst Du bereit sein. Bei eins wirst Du genau zu dem Zeitpunkt gehen, bevor ... (Ereignis, das transformiert werden soll) **geschehen ist ... und bei 3 wirst Du ...** (transformieren, sich wehren, was auch immer erforderlich ist)

1 ... geh zu dem Zeitpunkt bevor ... (Ereignis) **geschehen ist ...**
2 ... Es geschieht jeden Moment ... mach Dich bereit...(passendes Wort für Psychodrama) **...**
3 ... Körper (Faust, etc.) zeig mir was Du immer tun wolltest ...

Transformieren Sie die Körper-Erinnerungen indem Sie Dinge als Dummies benutzen wie Kissen, Handtücher, Schals, etc. Erlauben Sie dem Psychodrama sich zu entfalten und geben Sie genug Widerstand während der Transformation.

Affirmationen wie „Jetzt sind die Hände frei und haben genug Kraft, sich zu befreien" sind hilfreich während der Transformation.

REGRESSION IM DERZEITIGEN LEBEN

Ereignisse aus dem derzeitigen Leben können als Erweiterung eines in einem Vorleben entstandenen Komplexes gesehen werden. Sie können bereits im Erstgespräch auffallen oder über eine Brücke in das jetzige Leben führen.

Geh zu dem Punkt an dem Du in Deinem jetzigen Leben zum ersten Mal diesen Ärger (Angst, Wut, ...) gespürt hast und sag mir was geschieht.

Sobald die Erinnerungen aus dem jetzigen Leben erneut betrachtet wurden, können sie transformiert werden und zwar ebenso wie in einem Vorleben über die Kommunikation mit den Beteiligten auf der höheren Ebene:

Erlaube Dir Dich mit der Energie von .... (Mitbeteiligte/r) zu verbinden.
Was möchtest Du sagen, was Du bisher nie sagen konntest?
Was sagt er/sie zu Dir?

Verändern Sie die Erinnerungen:

Bring die neuen Eigenschaften (Einsichten, Krafttiere, Stärken) mit und geh erneut in die Situation bevor .... (negatives Ereignis) begann und erlebe das Ereignis auf andere, hilfreiche Weise.

Zukunftsprojektion:

Anhang II – Struktur einer Regressions-Therapiesitzung

Geh zu einem Punkt sechs Monate in die Zukunft nach dieser Sitzung und sei so, wie Du jetzt gelernt hast zu sein. Schau zurück, was die letzten sechs Monate geschehen ist und erkenne die Veränderungen, die durch Dein erweitertes Wissen und Dein verändertes Verhalten geschehen sind.

Wie hat sich Dein Leben verändert?

ABSCHLUSS

Zum Abschluss der Sitzung sollte erneut überprüft werden, wie sich die Körperenergie verhält. Ein Scan und eine Überprüfung der Ideomotor-Fingerzeichen können sehr aufschlussreich sein und unvollendete Arbeit aufzeigen, die eventuell eine Regression zu einem bestimmten, nicht abgeschlossenen Ereignis erforderlich macht. Alle nicht vollendete Arbeit erfordert eine weitere Untersuchung des Ereignisses und eine Transformation.

Falls eine Einzelsitzung geplant war, sollte ein Anruf oder eine Email nach einiger Zeit besprochen werden, um evtl. bei der Integration neuer Information weiter hilfreich sein zu können. Wenn mehrere Sitzungen geplant sind, sollte ein Vorlebens-Tagebuch angeregt werden, um alle entsprechenden Erfahrungen und Veränderungen protokollieren zu können und ggf. darauf zugreifen zu können.

SCHLUSSBESPRECHUNG

Zur Schlussbesprechung sollte sich der Klient aufsetzen und oftmals wird er noch in Gedanken in der vergangen Sitzung sein. Die Aufgabe des Therapeuten ist dann, dem Klienten dabei zu helfen die Ereignisse einzuordnen. Etwa 15 Minuten sollten auf dieses Gespräch verwandt werden und es sollte auch eine gewisse Erdung stattfinden. Der Klient sollte etwas trinken und ermutigt werden über seine Gefühle zu sprechen, falls er dies wünscht. Folgende Fragen sind zur Integration der Information hilfreich:

Erkennen Sie Muster aus diesem Leben, die bis in Ihr jetziges Leben reichen?

Erkennen Sie Menschen aus diesem Leben, die in Ihrem jetzigen Leben eine Rolle spielen?

ANHANG III

STRUKTUR EINER SPIRITUELLEN REGRESSIONS-SITZUNG

Die Methodik dieses Abschnitts einschließlich des Skripts und der Fragen sind aus dem Buch von Dr. Michael Newton, *Life Between Lives Hypnotherapy*,[1] adaptiert und werden im Training-Manual des *Michael Newton Institute* verwandt.

VORBEREITUNG

Das Ziel ist, jede spirituelle Regression zu einem Erfolg zu machen.

Überprüfen Sie den Klienten: Stellen Sie sicher, dass der Klient bereits erfolgreich eine Hypnose und ein Vorleben erlebt hat. Diejenigen, bei denen dies nicht der Fall ist, sollten zunächst eine separate Regression eines Vorlebens mittels Hypnose erleben. Erfahrungsgemäß gehen Klienten in eine tiefere Hypnose, wenn sie bereits einen Trance-Zustand oder einen ähnlichen bewusstseinsverändernden Zustand erlebt haben. Eine Selbst-Hypnose-CD kann dabei durchaus hilfreich sein. Kontraindikationen sollten immer vor der Hypnose abgeklärt werden, insbesondere Medikamenteneinnahme, Drogen oder emotionale Ausnahmezustände. Die spirituelle Regression dient nicht zur Aufdeckung und Beseitigung von Traumen.

Halten Sie einen Rekorder bereit: Die Sitzung sollte aufgezeichnet werden, da die Klienten sich nicht an alle Details der LzL-Sitzung erinnern können. Oftmals können die Klienten auch durch das erneute Anhören der Sitzung neue Erkenntnisse gewinnen. Ein zweiter Aufzeichnungsapparat als Sicherheit kann ebenso nützlich sein.

Der Körper des Klienten sollte sehr bequem liegen können. Die Sitzung ist zwischen drei und vier Stunden lang. In tiefer Trance ändert der Klient seine Körperhaltung nicht um Druck abzufangen. Daher ist es sehr wichtig, dass er bequem und weich liegen kann. Eine Couch, ein Sofa oder ein Liegesessel können verwandt werden. Eine Decke sorgt dafür, dass der Klient nicht friert, wenn sein Kreislauf sich verlangsamt.

Halten Sie störende Geräusche fern: Telefone und Handys einschließlich des Handys des Klienten sollten abgestellt werden.

Die Dauer der Sitzung sollte bekannt sein und ausreichend Zeit eingeplant werden: Eine Sitzung kann bis zu 4 Stunden dauern, hinzu kommt eine stressfreie Periode vor und nach der Sitzung, die für Vorbereitung und Nachbesprechung benötigt werden. Diese Regressionen sind auch für den Therapeuten sehr anstrengend, da er die meiste Zeit intuitiv mit Helfern verbunden sein wird. Um einen Therapeuten-Burnout zu verhindern, wird empfohlen, dass maximal eine LzL-Sitzung pro Tag eingeplant wird.

Schaffen Sie einen geeigneten Ort für die Sitzungen. Die wichtigste Ressource des Therapeuten ist seine intuitive Verbindung. Es ist enorm hilfreich für jede Sitzung eine passende Umgebung und ein harmonisches Energiefeld zu kreieren. Ein CD-Player kann für Klient und Therapeut angenehme Musik als Hintergrundgeräusch liefern und das Klima der Sitzung angenehm beeinflussen.

Anhang III – Struktur einer spirituellen Regressions-Sitzung

Vorarbeit für den Klienten: Der Klient sollte vorab Informationen liefern. Ein Vorschlag zu einem entsprechenden Anschreiben könnte z.b. so lauten:

„Vielen Dank für Ihr Interesse. Bevor wir eine Leben-zwischen-Leben-Regression durchführen können, ist es wichtig herauszufinden, ob Sie erfolgreich in einen Hypnosezustand gelangen können. Eine LzL-Regression erfordert sehr tiefe Hypnosezustände damit die Seelen-Erinnerungen auch erinnert werden können. Trance ist ein natürlicher Zustand des Bewusstseins, in dem eine Konzentration auf das innere Erleben stattfindet und das logische Denken in den Hintergrund tritt. Eine leichte Trance erlebt jeder von uns jeden Tag ohne überhaupt darüber nachzudenken. Wenn Sie zum Beispiel für längere Zeit mit dem Auto fahren erinnern wir uns oft nur an unsere Gedanken während der Fahrt und nicht an die Fahrt selbst. Eine tiefe Trance zu erreichen erfordert jedoch eine gemeinsame Anstrengung. Menschen, die bereits einmal in Trance waren, können diesen Zustand weitaus einfacher erneut erreichen und können sich auch auf tiefere Trance viel erfolgreicher einlassen als beim ersten Versuch.

Wenn Sie bisher keinen Hypnosezustand erlebt haben, sollten Sie jemanden aufsuchen, der mit Ihnen eine Sitzung durchführt. Eine andere Möglichkeit wäre per Selbst-Hypnose-CD Entspannungsübungen zu trainieren, wobei die Tiefe der Trance und der Entspannung zunimmt, je öfter Sie diese CD benutzen. Wenn Sie mir Ihre Adresse zukommen lassen, dann sende ich Ihnen eine CD für diesen Zweck zu.

Es ist wichtig, dass vorhandenen Blockaden, die möglicherweise bestehen, vor der LzL-Sitzung eliminiert werden um sicher zu stellen, dass keine Energie-Blockade die LzL-Sitzung verhindert. Diese Sitzung dauert normalerweise 2 Stunden und kostet ***. Sie findet (Adresse des Therapeuten) statt. Mögliche Termine wären ***.

Die Leben-zwischen-Leben Regressions-Sitzung dauert etwa 4 Stunden, kostet *** und findet (Adresse des Therapeuten) statt. Mögliche Termine wären ***. Ich werde die Sitzung aufnehmen, aber Sie können selbstverständlich auch Ihren eigenen Rekorder mitbringen, wenn Sie das möchten. Viele Klienten empfinden das wiederholte Anhören der Sitzung als sehr hilfreich und erfahren dadurch oftmals neue Informationen. Ich möchte, dass Sie sich auch Gedanken über das machen, was Sie von der Sitzung erwarten, wie zum Beispiel Aufschluss über Ihre Lebensaufgabe, spirituellen oder karmischen Fortschritt, warum Dinge in Ihrem Leben geschehen sind, wer zu Ihrer Seelengruppe gehört, Ihren geistigen Lehrer zu treffen. Bitte erstellen Sie auch eine Liste mit etwa acht wichtigen Personen in Ihrem Leben, die entweder positiven oder negativen Einfluss auf Ihr Leben hatten. Beschreiben Sie Ihre Verbindung zu diesen Personen und schreiben Sie auf welche Eigenschaften diese Personen haben, zum Beispiel: Joanne – Mutter: liebevoll, bestimmend, distanziert.

Durch die Länge der Sitzung sollten Sie bequeme Kleidung tragen und Sie werden sich für die Sitzung hinlegen. Es ist nicht empfehlenswert zu der Sitzung Freunde mitzubringen, da alles, was Sie erfahren sehr persönlich ist. Es steht Ihnen jedoch frei nach der Sitzung über alle erhaltenen Informationen zu verfügen, wie Sie es für richtig halten.

Sie sollten ausreichend Zeit zur Erholung nach der Sitzung einplanen und die nächsten Tage immer wieder

Zeit finden sich zu erholen. Wenn Sie mit dem Auto anreisen, dann planen Sie bitte viel Zeit für die Rückfahrt ein."

BEGINN DER SITZUNG

Zweck des Gesprächs vor der Sitzung ist es, Rapport herzustellen, die Beweggründe des Klienten zu verstehen, Erwartungshaltungen zu erfahren und Fragen zu beantworten.

Erfassen Sie die wichtigsten Informationen des Klienten: Erfassen Sie Adresse und Daten des Klienten und schließen Sie Kontraindikationen gegen die Regression aus. Das Alter des Klienten sollte bekannt sein und etwaige Kindheitstraumata oder Zeiten in der Kindheit, an die sich der Klient nicht erinnern kann. Falls dies der Fall ist, ist Vorsicht geboten wenn Sie die Alters-Regressions-Vertiefungen nutzen. Klienten, die bereits eine Hypnose erlebt haben, können danach befragt werden, welche Methoden sie als hilfreich zur Vertiefung der Trance empfunden haben. Analytische Klienten können mit einer Konfusions-Induktion in Trance geführt werden.

Gehen Sie auf Bedenken des Klienten ein: Der Therapeut kann erklären, was geschehen wird und auf Bedenken eingehen. Die Klienten sollten daran erinnert werden, dass sie selbst in der tiefsten Trance merken werden, wenn sie die Toilette benutzen müssen und das auch können.

Beschreiben Sie was in der Regel geschehen wird: Die Erfahrungen des Klienten können anders sein, als das, was er gelesen oder gehört hat. Manche empfinden die Ereignisse eher als dass sie sie sehen. Die Reihenfolge und die Ausprägung des Erlebens sind ebenso sehr variabel. Einige Sitzungen werden durch das Unterbewusstsein vollständig oder partiell blockiert, aber das, was erlebt wird, ist in der Regel genau das, was der

Klient zu diesem Zeitpunkt braucht. Sogar in tiefer Hypnose, wenn der Körper sehr schwer ist, kann das Bewusstsein interferieren, ist jedoch meist nur überraschter Beobachter dessen, was geschieht. Manchmal denken Klienten, was sie in der LzL-Sitzung erlebt haben sei nur eine Einbildung. Es ist durchaus sinnvoll diese Bedenken ernst zu nehmen und darauf hinzuweisen, dass das natürlich der Fall sein kann. Es gibt jedoch Faktoren, die den Klienten wissen lassen, dass seine Erlebnisse real waren: Die positiven Gefühle während des Treffens mit seinem Lehrer und seiner Seelen-Gruppe, die Spontaneität mit der sich seine Geschichte entfaltete, die Menge an Einzelheiten und die Bemerkungen der Älteren, die oftmals eine starke Resonanz im Klienten auslösen. Es ist sehr wichtig, den Klienten dazu aufzufordern offen zu bleiben und die Informationen, die gegeben werden vorbehaltlos zu betrachten.

Gehen Sie die Aufzeichnungen des Klienten nochmals durch: Wichtig hierbei sind die Erwartungen und die Liste der wichtigen Personen, die in der Regression aufgesucht werden können.

Vermeiden Sie andere Anwesende während der Sitzung: Die Information ist sehr persönlich und Freunde oder Ehepartner sind häufig Teil des karmischen Geflechts. Aus diesem Grund ist es ratsam, dass diese nicht während der Sitzung anwesend sind. Der Klient kann natürlich später frei über seine Aufzeichnung verfügen und die Informationen teilen, die er erhalten hat.

Hypnose – Trance-Induktion

Manchmal brauchen Klienten ein bisschen Hilfe um ihr zu aktives Gehirn zu entspannen. Die folgende Suggestion kann dabei gut Dienste leisten:

Anhang III – Struktur einer spirituellen Regressions-Sitzung

„Schließen Sie Ihre Augen und stellen Sie sich eine Schachtel vor. Einfach eine Schachtel ... Sie können sie sehen ... oder fühlen ... oder erfahren, wenn Sie das möchten ... geben Sie alle Gedanken in die Schachtel ... jede Ihrer Sorgen, Ihrer Probleme und Ihrer Gedanken geben Sie einfach in diese Schachtel ... und jetzt stellen Sie sich vor, dass Sie einen Deckel auf die Schachtel geben. Einen Deckel, der diese Schachtel ganz fest verschließt. ... und wenn die Schachtel fest verschlossen ist, dann nicken Sie mit dem Kopf ... gut ... und während dieser Sitzung, immer wenn Sie einen neuen Gedanken bemerken, dann öffnen Sie die Schachtel und geben Sie den Gedanken dort hinein ... schließen Sie die Schachtel wieder ... und stellen Sie sie weg."

Bis zu 45 Minuten Trance-Induktion und Vertiefung sind nötig um einen Klienten auf einen Level zu bringen, dass ihm Zugang zu seinen Seelen-Erinnerungen gewährt. Die Stimme des Therapeuten sollte einen Rhythmus vorgeben, ausreichend Pausen einhalten und der Sprachfluss sollte mit fortschreitender Hypnoseinduktion langsamer werden. Leise Hintergrundmusik kann genutzt werden um irritierende Geräusche auszublenden. Stellen Sie sicher, dass der Klient bequem liegt und sein Körper gut unterstützt ist. Die Hände sollten für den Therapeuten gut sichtbar sein. Es ist sehr effektiv die Suggestionen dem Atemrhythmus des Patienten anzupassen. Ein mögliches Skript für eine Induktion ist folgende:

„Die Augen schließen sich ... Und Sie atmen tief ein ... konzentrieren Sie sich auf Ihre tiefe Atmung ... wenn Sie einatmen ... atmen Sie Entspannung ... und wenn Sie ausatmen ... atmen Sie jede Spannung in Ihrem Körper aus ... konzentrieren Sie sich jetzt auf Ihren Kopf ... lassen Sie

Die Seele heilen

alle Spannung los ... einfach entspannen und loslassen ... ich frage mich ob die tiefe Entspannung und friedvolle Schwere in Ihrer Stirn ... sich langsam ausbreitet ... zu Ihren Augen ... in Ihren Mund ... tief ... in den Kiefer ... über den Nacken ... tief, friedlich ... schwer ... und je mehr sich Ihr Körper entspannt ... können Sie auch Ihre Gedanken ziehen lassen ... und schon bald...fühlen Sie das angenehme Gefühl totaler Entspannung ... und ich frage mich ... wie schnell die Entspannung sich ausbreiten wird ... zu Ihrem Nacken ... Ihren Schultern ... den Oberarmen ... lassen Sie die Arme hinunter sinken ... und völlig frei von Spannung werden ... die sich ausbreitet ... fühlen Sie, wie Sie sich entspannen, die Ellenbogen ... die Unterarme ... alle Muskeln entspannen sich ... lassen Sie es einfach zu ... über die Handgelenke zu den Fingern ... bis zu den Fingerspitzen ... lassen Sie alle Spannung los ... und merken Sie, wie Ihre Atmung immer entspannter und lockerer wird ... und gleichmäßiger ... vielleicht merken Sie auch, dass Geräusche immer nebensächlicher werden ... alle Geräusche, die Sie wahrnehmen führen nur dazu, dass Sie sich noch tiefer entspannen ... werden Teil der Erfahrung von Geborgenheit und Entspannung ... jetzt möchte ich, dass Sie Ihre Imagination einsetzen ... stellen Sie sich ein wunderbares altes Landhaus vor ... das Sie besuchen ... Sie können es vielleicht sehen oder fühlen ... oder in jeder Form empfinden, die für Sie richtig ist ... es ist ein wundervolles Haus ... ein altes Landhaus ... an einem warmen ... sonnigen Sommernachmittag ... und Sie stehen an der Treppe, die zum Eingang führt ... und beim Hinuntersehen ... können Sie durch die offene Türe sehen ... Sie sehen einen wunderbaren Garten ... und es wirkt alles so einladend ... dass Sie diesen Garten erforschen möchten ... an diesem wunderbaren Sommernachmittag ...

Anhang III – Struktur einer spirituellen Regressions-Sitzung

an dem nur Sie dort sind ... keiner ist da, der Sie belästigt, oder ärgert ... und jetzt steigen Sie gleich die Treppe hinunter ... wenn ich von 1 bis 10 zähle ... und jede Zahl eine Treppenstufe bedeutet ... und jede Stufe führt Sie tiefer ... und tiefer in einen Entspannungszustand ... und sobald ich bei 10 angelangt bin ... erlauben Sie sich einfach so tief entspannt zu sein ... wie Sie nur sein können ... vielleicht wandert Ihr Geist ein bisschen ... und meine Stimme tritt in den Hintergrund ... aber das ist völlig in Ordnung so ... der Klang meiner Stimme beruhigt Sie nur...und wenn Sie soweit sind, dann nehmen Sie die erste Stufe ... entspannen ... und loslassen ... 2 ... der nächste Schritt ... Sie fühlen sich noch gelassener ... und friedlich ... 3 ... vielleicht bemerken Sie eine Schwere ... ein friedvolles Gefühl, das mit jedem Schritt zunimmt ... 4 ... tiefer und tiefer ... 5 ... ein weiterer Schritt ... Sie werden ruhiger und ruhiger ... Sie entspannen sich mehr und mehr ... Sie lassen los ... und fühlen sich gut dabei ... 6 ... Sie fühlen mehr und mehr wie Sie sich an der Entspannung erfreuen ... und behaglich fühlen ... 7 ... tiefer und tiefer ... weiter in den willkommenen Entspannungszustand ... 8 ... erfreuen Sie sich an diesem Gefühl ... halb wach und halb schlafend ... und Sie fühlen sich wohl ... 9 ... und immer weiter entspannen Sie sich ... und fühlen sich geborgen und sicher ... 10 ... jetzt stehen Sie vor der offenen Türe ... und gehen hindurch ... in den Garten ... nehmen Sie das Gefühl des Friedens in sich auf, das in diesem Garten herrscht ... und der Ruhe ... in diesem wunderbaren alten Gemäuer ... stehen Sie nur da und sehen Sie sich den Rasen an ... wunderschön und grün ... die Bäume ... die Sträucher ... den wunderbaren, klaren, blauen Himmel ... und fühlen Sie die Wärme auf Ihrem Kopf und Ihren Schultern ... während Sie diesen

Die Seele heilen

Sommernachmittag genießen ... in diesem wunderbaren Garten ... die Blumenbeete ... die vielen Farben ... rot ... gelb ... lila ... weiß ... atmen Sie tief ein ... und riechen Sie den Geruch dieses Ortes.....und niemand ist da, der Sie ärgert ... der etwas von Ihnen möchte ... oder erwartet ... also erfreuen Sie sich an diesem Platz ... an dem Frieden ... der Ruhe ... in diesem wunderbaren Garten ... und als Sie den Weg entlang gehen ... sehen Sie einen Torbogen....neben dem Blumen wachsen ... und da sind ein paar Stufen....wunderbare alte Steinstufen ... und das entspannende Geräusch von fließendem Wasser ... etwas entfernt....und es ist so einladend, dass Sie langsam die Stufen hinuntergehen ... und tiefer und tiefer entspannen ... Sie sehen einen weiteren Rasen ... und etwas entfernt einen kleinen Fluss ... und an den Ufern wächst Schilf ... Sie gehen langsam über den Rasen ... und setzen sich an das Ufer ... erfreuen sich an diesem wunderbaren ... friedlichen ... Sommernachmittag ... sitzen am Ufer ... und während Sie in das klare Wasser sehen .... können Ihre Gedanken wandern ... und Sie können die völlige Entspannung fühlen ... und Ihrem Geist die Freiheit geben sich treiben zu lassen ... wohin er möchte ...".

BESTIMMUNG DER HYPNOSE-TIEFE

Ein nützlicher Test für die Trancetiefe ist der Skalentest. Dieser Test kann zu jedem Zeitpunkt der Sitzung angewandt werden. Die Tiefe der Trance wird mittels der verlangsamten Antwort und den langsamen, ruckartigen Fingerbewegungen bestimmt:

Anhang III – Struktur einer spirituellen Regressions-Sitzung

„Stell Dir eine Skala vor ... 10 bedeutet wach und reaktionsfähig ... und 1 bedeutet die tiefste Entspannung, die möglich ist ... und wenn ich jetzt langsam von 10 bis 1 zähle ... dann wird der Finger an Deiner linken Hand sich heben, wenn ich bei der richtigen Zahl angekommen bin. ... 10 ... 9 ... 8 ... usw".

Warten Sie auf den Finger, der sich bewegt. .. „Gut".

DIE HYPNOSE VERTIEFEN

Die folgende Vertiefung, die auch *Nummern fallen lassen* genannt wird, kann statt der von Newton verwendeten Altersregression zur Vertiefung der Hypnose angewandt werden:

„Ich werde Dich jetzt gleich dazu auffordern zu zählen ... Du beginnst mit der Zahl 1 und zählst aufwärts ... und mit jeder Zahl, die Du zählst, wirst Du Dich mehr und mehr entspannen ... Dich behaglich und sicher fühlen ... und Du kannst Dir Zeit lassen beim zählen ... langsam zählen ... und nach ein paar Zahlen wirst Du bemerken ... dass die Zahlen einfach verschwinden .... und schließlich werden alle Zahlen verschwinden .... einfach verschwinden ... weil Du so entspannt sein wirst ... und Dich so behaglich und sicher fühlen wirst ... dass diese Zahlen einfach nicht mehr wichtig sein werden ... und jetzt beginnst Du mit der Zahl 1 ... und Du zählst aufwärts. „

Während der Klient zählt können folgende Vertiefer angewandt werden:

„schweben"
„tiefer und tiefer"
„sogar noch tiefer"
„Die Zahlen beginnen jetzt zu verschwinden…..sie verschwinden ganz einfach"
„tiefer und tiefer….und die Zahlen verschwinden"
„wunderbare tiefe Entspannung"

Die Stimme des Klienten wird leiser und ruhiger je länger er zählt.

DIE TRANCETIEFE VERANKERN

Um eine wirklich tiefe Trance rasch erneut wieder erreichen zu können, kann die Erfahrung dieser tiefen Trance im Klienten verankert werden:

„Immer wenn ich die Worte BLEIB IN DIESER ERFAHRUNG verwende, wirst Du automatisch wieder in diesen tiefen entspannten Zustand geraten, ohne überhaupt darüber nachdenken zu müssen. So wie es sich jetzt anfühlt … Du kannst Deinem Geist und Deiner Körper einfach erlauben, wieder in diesen angenehmen Zustand der tiefen Trance zu gleiten….Immer wenn ich zu Dir sage BLEIB IN DIESER ERFAHRUNG … wirst Du automatisch, ohne darüber nachzudenken in diesen angenehmen Zustand zurückkehren. Und das wird für diese Sitzung so sein und für alle kommenden Sitzungen."

Anhang III – Struktur einer spirituellen Regressions-Sitzung

LETZTE INSTRUKTIONEN

Diese Instruktionen sollten in einem ruhigen aber durchaus direktiven Tonfall gesprochen werden:

"Während wir fortfahren, wirst Du frei mit mir sprechen können ... über alles, was Dir begegnet und was Du empfindest ... ohne aufzuwachen ... tatsächlich wird das Sprechen nur dazu führen, dass Du die Trancetiefe perfekt halten kannst ... mühelos ... und ich möchte, dass Du ein goldenes Licht um Dich herum visualisierst ... ein machtvolles, goldenes Schild ... vom Kopf bis zu den Füssen ... das Dir Macht und Licht gibt ... und nichts Negatives kann dieses Schild durchdringen ... es wird von diesem Schild abprallen ... und Du wirst durch Dein mächtiges goldenes Schild geschützt ..."

IN DAS VORLEBEN EINTRETEN

„Du siehst einen Nebel, und dieser Nebel führt Dich zu Deinem letzten Vorleben ... oder einem anderen, das für Dich in Deiner jetzigen Situation genau das Richtige ist ... und Du wirst aus dem Nebel heraustreten, wenn ich bei der Zahl 3 angelangt bin ... 1 ... Du trittst in den Nebel ein .... 2 ... Du beginnst aus dem Nebel herauszukommen ... er lichtet sich ... erlaube Deinen Erinnerungen stärker zu werden ... bei der nächsten Zahl wirst Du aus dem Nebel heraus treten und im Körper im Vorleben sein ... 3 der Nebel verschwindet, während Du auf Deine Füße siehst Deine Beine ... und die Kleidung, die Du trägst und während der Nebel komplett verschwindet ... erzähle mir von der Kleidung, die Du trägst."

Die Seele heilen

DEN KÖRPER DES VORLEBENS EINNEHMEN

Es ist immer wichtig so viele Informationen wie möglich über die Person des Vorlebens in Erfahrung zu bringen. Falls eine Katharsis erfolgt, sollte diese rasch durchschritten werden. Mögliche Fragen sind:

Welche Kleidung trägst Du?
Beschreibe die Kleidung so genau wie möglich.
Wie fühlt sich das Material an, das Du trägst?
Trägst Du sonst noch etwas bei Dir?
Bist Du ein Mann oder eine Frau? Jung oder alt?

DIE SZENE ETABLIEREN

Je mehr Information, desto besser. Es ist immer wichtig auf den Informationen aufzubauen, die der Klient liefert. Weitere Fragen sind z.B.:

Bist Du auf dem Land? Sind Gebäude in der Nähe?
Beschreibe sie bitte genau.
Bist Du alleine oder ist jemand bei Dir?
Was tun die anderen Leute?
Welche Kleidung tragen sie?
Was kannst Du außerdem noch erkennen?
Ist es Tag oder Nacht?
Ist es warm oder kalt?

Anhang III – Struktur einer spirituellen Regressions-Sitzung

DAS VORLEBEN ERKUNDEN

Benutzen Sie direkte Kommandos um den Klienten durch das Vorleben zu führen. Versuchen Sie Alltägliches zu vermeiden und zu den wichtigen Ereignissen des Vorlebens zu gelangen.

Was geschieht dann?
Wenn ich bis 3 gezählt habe, dann gehst Du zum nächsten wichtigen Ereignis…1….2….3… was geschieht jetzt?

TOD IM VORLEBEN

Die Erkundung des Vorlebens sollte nur 15-30 Minuten in Anspruch nehmen, dass es anschließend mit dem Lehrer genauer besprochen werden wird. Der Tod im Vorleben ist jedoch immer ein wichtiges Ereignis das genauer erlebt werden sollte.
Mögliche Fragen hier sind u.a.:

Geh zu dem Moment bevor Du Deinen letzten Atemzug nimmst und sag mir was geschieht.

Wenn es ein gewaltsamer Tod ist sollte dieser so rasch wie möglich durchschritten werden um den Klienten zu schonen.

Geh rasch hindurch, bis zum Ende. Jetzt ist es vorüber.

Auf die Spirituelle Ebene gelangen

Hier sind keine Detailbefragungen nötig. Wichtig ist zu bedenken, dass die Pausen zwischen Frage und Antwort länger werden können.
Fragen die hier angebracht sind, sind u.a.:

Geh zu dem Moment an dem Dein Herz zum letzten Mal schlägt. Bleibst Du bei Deinem Körper oder bist Du bereit zu gehen?
Was geschieht nachdem Dein Herz aufgehört hat zu schlagen?

Es ist nicht selten, dass während der Phase, in der der Körper verlassen wird, eine leichte Verwirrung aufkommt. Es ist durchaus sinnvoll hier direktive Fragen zu stellen, wie zum Beispiel diese:

Geh zu dem Moment an dem Du Deinen Körper verlässt und sag mir, was als nächstes geschieht.
Fühlst Du eine Art Zug als Du Deinen Körper verlässt?
Schaust Du auf die Erde hinunter oder siehst Du von ihr weg?
Während Du Dich von der Erde fort bewegst, siehst Du ein oder mehrere Lichter?
Kommt das Licht zu Dir oder gehst Du zu dem Licht?
Während das Licht näher kommt, kannst Du Farben oder Formen erkennen?

Anhang III – Struktur einer spirituellen Regressions-Sitzung

ORTE DER ENERGIE-HEILUNG

Wenn das Leben sehr traumatisch verlaufen ist, berichten Klienten oft, dass sie zu einem Ort der Heilung gehen. Der Zweck der Heilung ist es negative Energien und dichte, dunkle Energien zu beseitigen und neue Energien zuzuführen.

Wo gehst Du als nächstes hin?
Beschreibe den Ort an den Du jetzt gehst?
Ist es anders als die vorherigen Male?
Bekommst Du neue Energie oder wird alte Energie entzogen?
Beschreibe bitte, wie sich das anfühlt.
Schau Dir bitte die Farbe des Energiefeldes an und sag mit wie es sich verändert hat.

SEELENERINNERUNGEN ERFORSCHEN

Diese Fragen sollten häufig gestellt werden:

Was geschieht dann?
Geschieht noch etwas Wichtiges hier vor wir zum nächsten Ereignis weitergehen?

RÜCKBLICK MIT DEM SPIRITUELLEN LEHRER

Klienten, die ihren spirituellen Lehrer oder Helfer bisher nicht getroffen haben, werden diese Erfahrung nie vergessen. Die erste Gelegenheit dazu ist oft der gemeinsame Rückblick auf das Vorleben.

Die Seele heilen

Mögliche Fragen hier sind:

> Weißt Du wer es ist, den Du da triffst?
> Zeigt Dein Lehrer sich Dir in körperlicher oder energetischer Form?
> Wie fühlt sich diese Begegnung für Dich an?
> Frag Deinen Lehrer wie er sich Dir als Mensch zeigt und beschreibe bitte wie er aussieht.
> Beschreib sein Gesicht.
> Beschreibe Haare, Farbe, Augen,
> Wie ist der Name Deines Lehrers?
> Wie verständigt Ihr Euch während Ihr über das Vorleben sprecht?
> Was sagt er Dir über Dein Vorleben?
> Was erfährst Du über Dich in diesem Vorleben?
> Hast Du Deine Ziele in diesem Leben erreicht?
> Welche Probleme hattest Du in diesem Leben?
> Wie hat Dir Dein Lehrer in diesem Leben geholfen?

DIE SEELENGRUPPE TREFFEN

Alle Klienten haben eine Gruppe von Seelen, die zu ihnen gehören. Manchmal gehen sie sofort bei ihrer Ankunft zu dieser Gruppe und beschreiben Lichter, die auf sie zukommen:

> Konzentriere Dich auf die Lichter und beschreibe mir ihre Farben, einen nach dem anderen.
> Sieh Dir das Zentrum der Energie an und beschreibe mir die Farben.
> Ist es die gleiche Farbe, die Du hast oder eine andere?
> Zähle sie bitte und sag mir wie viele in Deiner Seelengruppe sind.

Anhang III – Struktur einer spirituellen Regressions-Sitzung

Sind Mitglieder Deiner Seelengruppe mit Dir in diesem Vorleben gewesen? In anderen Vorleben?
Arbeitet Ihr an einem bestimmten Thema in Eurer Gruppe oder habt Ihr bestimmte Interessen, die Ihr verfolgt?
Konzentriere Dich auf die Seelen, eine nach der anderen, und sag mit ob Du jemanden von ihnen in Deinem jetzigen Leben erkennst.
Hast Du Dich auf das jetzige Leben gemeinsam mit ihnen vorbereitet?
Wie viele Leben habt Ihr schon gemeinsam verbracht?
Sind Mitglieder Deiner Gruppe auch mit anderen Aktivitäten beschäftigt oder längere Zeit von Eurer Gruppe entfernt?

ANDERE SEELENGRUPPEN TREFFEN

Als Teil einer Seelengruppe interagiert der Klient immer auch mit anderen Gruppen. Hier sind mögliche Fragen:

Konzentriere Dich auf die Lichter und beschreibe die Farben, einen nach dem anderen.
Schau Dir bitte das Zentrum des Lichts an. Welche Farbe hat es?
Ist die Farbe wie bei Dir oder anders?
Konzentriere Dich bitte auf die Lichter, einen nach dem anderen, erkennst Du jemand der auch in Deinem jetzigen Leben ist?
Habt Ihr Euch gemeinsam auf das jetzige Leben vorbereitet?

Gibt es gemeinsame Projekte oder Themen, die Ihr abarbeitet?
Wie viele Leben hast Du mit dieser Gruppe schon verbracht?

DIE ÄLTESTEN BESUCHEN

Alle Klienten werden im Verlauf der Sitzung die Ältesten (auch unter anderen Namen bekannt) besuchen, wenn sie Seelenerinnerungen abrufen. Dieser Besuch ist eine der wichtigsten Stationen in einer LzL-Sitzung und die Informationen aus dem Besuch sind immer enorm wichtig. Oftmals berichten Klienten, dass sie mit ihrem Lehrer zu einem bestimmten Ort gehen. Wenn Sie möchten, dass der Klient direkt zu dem Ereignis geht, dann sagen Sie:

Geh zu dem Ort, an dem Du die Ältesten triffst, die mit Dir Deine jetzige Inkarnation geplant haben.

Etablieren Sie die Szene sehr genau. Die Art und Weise kann sehr unterschiedlich sein. Manche Klienten erleben eine reine Energiewelt, andere beschreiben recht erdähnliche Umgebungen. Mögliche Fragen sind:

Beschreibe wie Ihr an den Ort gelangt. Lass mich bitte wissen, was Du siehst und was geschieht wenn ihr ankommt.
Wie sieht der Ort aus an dem Ihr ankommt?
Gibt es Unterschiede zu Deinem letzten Besuch bei den Ältesten?
Ist Dein geistiger Lehrer bei Dir?

Anhang III – Struktur einer spirituellen Regressions-Sitzung

Wo steht Dein geistiger Lehrer während des Gesprächs?
Welche Gefühle hast Du jetzt wo Du an diesem Ort bist?

Sammeln Sie Informationen über die Ältesten. Mögliche Fragen sind:

Wie viele von diesen Lichtwesen sind anwesend?
Wie sprichst Du sie an?
Welche Namen gibst Du Ihnen?
Schau bitte genau hin. Sind sie in Energieform oder in menschlicher Gestalt?
Beschreibe ihre Gesichter.
Beschreibe ihr Äußeres.
Welcher ist der/die Wichtigste nach Deinem Empfinden?
Wie ist er/sie gekleidet und finden sich Ornamente oder andere Auffälligkeiten an ihnen?
Welche Bedeutung hat dieses Ornament/Schmuckstück/Farbe etc. für Dich?

Finden Sie heraus, was mit den Ältesten besprochen wird. Mögliche Fragen hierzu sind:

Was sagen sie zu Dir?
Was sagen Sie zu Dir was Dein Lehrer Dir noch nicht gesagt hat?
Bieten sie Dir Rat an oder ermutigen sie Dich?
Sagen sie Dir etwas für oder über Dein jetziges Leben?
Geben Sie Dir hierfür Hinweise oder Ratschläge?
Hast Du besprochen wie viel Energie Du für dieses Leben mitnimmst?

DEN KÖRPER FÜR DAS JETZIGE LEBEN AUSSUCHEN

Es gibt einen Ort an dem der Klient die verschiedenen angebotenen Körper für die jetzige Inkarnation ausprobieren kann. Das Ziel ist es, dem Klienten ein besseres Verständnis dafür zu geben, warum er diesen Körper gewählt hat. Manchmal findet dieses Ereignis auch während der Besprechung mit den Ältesten statt. Falls nicht, kann man mit folgendem Befehl direkt dorthin gelangen:

Geh zu dem Ort an dem Du den Körper für dieses Leben aussuchst.

Andere mögliche Fragen während der Selektion des Körpers sind:

Beschreibe die Umgebung.
Ist Dein Lehrer bei Dir oder gehst Du alleine?
Aus wie vielen Körpern kannst Du aussuchen?
Wie viele Körper zeigen sie Dir?
Wie zeigen sie Dir die Körper?
Was denkst Du über die Körper, die sie Dir anbieten?
Hast Du mit den jeweiligen Körpern eine Wahl was das Leben, die Familie oder die Umstände des Lebens betreffen?
Warum lehnst Du diesen Körper ab?
Wie wird Dir dieser Körper helfen zu erreichen, was Du erreichen möchtest?
Hast Du einen Einfluss auf die Intelligenz oder die Gefühle, die Du mit dem Körper haben wirst?
Diskutiert Ihr wie viel Energie Du mit Dir nehmen wirst?

Anhang III – Struktur einer spirituellen Regressions-Sitzung

ANDERE AKTIVITÄTEN

Die folgende Liste beinhaltet einige der Dinge, die Klienten während der LzL-Sitzung erleben können. Es können viele Fragen aus diesen Erlebnissen abgeleitet werden und die Antworten sind oft sehr interessant

Mögliche Fragen in Lernsituationen wie Bibliotheken oder Klassenzimmern sind:

Beschreibe Deine Umgebung.
Was lernst Du hier?
Wie funktioniert das Lernen hier?
Wie hilft Dir dieses Lernen in Deinem jetzigen Leben?

Mögliche Fragen während eines Lernens in abgeschlossenen Bereichen sind:

Beschreibe Deine Umgebung.
Warst Du schon einmal hier?

Mögliche Fragen, die bei Reisen in andere Dimensionen oder beim Erfahren neuen Wissens gestellt werden können sind:

Beschreibe Deine Umgebung.
Wie wird Dir das bei Deinem jetzigen Leben helfen?
Warst Du bereits einmal an diesen Orten? In einem Vorleben?

Die geistige Welt für die Reinkarnation verlassen

Die Seelenerinnerungen werden durch dieses Erleben abgeschlossen und oftmals sind auch neue wertvolle Informationen in diesem Prozess enthalten. Wenn Sie Ihren Klienten direkt dorthin bringen wollen, sagen Sie:

Geh zu dem Ort, an dem Du Dich auf Deine nächste Reinkarnation vorbereitest.

Mögliche Fragen für diese Situation sind:

Beschreibe die Umgebung.
Ist Dein Lehrer bei Dir oder bist Du alleine?
Wie viel von Deiner Seelen-Energie nimmst Du mit?
Warum nimmst Du diese Menge an Energie mit?
Welche Gefühle oder Erinnerungen wirst Du mit Dir nehmen? Welche aus Vorleben?
Wie wirst Du die für dieses Leben wichtigen Personen in diesem Leben erkennen?
Geh zu dem Moment an dem Deine Seele mit dem Körper dieses Lebens verschmilzt und sag mir was Du empfindest.
Wie alt ist das Baby zu diesem Zeitpunkt?
Ist es wichtig zu diesem Zeitpunkt mit dem Baby zu verschmelzen?

Anhang III – Struktur einer spirituellen Regressions-Sitzung

DIE ÄLTESTEN UND DAS EWIGE JETZT

Der Therapeut kann das Treffen mit den Ältesten von den Erinnerungen ins *ewige Jetzt* verlegen. Damit sind interaktive Unterhaltungen möglich und dringende Fragen für die jetzige Inkarnation können gestellt werden. Es ist allerdings ratsam dies zu tun, nachdem die Besprechung für das Zwischenleben abgeschlossen ist, da der Klient sonst etwas verwirrt sein kann.

Geh nochmals zu dem Treffen mit den Ältesten. (Namen verwenden, den der Klient dafür nutzt)

Mögliche Fragen an die Ältesten im "ewigen Jetzt" sind:

Frag sie nach den Zielen für das jetzige Leben.
Wie viele Leben lang hast Du diese Aufgabe schon bearbeitet?
Frag Sie ob Du eines oder mehrere Vorleben besuchen kannst, die Dir bei dem Verständnis für die Aufgabe helfen werden.
Welche Ratschläge haben sie für Dich?
Welche Bemerkungen machen sie über Deinen Fortschritt in diesem Leben?
Welche Aktivitäten, die wichtig sind können sie Dir für Deine jetzige Inkarnation nennen?
Frag jeden Ältesten ob er Dir etwas mit auf den Weg zu geben hat.

Letzte Aufgaben in der Spirituellen Welt

Diese Frage sollte den Klienten noch gestellt werden:

Gibt es noch eine wichtige Frage an die Ältesten, die Du stellen möchtest, bevor wir die Ältesten verlassen?

Bedanken Sie sich bei den Lichtwesen für ihre Hilfe und ihre Weisheit und entlassen Sie sie.

Die Klienten aufwecken

Der Klient war in einer tiefen Hypnose und es braucht Zeit um ihn wieder ganz zu Bewusstsein zu bringen und seine Blutzirkulation wieder zu normalisieren. Sagen Sie mit einer etwas lauteren Stimme:

„Wir werden jetzt die geistige Welt verlassen und Dich mit all Deinen Erinnerungen und neuen Erkenntnissen zurück bringen. Ich werde von zehn bis eins zählen und wenn wir bei eins sind, dann wirst Du wach und ausgeschlafen sein, entspannt, erfrischt und fit, als ob Du eine ausgezeichnete Nachtruhe hinter Dir hättest.
10 ... Du kommst langsam zurück ...
9 ... Du kannst das linke Bein schon bewegen ...
8 ... jetzt das rechte Bein ...
7 ... Du bewegst den linken Arm und die Hand ...
6 ... die rechte Hand und den rechten Arm ...
5 ... der Körper kann sich jetzt bereits wieder gut bewegen.
4 ... die Schultern bewegen sich ...
3 ... wacher und wacher ...

2 ... bei der nächsten Zahl sind die Augen offen....
1 ... die Augen sind offen, das Bewusstsein ist wieder ganz da."

Die Besprechung am Ende

Der Klient sollte sich aufsetzen und oftmals wird er noch sehr nachdenklich sein. Die Aufgabe des Therapeuten ist es, dem Klienten zu helfen, diese Sitzung richtig zu interpretieren. Mindestens 15 Minuten sollten damit verbracht werden, den Klienten wieder richtig zu erden.
Die Schlüssel-Elemente der Sitzung sollten nochmals besprochen werden, wie z.b. das Treffen mit der Seelengruppe, und Fragen können gestellt und beantwortet werden.
Mögliche Fragen sind:

Was war die wichtigste Erkenntnis jedes Abschnittes und hat es Ihnen geholfen, diese Erkenntnis zu erlangen?

Der Klient sollte aufgefordert werden einige Zeit zu warten, bevor er sich die Aufnahme erneut anhört, um neue Erkenntnisse zu erlangen. Er sollte dazu aufgefordert werden aufzuschreiben, was er erinnert und es sollte ein Email-Austausch vereinbart werden, falls neue Sitzungen nicht möglich sind.

Die Seele heilen

Anhang IV

Mit intrusiven Energien arbeiten

Detektion durch Scannen des Energiefeldes

Die Absicht des Scans sollte deutlich gemacht werden:

> Ich werde jetzt nach Energien suchen, die nicht zu Ihnen gehören. Wenn Sie Ihre Augen schließen, können Sie besser fühlen ob sich eine Region Ihres Körpers anders anfühlt als der Rest des Körpers. Wenn ich dann etwa 15 cm oberhalb Ihres Körpers von den Füssen bis zum Kopf scanne, spüren Sie diesen Unterschied deutlicher. Es kann sich leichter oder schwerer oder einfach anders anfühlen. Sagen Sie mir einfach Bescheid, wenn Sie etwas spüren.
> Ich beginne jetzt mit Ihren Füssen ... Waden ... Knien ... usw.

Der Scan sollte 2-3-mal wiederholt werden.

Detektion mittels Ideomotor-Fingerzeichen

Diese Abfrage sollte am besten nach dem Scannen und in leichter Trance stattfinden.

Die Seele heilen

Ich möchte jetzt mit Deinem Unterbewusstsein über Deine Finger kommunizieren. Dein bewusstes Denken kann dabei einfach in den Hintergrund treten.
Das Unterbewusstsein wird einen Finger an der linken Hand heben um JA anzuzeigen ... Auf das Heben des Fingers warten ... **Gut.**
Lass Dein Unterbewusstsein einen anderen Finger der linken Hand heben, der für NEIN steht ... Auf das Heben des Fingers warten ... **Gut.**

In der Regel dauert es eine kleine Weile bis sich der Finger hebt.

Gibt es eine Energie, die nicht zu (Name des Klienten) **gehört?**
Sind zwei oder mehrere Energien vorhanden? Falls mehrere fremde Energien vorhanden sind, kann dieser Vorgang mit 3 usw. wiederholt werden.
Ist nur eine Energie, die nicht zu (Name des Klienten) **gehört vorhanden?** Oder zwei, drei, usw. um die genaue Zahl festzulegen.

KONTAKT MIT DEN ENERGETISCHEN ANHAFTUNGEN HERSTELLEN

Erlaube Deinem bewussten Denken in den Hintergrund zu treten. Du bist beschützt und sicher. Ich möchte, dass die Energie, die sich in Deiner Brust (oder Beinen, Bauch, wo auch immer die stärkste Kraft spürbar ist) **befindet, zu** (Name des Klienten) **Kehlkopf kommt und mit mir spricht.**

Bewegen Sie die Energie mit Ihren Händen aus der Region, in der die stärkste Energie gefühlt wird in Richtung des Kehlkopfes und Mundes des Klienten.

Hallo. Hast Du einen Namen?

Eine sanfte Stimme wirkt immer besser, da dies als nicht bedrohlich empfunden wird. Es kann sein, dass eine gewisse Hartnäckigkeit nötig ist um die Energie zum Sprechen zu bewegen.

Hilfreiche Informationen für die Freisetzung der Energie

Manchmal kann diese Energie ohne weiteres Gespräch entlassen werden, dann wird per Ideomotor-Fingerzeichen nachgefragt.

Ich möchte gerne wissen, dass das Unterbewusstsein per Fingerzeichen anzeigt, ob diese Energie ohne mit ihr zu sprechen entlassen werden kann.

Wenn die Antwort ja ist, kann ein geistiger Helfer gebeten werden die fremde Energie zu entfernen und mit sich zu nehmen. Der Klient wird dazu aufgefordert die fremde Energie aus seinem Energiefeld heraus zu stoßen. Wenn ein Gespräch mit der fremden Energie nötig wird, sollte versucht werden die Verbindung zwischen dieser Energie und dem Klienten zu schwächen:

Ist Dir bewusst, dass Du tot bist?

Ist Dir bewusst, dass das nicht Dein Körper ist, den Du benutzt?

Es ist sehr hilfreich herauszufinden, was die fremde Energie braucht um gehen zu können. Das kann eine andere geliebte Seele sein oder ein Kindermädchen z.b. für Babys.

**Gab es jemanden in Deinem Leben, den Du geliebt hast?
Was hat Dich davon abgehalten ins Licht zu gehen als Du gestorben bist?**

Wenn sich die fremde Energie dem Klienten nach einem emotionalen Trauma angeschlossen hat ist dieses Trauma wie ein Haken, der beseitigt werden muss, um erneute Anhaftungen zu vermeiden. Dies erfolgt am besten durch eine Regressionstherapie sobald die fremde Energie geklärt wurde. Um herauszufinden ob ein Haken existiert können folgende Fragen hilfreich sein:

Was war im Leben von (Name des Klienten) **geschehen als Du Dich ihm/ihr angeschlossen hast?**

Alternativ zur verbalen Kommunikation können Ideomotor-Fingersignale mit dem Klienten zur Kommunikation verwandt werden.

Ich möchte, dass das Unterbewusstsein anzeigt, ob eine Regression in das jetzige Leben im Anschluss an die Freisetzung der fremden Energie erforderlich ist.

Finden Sie heraus welchen Effekt die Anwesenheit der fremden Energie auf den Klienten hatte. Häufig finden sich niedrige

Energielevel, bestimmte, meist negative Gedanken, Gefühle oder Verhaltensänderungen.

Hast Du bestimmte Gedanken in (Name des Klienten) **projiziert?**

MIT SCHWIERIGKEITEN UMGEHEN

Manchmal wollen fremde Energien den Klienten nicht verlassen. Es kann recht herausfordernd sein dann die richtige Information zu finden, die die fremde Energie dazu bewegt zu gehen. In diesen Fällen ist es durchaus hilfreich auch auf die eigene Intuition zu hören.

Bring einen Funken pure Liebe in Dein Zentrum und sag mir was geschieht.
Du bist nicht willkommen in diesem Körper und es ist Zeit zu gehen.
Erzähl mir was geschehen ist, damals, als Du noch Deinen eigenen Körper hattest und was geschah als Du gestorben bist.
Ich bitte jetzt ein Lichtwesen zu kommen und Dich ins Licht mitzunehmen.

WÄHREND DIE FREMDE ENERGIE FREIGESETZT WIRD

Stellen Sie sicher, dass der Klient dabei hilft die fremde Energie mit seinen Händen aus seinem Energiekörper zu schieben. Es ist wichtig für den Klienten bei dieser Befreiung mit aktiv zu sein. Es sollte auch immer gefragt werden, was der Klient dabei fühlt.

Sag mir wie es sich anfühlt, während die fremde Energie Dich verlässt.

ANDERE ARTEN EINDRINGENDER FREMDER ENERGIEN

Manche fremden Energien sind emotionale Energien, die keinen eigenen Körper besaßen.

Hattest Du jemals einen eigenen menschlichen Körper?

Wenn die Antwort JA ist, sollte per Gespräch herausgefunden werden wann diese Energie Zugang zu dem Klienten fand oder in ihm gebildet wurde, und es sollte eine Regressionstherapie angeschlossen werden, um den Klienten bezüglich dieser Lebenssituation zu heilen.

BEENDEN EINER SITZUNG

Es ist wichtig zu prüfen ob alle fremde Energie den Klienten verlassen hat.

Ich möchte vom Unterbewussten wissen ob alle fremde Energie, alle Energie, die nicht zu (Name des Klienten) gehört, ihn/sie verlassen hat.

ENERGIEREGENERATION UND NACHGESPRÄCH

Reiki, spirituelle Heilung oder ähnliche Verfahren können angewandt werden:

Anhang IV – Mit intrusiven Energien arbeiten

Das Unterbewusste wird den Ja-Finger heben, wenn das Energiefeld vollständig geheilt ist.

Am Ende der Sitzung sollte besprochen werden was geschehen ist. Eine Erklärung für die Phänomene sollte gegeben werden. Dies kann auf verschiedene Art und Weise geschehen. Entweder als Aufklärung über das Wesen fremder Energien oder als Teile-Therapie der klassischen Psychotherapie. Es sollten auch Formen des künftigen Schutzes besprochen werden. Bei gesunden Individuen ist das Energiefeld eigentlich nur während Unfällen, Operationen oder emotionalen Traumen geschwächt und damit anfällig für die Anhaftung fremder Energien.

Die Seele heilen

BUCHEMPFEHLUNGEN

Die folgende Liste enthält Standardwerke, die unterschiedliche Perspektiven bezüglich Regressionstherapie, Vorleben, Leben-zwischen-Leben, Reinkarnation, Psychologie und Psychopathologie bieten. Weitere Titel sind in der anhängenden Bibliographie aufgelistet.

REGRESSIONSTHERAPIE

Lucas, W. (ed.), *Regression Therapy: A Handbook for Professionals*, vol. 1, Deep Forest Press, 1993. Ein zweibändiges Fachbuch mit Aufsätzen und Techniken vieler verschiedener Regressionstherapeuten.

Mack, P., *Healing Deep Hurt Within; The Transformational Journey of a Young Patient Undergoing Regression Therapy*, From the Heart Press, 2011. Dr. Peter Mack ist ein Neurochirurg, der nach jahrelanger Frustration begann, die Regressionstherapie zu praktizieren und einen Patienten, der an einer mit der Standardmedizin unbehandelbaren degenerativen Erkrankung litt, heilte. Wenn man mit Lesen begonnen hat, kaum aus der Hand zu legen.

TenDam, H., *Deep Healing*, Tasso, 1996, (order from Hans' email;tasso@damconsult.nl.). Techniken der Regressionstherapie, wie sie von Hans TenDam, einem der Pioniere der Regressionstherapie, angewandt werden.

Tomlinson, A., (ed) *Transforming the Eternal Soul,* From the Heart Press, 2011. Nachfolgeband zu diesem Buch, das u.a. weiterführende Therapietechniken enthält wie: Stärkung des Klienten, spirituelle Inneres Kind Therapie, Entfernung dunkler Energie, Arbeit mit schwierigen Klienten, Regressionstherapie in einer medizinischen Praxis, Kristalltherapie bei der Rückführung, Bewältigung spiritueller Notfälle und Integration der Erkenntnisse in das aktuelle Leben des Klienten.

Woolger, R., *Healing Your Past Lives*, Sounds True, 2004. Roger ist einer der Pioniere, der die Körperwahrnehmung in die Regressionstherapie eingebracht hat. Dieses Buch wurde für alle interessierten Leser geschrieben. Roger stellt darin seine Variante der Regressionstherapie, den Tiefen Erinnerungsprozess, vor.

VORLEBEN

Bowman, C., *Children's Past Lives*, Element, 1998. Ein gut lesbares Buch über Carols Erfahrungen mit den Vorleben von Kindern.

Lawton, I., *The Big Book of the Soul*, Rational Spiritual Press, 2009. Eine Zusammenfassung der modernen Forschungsmethoden, die die Reinkarnation und die Existenz der Seele unterstützen.

Stevenson, I., *Twenty Cases Suggestive of Reincarnation*, University of Virginia Press, 1974. Ian hat über 2600 Fälle mit Vorleben von Kindern bearbeitet. Dieses Buch berichtet über 20 dieser Fälle. Es ist ein Klassiker der Fachliteratur in Bezug auf die objektive Forschung zum Thema Vorleben.

Stevenson, I., *Where Reincarnation and Biology Intersect*, Praeger Publishers, 1997. In diesem Buch bietet Ian Nachweise über die Verbindung zwischen Traumen vergangener Leben und physischen Problemen in der Gegenwart.

Weiss, B., *Many Lives, Many Masters*, Piatkus, 1994. Ein gut lesbarer Bericht eines klinischen Psychologen, der durch einen Klienten entdeckt, dass Vorleben existieren.

Buchempfehlungen

LEBEN-ZWISCHEN-LEBEN REGRESSION

Lawton, I., with research assistance from Tomlinson, A., *Wisdom of Souls*, Spiritual Rational Press, 2006. Zehn Ältestenräte aus dem Leben-zwischen-Leben vermitteln ihr profundes Wissen über eine Reihe geistiger, historischer und philosophischer Themen einschließlich: dem Sinn des Daseins auf der Erde, der Zukunft der Menschheit und die wahre Natur von Zeit und Wirklichkeit.

Newton, M., *Journey of Souls*, Llewellyn, 1994. Die LzL-Berichte von 29 Personen sind die Grundlage dieser Beschreibung. Dieses wichtige Buch bietet eine Grundlage und Hinweise auf die Beschaffenheit der Geistigen Welt.

Newton, M., *Destiny of Souls*, Llewellyn, 2000. Eine Fortsetzung seines ersten Buches, das über die Spezialisierungen der Seelen in der Geistigen Welt berichtet.

Tomlinson, A., *Exploring the Eternal Soul*, From the Heart Press, 2012. Eine ausführliche Beschreibung, wie es sich anfühlt zu sterben und in die geistige Welt überzutreten, wen wir dort treffen, wohin wir gehen und was wir in der geistigen Welt unternehmen, bevor wir einen Körper für die nächste Inkarnation auswählen. Aufbauend auf den Erfahrungen der Pioniere dieser Studien, dokumentiert es die Erzählungen von 15 Personen und lässt den Leser unmittelbar an den Erfahrungen ihrer Seelen teilhaben.

Reinkarnation in traditionellen Religionen

Page, C., *The Frontiers of Health*, 1996. Bericht über die gesundheitlichen Auswirkungen von Disharmonie auf unser Energiefeld und die Seele aus Sicht eines Mediziners.

Rinpoche, S., *The Tibetan Book of Living and Dying*, Rider, 1992. Die Buddhistische Sicht des Lebens nach dem Tod. Enthält nützliche Hinweise zur Betreuung von Sterbenden.

Somé, P.M., *Of Water and the Spirit – Ritual, Magic and Initiation in the Life of an African Shaman*, Penguin, 1994. Eine gut lesbare Einführung in die schamanischen Heilungsmethoden.

Psychologie und Psychotherapie

Herman, J., *Trauma and Recovery*, New York: Basic Books, 1992. Ein nützlicher Überblick für die Behandlung von sexuellem Missbrauch.

Parks, P., *Rescuing the Inner Child*, Human Horizons Series, 2002. Angewandte Techniken zur Inneres-Kind-Therapie nach Missbrauch in der Kindheit.

Ireland-Frey, L. *Freeing the Captives*, Hampton Roads Publishing, 1999. Große Anzahl interessanter Fallberichte über die Freisetzung spiritueller Anhaftungen.

Psychopathologie

Breggin, P., *Your Drug May Be Your Problem*, Perseus Publishing, 1999. Nützliche Auskünfte über die Wirkungsweise von Antidepressiva und Beruhigungsmitteln sowie deren Nebenwirkungen, die von den Herstellern verschwiegen werden.

Buchempfehlungen

Morrison, J., *DSM-IV Made Easy*, The Guildford Press, 1995. Erklärt an Hand von Beispielfällen die klinische Diagnose tief gestörter Patienten. Im Vergleich zu den meisten Büchern, die sich mit psychischen Störungen befassen, ist es sehr gut verständlich.

Die Seele heilen

Verbände und Gesellschaften für Regressions-Therapie

International Board of Regression Therapy (IBRT)
Die IBRT ist eine unabhängige Prüfungs- und Zertifizierungskammer für Rückführungstherapeuten, Wissenschaftler und Trainingsprogramme. Sie legt die professionellen Anforderungen für Regressionstherapeuten und Organisationen fest. Auf ihrer Website sind international akkreditierte Organisationen, die Ausbildungen für Vorleben und Regressionstherapie anbieten, aufgelistet.
Website: http://www.ibrt.org

Spiritual Regression Therapy Association (SRTA)
Eine internationale Vereinigung von Regressions- und Leben-zwischen-Leben Therapeuten, die die geistige Essenz ihrer Klienten respektiert. Ihre berufliche Ausbildung durch die *Past Life Regression Academy* orientiert sich an internationalen Standards und sie arbeiten nach ethischen Richtlinien, die das Wohlergehen des Klienten zum Ziel hat.
Website: http://www.spiritual-regression-therapy-association.com

European Association of Regression Therapy (EARTh)
Eine unabhängige Gesellschaft mit dem Ziel, die professionelle Anwendung von Regressionstherapie zu verbessern und zu erweitern. Sie bietet Internetforen, Foren, Rundschreiben und professionelle Standards für von ihr anerkannten

Ausbildungsschulen für Regressionstherapie. Die Gesellschaft bietet jeden Sommer Weiterbildungsprogramme an. Website: http://www.earth-association.org

The International Association for Regression Research and Therapies (IARRT)
Das IARRT ist eine weltweit arbeitende Organisation für Therapeuten, die Vorlebens-Rückführungen praktizieren. Sie fördert die Erforschung von Vorleben und Regressionstherapie und publiziert Informationsblätter und Journale über Regressionstechniken.
Website: http://www.iarrt.org

International Deep Memory Association (IDMA)
Ausgehend von den Arbeiten von Roger Woolger, fördert es die persönliche Weiterentwicklung ihrer Mitglieder und ermöglicht es ihnen, miteinander in Verbindung zu bleiben. Sie publiziert regelmäßig Informationsschreiben, die über Details zur Fortbildung, Seminare und gesellschaftliche Zusammenkünfte berichten.
Website: http://www.i-dma.org

Norsk forbund for Regresjonsterapi (NFRT)
Dieser Verbund ist eine Organisation von Regressionstherapeuten, die eine Erweiterung der professionellen Anerkennung der Regressionstherapie in Norwegen zum Ziel hat. Sie fördert Ausbildungs- und Forschungsaktivitäten der Regressionstherapie und eine Steigerung ihres Bekanntheitsgrades bei der Bevölkerung.
Website: http://www.regresjonsterapi.no

Verbände und Gesellschaften für Regressionstherapie

Nederlandse Vereniging van Reincarnatie Therapeuten (NVRT)
Eine in den Niederlanden beheimatete Organisation für ausgebildete Vorleben Rückführungstherapeuten, die Forschungsprojekte zur Effektivität der Reinkarnationstherapie organisiert.
Website; http://www.reincarnatietherapie.nl

The Michael Newton Institute
Eine Fachgesellschaft, die sich der Forschung und Fortschritte in der Anwendung von Leben-zwischen-Leben Regression nach den Arbeiten von Dr. Michael Newton verschrieben hat.
Website: http://www.newtoninstitute.org

Die Seele heilen

QUELLEN UND ANMERKUNGEN

Obwohl die meisten der in diesem Buch zitierten Akademiker Doktortitel in Psychologie oder Psychiatrie besitzen, habe ich nicht durchgehend die Anrede "Dr." benutzt. Das geschah nicht aus Mangel an Respekt, sondern um mühsame Wiederholungen zu vermeiden. Einige der Zitate wurden etwas umgestellt oder der Klarheit wegen zusammengefasst, ohne den wichtigen Inhalt zu verändern. Alle Fallstudien sind Zusammenfassungen, die Rückmeldungen der Klienten wurden genau aufgezeichnet. Die Protokolle wurden minimal verändert, um Wiederholungen zu vermeiden und grammatikalische Verbesserungen anzubringen. Zur besseren Verständlichkeit sind meine Fragen in Standardschrift und die Antworten der Klienten in Kursivschrift gedruckt.

PROLOG

1. Don Theo Paredes and Art Roffey offer shaman training and trips to Peru. Website: www.innervisionpc.org, email: innervisionpc@comcast.net.
2. Ipu Makunaiman and his wisdom of the rain forest trips to the Amazon. Website: www.nativeculturalalliance.org, email: tucuxi@bellatlantic.net.
3. Joao Teixeira de Faria called 'John of God'. Website: www.johnofgod.com.

KAPITEL 1 - EINFÜHRUNG

1. Grof, S., *Beyond the Brain*, New York; State University, 1985.
2. Assagioli, R.M.D., *Psychosynthesis: A Manual of Principles and Techniques,* Aquarian Press, 1990.

3. Somé, P.M., *Of Water and the Spirit – Ritual, Magic and Initiation in the Life of an African Shaman*, Penguin, 1994.
4. Powell, A.E., *The Astral Body*, Kessinger Publishing Co., 1998.
   Powell, A.E., *The Etheric Double*, Theosophical Press, 1989.
5. Krippner, S., and Rubin, R., *Galaxies of Life; the Human Aura in Acupuncture and Kirlian Photography*, Gordon and Beach, New York, 1974.
6. Brennan, B., *Hands of Light*, Bantam, 1988.
7. Wirth, D.P., *The Effect of Non-contact Therapeutic Touch on the Healing Rate of Full Thickness Dermal Wounds*, Journal of Subtle Energies & Energy Medicine, Vol. 1 No. 1, 1990.
8. *Daily Mail*, Dec 14th 2001, page 11.
9. Van Lommel et al, *Near-death Experience in Survivors of Cardiac Arrest*; a prospective study in the Netherlands, The Lancet, 15 Dec 2001.
10. Gallup, G., *A Look Beyond the Threshold of Death*, London Souvenir, 1983.
11. Stevenson, I., *Twenty Cases Suggestive of Reincarnation*, University of Virginia Press, 1974.
12. Weiss, B., *Many Lives, Many Masters*, Simon and Schuster, 1988.
13. Newton, M., *Destiny of Souls*, Llewellyn, 2000.
14. Newton, M., *Journey of Souls*, Llewellyn, 1994.
15. Haraldsson, E., *East and West Europeans and their Belief in Reincarnation and Life after Death*, in SMN *Network Review*, No 87, spring 2005.
16. Maj, M., Sartorius, N., Okasha, A., Zohar, J., *Obsessive Compulsion Disorder*, Wiley, 2000.
17. Bowlby, J., *The Making and Breaking of Affectional Bonds*, Routledge, 1994.
18. Stevens, R., *Understanding the Self*, The Open University, SAGE Publications, 1996.

KAPITEL 2 – THEORIE SPIRITUELLER REGRESSION

1. McLaughlin, C., and Davidson, D., *Spiritual Politics*, Findhorn, 1994.

Quellen und Anmerkungen

2. Bailey, A., *A Treatise on White Magic*, Lucis Trust, New York, 1998.
   Page, C., *The Frontiers of Health*, 1996.
3. Blatzer, J.P., *The Donning International Encyclopaedic Psychic Dictionary*, The Donning Company, 1986.
4. Newton, M., *Destiny of Souls*, Llewellyn, 2000.
5. Powell, A.E., *The Astral Body*, Kessinger Publishing Co., 1998
   Page, C., *The Frontiers of Health*, 1996.
6. Stevenson, I., *Where Reincarnation and Biology Intersect*, Praeger Publishers, 1997.
7. Guirdham, A., *The Cathars and Reincarnation*, Spearman, 1992.
8. Tomlinson, A., *Exploring the Eternal Soul*, From the Heart Press, 2012.
9. Rinpoche, S., *The Tibetan Book of Living and Dying*, Rider, 1992.
10. Hopking, A., *The Emergence of the Planetary Heart*, Godshaer Publishing, 1994.
11. Browne, S., *Life on the Other Side – A Psychic's Tour of The Afterlife*, Piatkus, 2001.

KAPITEL 3 – EIN VORLEBEN INITIIEREN

1. Erickson, M., & Rossi, E., *Hypnotic Realities*, New York, Ivington, 1979.
2. Wolinsky, S., *Trances People Live*, The Bramble Company, 1991.
3. Netherton, M., and Shiffren, N., *Past Lives Therapy*, Morrow, New York, 1979.
4. Woolger, R., *Other Lives Other Selves*, Thorsons, 1999.

KAPITEL 4 – EIN VORLEBEN ERKUNDEN

1. TenDam, H., *Deep Healing*, Tasso Publishing, 1996.

KAPITEL 5 – TOD IM VORLEBEN

1. Rinpoche, S., *The Tibetan Book of Living and Dying*, Rider, 1992.

2. Powell, A.E., *The Etheric Double*, Theosophical Press, 1989.

KAPITEL 6 – TRANSFORMATIN AUF SPIRITUELLER EBENE

1. Tomlinson, A., *Exploring the Eternal Soul*, From the Heart Press, 2012.

KAPITEL 7 – LEBEN ZWISCHEN LEBEN REGRESSION

1. Newton, M., *Life Between Lives; Hypnotherapy for Spiritual Regression*, Llewellyn, 2004.
2. The Michael Newton Institute, contact website: http://www.newtoninstitute.org.
3. Newton, M., *Journey of Souls*, Llewellyn, 1994.
4. Woolger, R., *Other Lives Other Selves*, Thorsons, 1999.
5. Tomlinson, A., *Exploring the Eternal Soul*, From the Heart Press, 2012.
6. Newton, M., *Destiny of Souls*, Llewellyn, 2000.

KAPITEL 8 – MIT KÖRPER-ERINNERUNGEN ARBEITEN

1. Kurtz, R., *The Body Reveals,* Harper, New York, 1976.
2. Reich, W., *Studies in Psychology*, Pearson Custom Pub., 1991.
3. *Deep Memory Process* superseded Dr Roger Woolger original work *Integral Regression Therapy*. It is provided through regular international training programs and workshops together with spirit release, ancestor work, spiritual psychology and related topics. Websites:
US and Europe: www.rogerwoolger.com.
Germany, Austria and Switzerland: www.woolger.de.
Brazil: www.woolger.com.br.
4. Woolger, R., and Tomlinson, A., *Deep Memory Process and the Healing of Trauma*, article published in the Network Review, Journal of the Scientific and Medical Network, summer 2004.

Woolger, R., *Healing your Past Lives – Exploring the Many Lives of the Soul*, Sounds True, 2004.

Woolger, R., *Body Psychotherapy and Regression: the Body Remembers Past Lives* in Staunton, T., *Body Psychotherapy*, Routledge, London, 2002.

5. Ogden, P., Minton, K., *Sensorimotor Psychotherapy: One Method for Processing Traumatic Memory*, Traumatology, 6 (3), Article 3, October 2000.
6. Staunton, T., *Body Psychotherapy*, Routledge, London, 2002.
7. Greenberg, E., and Woolger, R., *Matrix Therapy*, available from the author.
8. Givens, A., *The Process of Healing*, Libra Books, San Diego, California, 1991.
9. Herman, J., *Trauma and Recovery*, New York: Basic Books, 1992.
10. Stevens, R., *Understanding the Self,* The Open University, Sage Publications, 1996.

KAPITEL 9 – ANHAFTENDE ENERGIEN

1. Baldwin, W., *Spirit Releasement Therapy*, Headline Books, 1995
2. Ireland-Frey, L., *Freeing the Captives*, Hampton Roads Publishing, 1999.
3. Cannon, D., *Between Death and Life: Conversations With a Spirit*, Gateway, 2003.
4. The Spirit Release Foundation, website: www.spiritrelease.com
5. Newton, M., *Destiny of Souls*, Llewellyn, 2002.
6. Di Griffiths runs training courses in Intrusive Energy. Email: diana.benjamin@virgin.net.

KAPITEL 10 - INTEGRATION

1. Parks, P., *Rescuing the Inner Child*, Human Horizons Series, 2002.

KAPITEL 11 – VORGESPRÄCHE

1. Frank, J.D., *Therapeutic Factors in Psychotherapy*, American Journal of Psychotherapy, 25, 1971.
2. Erickson, M.H., Zeigg, J. K., *Symptom Prescription for Expanding the Psychotic's World View*, contained in Dolan, Y., *A Path with a Heart – Ericksonian Utilisation with Resistant and Chronic Clients*, Brunner Mazel, New York, 1985.
3. Maxmen, J.S., Ward, N.G., *Psychotropic Drugs Fast Facts*, W.W. Norton, 1995.
4. Breggin, P., Cohen, D., *Your Drug May Be Your Problem*, Perseus Books, 1999.

ANHANG I - AUFZEICHNUNGEN

1. Van der Maesen, R., in *The Journal of Regression Therapy, Volume XII (1), PLT for Giles De La Tourettes's Syndrome* International Association for Regression Research and Therapies, 1998.
2. Van der Maesen, R., in *The Journal of Regression Therapy, Volume XIII (1), Past Life Therapy for People who Hallucinate Voices,* International Association for Regression Research and Therapies, 1999.
3. Fonagy, P., Roth, A., *What Works for Whom*, The Guildford Press, 1996.
4. Snow, C., *Past Life Therapy: The Experiences of Twenty-Six Therapists,* The Journal of Regression Therapy, Volume I (2), 1986.
5. Denning, H., *The Restoration of Health Through Hypnosis*, The Journal of Regression Therapy 2:1 (1987), pp. 52–4.
6. Jung, C.G., Hull, R.F.C., *The Archetypes and the Collective Unconscious,* Routledge, 1991.
7. Assagioli, R.M.D., *Psychosynthesis: A Manual of Principles and Techniques,* Aquarian Press, 1990.
8. Boorstein, S. (ed.), *Transpersonal Psychotherapy*, Suny, 1996.

Quellen und Anmerkungen

9. Dolan, Y., *A Path with a Heart – Ericksonian Utilization with Resistant and Chronic Clients*, Brunner Mazel, New York, 1985.
10. Dilts, R., *Beliefs*, Metamorphous Press, Oregon, 1993.
11. Tomkins, P., Lawley, J., *Metaphors in Mind, Transformation through Symbolic Modeling*, The Developing Company, 2000.
12. Nolte, J., *Catharsis From Aristotle to Moreno*, Action Methods Training Center, Indianapolis, 1992.
13. Wilkins, P., *Psychodrama (Creative Therapies in Practice)*, Sage Publications Ltd, 1999.
14. Van der Kolk, B., McFarland and Weisaeth (eds), *Traumatic Stress*, Guildford Press, New York, 1996.
15. MacLean, P.D., *Brain evolution relating to family, play, and the separation call*, Archives of General Psychiatry, 42, 405–417, 1985.
16. Bailey, A., *Esoteric Healing*, Lucis Trust, New York, 1999.
    Powell, A.E., *The Astral Body*, Kessinger Publishing Co., 1998.
    Powell, A.E., *The Etheric Double*, Theosophical Press, 1989.
17. Woolger, R., *Past Life Therapy, Trauma Release and the Body*, available from the author.

ANHANG III – STRUKTUR EINER SPIRITUELLEN REGRESSIONSSITZUNG

1. Newton, M., *Life Between Lives; Hypnotherapy for Spiritual Regression*, Llewellyn, 2004.

Die Seele heilen

Bibliographie

Assagioli, R.M.D., *Psychosynthesis: A Manual of Principles and Techniques*, Aquarian Press, 1990.
Bailey, A., *A Treatise on White Magic*, Lucis Trust, New York, 1998.
Bailey, A., *Esoteric Healing*, Lucis Trust, New York, 1999.
Baldwin, W., *Spirit Releasement Therapy*, Headline Books, 1995.
Blatzer, J.P., *The Donning International Encyclopedic Psychic Dictionary*, The Donning Company, 1986.
Boorstein, S. (ed.), *Transpersonal Psychotherapy*, Suny, 1996.
Bowlby, J., *The Making and Breaking of Affectional Bonds*, Routledge, 1994.
Bowman, C., *Children's Past Lives*, Element, 1998.
Breggin, P., Cohen, D., *Your Drug May Be Your Problem*, Perseus Books, 1999.
Brennan, B., *Hands of Light*, Bantam, 1988.
Browne, S., *Life on the Other Side – A Psychic's Tour of The Afterlife*, Piatkus, 2001.
Cannon, D., *Between Death and Life: Conversations With a Spirit*, Gateway, 2003.
Collins, M., *The Idyll of the White Lotus,* Theosophical Books.
Crasilneck, H.B., & Hall, J.A., *Clinical Hypnosis Principals and Applications*, Grune & Stratton, 1985.
Daily Mail, Dec 14th 2001, page 11.
Dilts, R., *Beliefs*, Metamorphous Press, Oregon, 1993.
Dolan, Y., *A Path with a Heart – Ericksonian Utilization with Resistant and Chronic Clients*, Brunner Mazel, New York, 1985.
Dychtwald, K., *Body-Mind*, Pantheon, New York, 1986.
Erickson, M. & Rossi, E., *Hypnotic Realities*, New York, Ivington, 1979.
Erickson, M.H., Zeigg, J.K., *Symptom Prescription for Expanding the Psychotic's World View,* in Rossi, E.L. *The Collected Papers of Milton H. Erickson*, Vol IV, Ivington.
Fonagy, P., Roth, A., *What Works for Whom*, The Guildford Press, 1996.

Frank, J.D., *Therapeutic Factors in Psychotherapy*, American Journal of Psychotherapy, 25, 1971.

Gallup, G., *A Look Beyond the Threshold of Death*, London Souvenir, 1983.

Givens, A., *The Process of Healing*, Libra Books, San Diego, California, 1991.

Greenberg, E., and Woolger, R., *Matrix Therapy*, available from the author.

Grof. S., *Beyond the Brain*, New York; State University, 1985.

Guirdham, A., *The Cathars and Reincarnation*, Spearman, 1992.

Havens, R., and Walters, C., *Hypnotherapy Scripts – A Neo-Erickson Approach to Persuasive Healing*, Brunner Mazel, 1989.

Herman, J., *Trauma and Recovery*, New York: Basic Books, 1992.

Hopking, A., *The Emergence of the Planetary Heart*, Godshaer Publishing, 1994.

Ireland-Frey, L., *Freeing the Captives*, Hampton Roads Publishing, 1999.

Jung, C.G., Hull, R.F.C., *The Archetypes and the Collective Unconscious*, Routledge, 1991.

Krippner, S., Rubin, R., *Galaxies of Life; the Human Aura in Acupuncture and Kirlian Photography*, Gordon and Beach, New York, 1974.

Kurtz, R., *The Body Reveals*, Harper, New York, 1976.

Lawton, I., *The Big Book of the Soul*, Rational Spiritual Press, obtainable from website: http://www.rspress.org, 2009.

Lawton, I., *Wisdom of the Soul*, Rational Spiritual Press, obtainable from website: http://www.rspress.org, 2006.

Levine, P., *Waking the Tiger: Healing Trauma*. Berkeley, CA: North Atlantic Books, 1997.

Lucas, W., (ed.) *Regression Therapy: A Handbook for Professionals*, Vol. 1, Deep Forest Press, 1993.

MacLean, P.D., *Brain Evolution Relating to Family, Play, and the Separation Call*, Archives of General Psychiatry, 42, 405–417, 1985.

Maj, M., Sartorius, N., Okasha, A., Zohar, J., *Obsessive Compulsion Disorder*, Wiley, 2000.

Maxmen, J.S., Ward, N.G., *Psychotropic Drugs Fast Facts*, Norton, 1995.
McLaughlin, C., and Davidson, D., *Spiritual Politics*, Findhorn, 1994.
Mead, G.R.S., *The Doctrine of the Subtle Body in Western Tradition*, Society of Metaphysicians, 1987.
Michael Newton Institute, *Training Manual*, contact website: http://www.newtoninstitute.org.
Netherton, M., and Shiffren, N., *Past Lives Therapy*, Morrow, New York, 1979.
Newton, M., *Destiny of Souls*, Llewellyn, 2000.
Newton, M., *Journey of Souls*, Llewellyn, 1994.
Newton, M., *Life Between Lives; Hypnotherapy for Spiritual Regression*, Llewellyn, 2004.
Nolte, J., *Catharsis From Aristotle to Moreno*, Action Methods Training Center, Indianapolis, 1992.
Ogden, P., Minton, K., *Sensorimotor Psychotherapy: One Method for Processing Traumatic Memory*, Traumatology, 6(3), Article 3, October 2000.
Oschman, J.L., *Energy Medicine: The Scientific Basis*, Churchill Livingstone, 1999.
Page, C., *The Frontiers of Health*, 1996.
Parks, P., *Rescuing the Inner Child*, Human Horizons Series, 2002.
Perls, F., Hefferline, R., Goodman, P., *Gestalt Therapy*, The Gestalt Journal Press, 1994.
Powell, A.E., *The Astral Body*, Kessinger Publishing Co., 1998.
Powell, A.E., *The Etheric Double*, Theosophical Press, 1989.
Praagh, J., *Talking to Heaven, A Medium's Message of Life After Death*, Piatkus, 1997.
Reich, W., *Studies in Psychology*, Pearson Custom Pub., 1991.
Rinpoche, S., *The Tibetan Book of Living and Dying*, Rider, 1992.
Rossi, E., Cheek, B., *Mind Body Therapy*, Norton, 1994.
Rumi, *These Branching Moments*, versions by Coleman Barks, Copper Beech, 1988.
Rycoft, C., *Reich*, Fontana Paperback, 1971.
Snow, C., *Past Life Therapy: The Experiences of Twenty-Six Therapists*, The Journal of Regression Therapy, Volume I (2), 1986

Somé, P.M., *Of Water and the Spirit – Ritual, Magic and Initiation in the Life of an African Shaman*, Penguin, 1994.
Stevens, R., *Understanding the Self*, The Open University, Sage Publications, 1996.
Stevenson, I., *Where Reincarnation and Biology Intersect*, Praeger Publishers, 1997.
Stevenson, I., *Twenty Cases Suggestive of Reincarnation*, University of Virginia Press, 1974.
TenDam, H., *Deep Healing*, Tasso Publishing, 1996.
TenDam, H., *Exploring Reincarnation*, Tasso Publishing, 1987.
Tomkins, P., Lawley, J., *Metaphors in Mind, Transformation through Symbolic Modeling*, The Developing Company, 2000.
Tomlinson, A., *Exploring the Eternal Soul*, From the Heart Press, 2012.
Van der Kolk, B., McFarland and Weisaeth (eds), *Traumatic Stress*, Guildford Press, New York, 1996.
Van der Kolk, B., *The Compulsion to Repeat the Trauma: Re-enactment, Revictimization, and Masochism*. This article first appeared in Psychiatric Clinics of North America, 12, (2), 389–411, 1989.
Van der Maesen, R., in *The Journal of Regression Therapy, Volume XII (1), PLT for Giles De La Tourettes's Syndrome*, International Association for Regression Research and Therapies, 1998.
Van der Maesen, R., in *The Journal of Regression Therapy, Volume XIII (1), Past Life Therapy for People who Hallucinate Voices*, International Association for Regression Research and Therapies, 1999.
Van Lommel, P., et al, *Near-death Experience in Survivors of Cardiac Arrest*; a prospective study in the Netherlands, The Lancet, 15 Dec 2001; Anonymous teeth case.
Van Wilson, D., *The Presence of Other Worlds*, Harper Row, 1975.
Weiss, B., *Many Lives, Many Masters*, Simon and Schuster, 1988.
Wilbarger, P., Wilbarger, J., *Sensory Defensiveness and Related Social/Emotional and Neurological Problems*, Van Nuys, CA: Wilbarger, obtained from Avanti Education Program, 14547 Titus St., Suite 109, Van Nuys, CA, 91402, 1997.

Bibliographie

Wilkins, P., *Psychodrama – Creative Therapies in Practice,* Sage Publications Ltd, 1999.

Wirth, D.P., *The Effect of Non-contact Therapeutic Touch on the Healing Rate of Full Thickness Dermal Wounds,* Journal of Subtle Energies & Energy Medicine, Vol. 1 No. 1, 1990.

Wolinsky, S., *Trances People Live,* The Bramble Company, 1991.

Woolger, R., *Other Lives Other Selves,* Thorsons, 1999.

Woolger, R., *Healing Your Past Lives – Exploring the many Lives of the Soul,* Sounds True, 2004.

Woolger, R., *Past Life Therapy, Trauma Release and the Body,* available from the author.

Woolger, R., and Tomlinson, A., *Deep Memory Process and the Healing of Trauma,* article published in the *Network Review,* Journal of the Scientific and Medical Network, summer 2004.

Die Seele heilen

Information zum Autor

Andy Tomlinson hat Psychologie studiert und ist niedergelassener Psychotherapeut. Er hat Ausbildungen in Ericksonscher Hypnotherapie und Regressionstherapie erworben und ist ein durch das *International Board of Regression Therapy* zertifizierter Therapeut für Rückführungen. Er hat eine vom Michael Newton Institut zertifizierte Ausbildung für Leben-zwischen-Leben Therapien absolviert. Andy leitet seit 1996 eine international anerkannte Privatpraxis für Regressionstherapie. Er ist Ausbildungsleiter der *Past Life Regression Academy* und Gründungsmitglied sowohl der *Spritual Regression Therapy Association* als auch der *European Association of Regression Therapy*. Er ist der Autor von *Exploring the Eternal Soul* und hat die wissenschaftlichen Daten für Ian Lawtons Buch *Wisdom of Souls* beigesteuert, die beide wichtige Beiträge auf dem Gebiet der Leben-zwischen-Leben Regression darstellen. Er unterrichtet, lehrt und hält weltweit Vorträge. Mehr Informationen über Andy oder seine Ausbildung können über seine Website: *www.regressionacademy.com* abgerufen werden.

Die Seele heilen

INDEX

aktive Imagination *259*
Albträume *23*
Älteste *296, 300, 315*
Ältestenrat *140*
Amnesie *155*
Angst *13, 43, 51, 245*
Angst, Anhaftung *203*
Angst, chronische *96*
Angst, Medikamente *245*
Angst, Rückblende *194*
Angst, Schreckensgefühle *193*
Angstzuständen *23*
Anhaftung: Historie 201; Ursache 203
astral *30*
Astralkörper *32*
ätherisch *30, 32*
Aufhebung der Amnesie *128*
Auswahl: Körper *Siehe* Körperauswahl
Bardo *40, 85, 95*
Bereich: geistiger *38*
Bewusstsein *7*
Bewusstsein, Energiekörper *11*
Bewusstsein, Körperbewusstsein *14*
Bewusstsein, verändertes *9*
Bewusstsein, Zustände *8*
Bewusstsein, Zwischenleben *16*
Bibliothek *133, 175, 299*
Blockaden lösen *64*
Blockaden, emotionale und physische *254*
Brücke *9*
Brücke, emotionale *51, 53*
Brücke, Körperbrücke *184*
Brücke, physische *57, 58, 179*
Brücke, Regression *266*

Brücke, Überbrücken *60*
Brücke, verbale *54*
Brücke, visuelle *62*
Brücke, Vorleben *47*
Depression *23, 43, 91, 99, 202, 207*; Medikamente *245;* Psychosen *245*; Regressionstherapie *244*
Dissoziation *80, 90*
Einsamkeit *43, 77, 102, 234*; Transformation *102*
Energie *127*; anhaftende *216, 252*; Anhaftung *252*; Einschleusung *231*; emotionale *229*; Energiefeld *10;* Energiekörper *9, 27*; erdgebundene *252*; erstarrt *198;* erstarrte *219, 228*; freisetzen *260;* Freisetzung *252*; Freisetzung fremde *309*; Freisetzung, Information *307;* fremde *217, 308, 309*; Geistlehrer *251*; Gestalttherapie *260*; Heilung *10*; Krafttier *273*; Lichtenergie, visualisieren *122;* Quelle *29*; Regeneration *310*; scannen *60, 62, 110, 216;* Seelenenergie, erdgebunden *93, 94;* Verankerung *230*
Energieabtastung *60*
Energiearbeit: Geistlehrer *251*
Energiefeld *10*
Energiefeld, äußeres *30*
Energiefeld, mental *32*
Energiefeld, scannen *305*
Energiefeld, Vorlebenserinnerung *30*
Energieform: Energiekörper *9*
Energieheilung *126*
Energie-Heilung: Orte *293*
Energiekörper *60*; auffüllen *217*; energetische Erinnerung *261*; Erinnerung *261*
Energiemuster: transferieren *251*
Energien: andere Arten *310*
Energiestau *262*
Energiewelt *40*
Erdung *232, 276*
Erinnerung: bearbeiten *18*; LzL *16*; unterbewusst *23*; Vorleben *14, 29*
esoterisch *3*
Ewiges Jetzt *157, 159, 175, 300*; Fragen *301*
Forschung *7, 8, 14, 24, 31, 37, 156, 203, 249, 250, 257*

Fragmentierung *193, 194, 199*
Freimaurer *28*
Gefühle: erstarrt *192*
Gefühlsblockaden *187*
Geheimlehre *28*
Geist: *christlich 40*; Seelen *40;* Zustände *8*
Geistführer *135*; Besprechung *129*; Block *128*
geistige Welt *41*; Eintritt *123*; Regression *115*; Übergang *93;*
 verlassen *159*; verlassen, Reinkarnation *300*
Gestalttherapie *56*
Hinduismus *36, 40*
Hologramm *154*
Hybrid-Seele *157*
hyperaktive Energie *191*
hyperaktive Komplexe *187*
Hypnose *48, 118, 268*; Ausbildung *49*; Bedenken *48;* Induktion
 119, 282; LzL *279*; Tiefenbestimmung *286*; vertiefen *119,
 287*; vor der *117*
Imagination *7, 8*; geführte *9, 67, 259*; Hilfsmittel *8*; Metaphor
 Therapy *259*
Inneres Kind *313*
Integration *219, 327, Siehe* Gestalttherapie, *Siehe*
 Regressionstherapie; Aktivitäten *232*; Fragen *276*;
 Heilungsprozess *233*; Hilfe *235*; inneres Kind *233*;
 Nachbesprechung *275*
Karma *34*; balanciertes *46*; Gruppe *173*; Themen *175*
Katharsis *69, 80, Siehe*; festsitzende *192*; freisetzen *195*; Freud
 259; Historie *259*; Kontrolle *181*; Phasen *81*; spontane *80*;
 transformieren *112*; Zustand *81*
Kirlian Photographie *10*
kollektiv: Unterbewusstsein
Komplex *43*; als Einstieg *47*; Anzeichen *43*; Arten *76*; auslösen
 69; Historie *56*; Jungianisch *256*; Medikamente *247*;
 Reaktion *44*; Transformation *45*; Ursprung *43, 45*; Vorleben
 45
Kontraindikation *119, 244, 247, 264, 277*
Körperenergie *275*; erstarrt *182*; gefangene *262*
Körper-Erinnerung *261*; aktuelles Leben *187, 191*; auflösen *86*;
 Energiekörper *30*; erforschen *272*; erkunden *181*; erstarrt

178, 182, 189, 192, 199; Freisetzung *226;* Haltung *181;* Katharsis *181;* Körpertherapie *178;* physische Erinnerung *262*; starre *252*; transformieren *272, 273*; Trauma *177;* Umgehung Blockade *64*; Vorleben *30, 195*
Körperinnerung: erstarrt *185*
Körperrüstung *262*; nach Reich *178*
Körpertherapie *272*; Körperkontakt, Aufklärung *247*; Psychodrama *192*
Leben-zwischen-Leben *115*; Erfahrungen *132*; Komplexe *174*; Vorgespräch *243*
Meister: Weise *143*
Metapher *Siehe* Metaphor-Therapy
Metaphor Therapy 259
Nahtod *12, 27, 46, 86*; Forschung *249*
NLP *259*
Phobie *23, 43*
Psychodrama *33, 192*; Erklärung *192*
Psychopharmaka *Siehe* Kontraindikationen
Psychosynthese 259
Rapport *72, 238, 241, 281*
Regressionstherapie: Ausrichtung *67;* Gegenanzeigen *244;* Geschichte der *256*; Historie *24*; Integration *224;* Komplexe *243*; Zielsetzungen *22*
Reiki *10, 215, 231, 310*
Reinkarnation *17, 36, 300*; traditionelle Religionen *316*
Reinkarnationszyklus *39*
Samskaras *40*
Scham: Transformation *101*
Schamanismus *8*; Krafttiere *186*; Tradition *86*
Schizophrenie *257, 258*
Schrei: erstarrt *234*
Schritte: zukünftige *230, 235*
Schuld: Transformation *100*
Seelenenergie: erdgebunden *92*
Seelengruppe *294*; andere *138, 295*; primäre *138*; Treffen *136*; Wirkung, Treffen *174*
Sensomotorische Psychotherapie 178
Shutdown 76, 113, 186; Hinweise *186*; Symptome *187*
Sommerland *40*

Spiritualisten *40*
spirituell: Aktivitäten *156*; Dualität *29*; Namen *134*; Regression, Theorie *27*; Wachstum *40*
Spirituell: Ebene *95, 292*; Regressionssitzung, Struktur *277*
spiritueller Lehrer *Siehe* Geistlehrer
Theosophische Gesellschaft *28*
Tod: buddhistische Sicht *85*; gewaltsamer *24*; im Vorleben *85, 291*; und Übergang *270*
transpersonell: Energien *21*; Psychologie ; Therapie *250, 259*
Trauer *Siehe* Kummer; Transformation *99*
Traumata: ungelöst *87*
Träume *17*; Vorlebenserinnerung *47*
ungelöst: Aufgaben *43*; Probleme *Siehe* Probleme; Problemlösung *95*
ungelöste Traumata: Freud *193*
Vergebung ; ehrliche *271*; erhalten *107*; ermöglichen *109*; im Vorleben *108*; Macht der *107*; spontane *109*
Vermeidungsverhalten *77, 83*
Vorgeschichte: falsche Erinnerungen *247*; Klient *237*
Vorgespräch: Klient
Vorleben eintreten *289*
Wendepunkt 77, 109, 113
Wiedergeburt *148, 249*
Wiedergeburtstherapie *260*
Wille: freier *34, 128, 158, 254*
Wissen: alt *38*
Wut *Siehe* Erinnerungen, *Siehe* Ärger
Zorn *47, 101*; Auflösung *101*

www.ingramcontent.com/pod-product-compliance
Lightning Source LLC
Chambersburg PA
CBHW071954290426
44109CB00018B/2013